高等职业教育"十四五"规划教材

BUDONGCHAN
DIAOCHA YU CEHUI

不动产调查与测绘

徐兴彬　安丽 ◎ 编著

华中科技大学出版社
http://www.hustp.com
中国·武汉

内 容 提 要

本书共分八章:第1章"绪论"介绍不动产的定义、不动产调查基础知识、不动产面积量算、不动产数据整合等内容;第2章"土地权属调查"介绍土地权属确认方法、权属调查内容、《不动产权籍调查技术方案(试行)》;第3章"土地利用现状调查"介绍土地分类、土地调查,重点介绍三调中的土地利用现状调查;第4章"土地质量调查"详细介绍土地质量调查的相关工作内容;第5章"地籍调查与管理"系统论述地籍、地籍调查、地籍管理的概念与内容;第6章"地籍测量"讲述地籍控制测量、地籍图测绘、界线测量等内容;第7章"宗海调查测量"系统介绍宗海调查测量的各类术语、宗海分类、宗海测量调查方法、宗海图编绘等内容,并列出有关宗海调查的各项附录;第8章"房产测绘"介绍房产测绘的目的和任务及内容、房产测绘相关术语解释、房产测绘成图、房屋面积计算、共有建筑面积的确定与分摊、房产测绘成果审核、房产测绘软件等相关内容。另外,全书结合工作实际安排有八个相关实训项目,各项目均精心准备了一定数量的思考与练习,覆盖相关知识面。本书内容翔实、丰富多彩、错漏较少,适合作为不动产测绘、房地产管理、地理信息类专业的专业课教材,也适合不动产行业管理及生产工作人员使用参考。

图书在版编目(CIP)数据

不动产调查与测绘/徐兴彬,安丽编著. —武汉:华中科技大学出版社,2021.6(2023.6 重印)
ISBN 978-7-5680-7453-7

Ⅰ.①不… Ⅱ.①徐… ②安… Ⅲ.①不动产-调查 ②不动产-测绘 Ⅳ.①F293.3

中国版本图书馆 CIP 数据核字(2021)第 154560 号

不动产调查与测绘   徐兴彬   安 丽   编著
Budongchan Diaocha yu Cehui

策划编辑:康 序	
责任编辑:刘 静	
责任监印:朱 玢	
出版发行:华中科技大学出版社(中国·武汉)	电话:(027)81321913
武汉市东湖新技术开发区华工科技园	邮编:430223
录 排:华中科技大学惠友文印中心	
印 刷:武汉科源印刷设计有限公司	
开 本:889mm×1194mm 1/16	
印 张:18 插页:2	
字 数:554 千字	
版 次:2023 年 6 月第 1 版第 2 次印刷	
定 价:58.00 元	

本书若有印装质量问题,请向出版社营销中心调换
全国免费服务热线:400-6679-118   竭诚为您服务
版权所有   侵权必究

前言

我国的不动产主要指土地、海域以及房屋、林木等定着物。本书作者在广州市南沙区住房和城乡建设局、国土局工作多年后,进入学校连续十年任教"地籍与房地产测量"(后改为"不动产测绘")课程,在教学过程中使用类似教材时发现普遍存在以下一些问题:版本陈旧,无法适应新时代;知识内容结构编排不合理,没有清晰完整的思路;与工作中的规范和标准脱节,缺乏严密的科学性;等等。

现在这本新编著出版的《不动产调查与测绘》以及相应的配套资料(PPT教案、PDF讲义、课堂授课视频、实训教学视频、实习指导书等),尽量应用工作中的实际案例,力求内容准确可靠,叙述科学严谨。本书中包含大量当代的最新理论、最新技术方法。本书中的内容顺应几年来不动产调查管理的最新观点,同时也符合不动产相关法律法规的要求。本书非常适合教师对学生进行课堂教学,给学生布置作业及解答;方便对学生进行实训指导,让学生直观地通过观看有关教学与实训视频,加深对相关知识的学习和理解。同时,这又是一套非常方便自学的教科资料,对于从事不动产测绘与管理工作人员的学习提高具有很好的辅助作用。

由于该门课程知识点太多,包含的工作内容繁杂,国家的土地政策更新快,地方的不动产管理办法各异,出现的情况五花八门,教师如果没有多年的农村土地和城市房地产管理工作的实际经验,难以胜任该门课程的教学工作。本书作者之一徐兴彬(高级工程师)从教之前在建设、规划、国土、农林等行业部门工作历练二十余年,具备了丰富的地籍与房地产管理理论与实践知识,加之有出版《基础测绘学》《工程测量与实训》两本教材的经验,为《不动产调查与测绘》的高水平出版增添了一分可贵的保障。

尽管作者已经竭尽全力,但限于国家与地方对不动产工作要求发布的时效性,加上各地对不动产工作管理的不拘一格,书中不妥之处仍在所难免,敬请读者批评指正。

编者

2021年5月

目录

第1章　绪论	(1)
第1节　不动产概述	(2)
第2节　不动产调查概述	(5)
第3节　我国不动产工作介绍	(10)
第4节　不动产面积量算	(12)
第5节　不动产数据整合	(16)
第2章　土地权属调查	(20)
第1节　土地权属确认	(21)
第2节　土地权属调查事项	(24)
第3节　不动产权籍调查技术方案(试行)	(27)
第3章　土地利用现状调查	(75)
第1节　土地利用分类	(76)
第2节　土地利用现状调查概述	(95)
第3节　三调中的土地利用现状调查	(102)
第4章　土地质量调查	(109)
第1节　概述	(110)
第2节　土地性状调查	(110)
第3节　土地的分等定级	(113)
第5章　地籍调查与管理	(118)
第1节　地籍	(119)
第2节　地籍调查	(123)
第3节　地籍管理	(128)
第6章　地籍测量	(133)
第1节　地籍测量概述	(134)
第2节　地籍控制测量概论	(135)
第3节　地籍控制测量方法	(140)
第4节　地籍图测绘	(150)
第5节　界线测量	(162)
第7章　宗海调查测量	(181)
第1节　术语定义	(182)
第2节　宗海分类	(183)
第3节　宗海界址界定与测量	(191)
第4节　宗海图编绘	(201)

第8章 房产测绘 (238)
第1节 概述 (239)
第2节 房产测绘相关术语解释 (243)
第3节 房产测绘成图 (246)
第4节 房屋面积计算 (249)
第5节 共有建筑面积的确定与分摊 (259)
第6节 房产测绘成果的审核 (270)
第7节 房产测绘的相关软件 (271)

主要参考文献 (281)
彩图 (283)

第1章

绪论

内容简介

本章介绍不动产与不动产调查的概念,简述我国不动产工作的历程,归纳我国不动产管理法律法规、技术标准文件,对不动产的面积量算进行归纳叙述,最后简略介绍不动产数据整合的工作。

第1节 不动产概述

一、不动产定义

产一般指财产、资产、物产。顾名思义,不动产便是指**不能被移动的资产**,或者说移动后**会改变其形状、结构**,降低其使用价值的物产。《不动产登记暂行条例》第二条为不动产所下的定义是:"本条例所称不动产,是指土地、海域以及房屋、林木等定着物。"在国外,不动产有时也包括地表以下的埋藏物——矿藏物。不动产具有固定的形态,称固定资产。

动产指可以移动且移动后不改变其性质、形状的产。动产为流动资产,可以有固定的形态(有形动产),也可以有非固定的形态(无形资产)。有形动产包括黄金、钞票、机器设备、各种生活日用品等。无形资产包括专利权、著作权、商标权、特许权等。

不动产与动产的分类组成可参照图1-1。

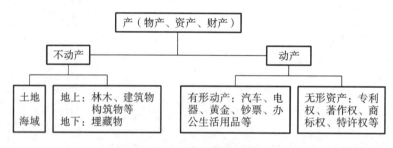

图1-1 不动产与动产

【课堂分析1】
土地使用权、土地承包经营权等土地权利属于不动产吗?

【课堂分析2】
企业的商业信誉、个人的诚信是否属于无形资产?

不动产包含两大内容:土地与土地上的附着物。土地可分为陆地、水域(如湖区、海域)。附着物主要有各种建筑物(如住宅、办公楼、商业楼等)、构筑物(如道路、桥梁、烟囱、水塔等),以及林木、绿草植被、矿藏资源等。附着物在分离前为不动产,在分离后则视为动产。例如:植物的果实在采摘、收割之前,树木在砍伐之前,都是地上的定着物,属于不动产;一旦采摘、收割和砍伐下来,脱离了土地,便成了动产。

二、不动产划分

动产与不动产划分的历史最早可以上溯到罗马帝国时代。罗马法的动产与不动产便是以物能否移动,移动后是否改变其性质和损害其价值进行划分的。

现代民法体系对不动产进行界定有两种方法。一种将不动产界定为不能被移动或移动后会毁损其经济价值的物,如土地、建筑物。此种体例为《德国民法典》、《日本民法典》、《意大利民法典》及我国旧民法采用,也成为大陆法系国家民法典之外、英美法系财产法规的概念。另一种将不动产界定为性质、用途、权利客体以及法律规定不能被移动的财产,如房产、地产。此种体例以《法国民法典》为代表。这两种分类标准的根本区别在于:**前者认为,不动产归根到底是物,是不可动之物;而后者认为,不动产归根到底是权利,是不可动之物上的支配权利。**

《德国民法典》先规定不动产,不动产之外即为动产。与《德国民法典》不同,《瑞士民法典》采用给动产下定义的方式来区分动产与不动产。《瑞士民法典》第713条规定:"性质上可移动的物以及法律上可支配的不属于土地的自然力,为动产所有权的标的。"《瑞士民法典》将不动产基本限于土地、矿山及其土地定着物,对不动产的界定依然凸显出以物可否移动的物理标准为主的特点。

在划分不动产时,有些国家对不动产的界定范围进行了扩大。例如,《法国民法典》除了规定不能被移动的地产、房产等为不动产外,还规定了不动产的另外三个范围标准:一是为确保不动产合理正常使用的物,如农具、耕畜为不动产;二是产生于不动产之上的一些用益物权,如地上权、地役权为不动产;三是依法律特别规定的物,如法律规定的股票为不动产。

不动产和动产的划分是物最基本也是最重要的划分。这种划分对民事权利尤其是对物权制度具有决定性的意义。不动产物权和动产物权的政治意义、经济意义有显著的不同。在法律上,不动产和动产的意义也有显著的不同。尤其是在物权法上,由于不动产物权和动产物权的变动遵循着不同的公示原则(不动产物权的变动遵守登记原则,动产物权的变动遵守占有交付原则),因此不动产物权和动产物权具有不同的物权体系设置。不动产物权种类齐备,用益物权基本上均为不动产物权;而动产物权基本上只有所有权和质权。在担保物权体系中,不动产和动产的权利制度也有很大的区别。因此,这两种物权之间的区分对物权立法始终发挥着决定性的作用。

三、不动产登记

对不动产实行登记制度,世界各国皆然,我国古已有之。不同之处只在于功能重心发生变迁,古代重在征收赋税,今日则重在表征不动产物权之归属及其变动。

我国《不动产登记暂行条例》第二条指出:"本条例所称不动产登记,是指不动产登记机构依法将不动产权利归属和其他法定事项记载于不动产登记簿的行为。"由于任何当事人设立、移转物权,都会涉及第三人的利益,因此,物权的设立、移转必须公开、透明,以利于保护第三人的利益,维护交易的安全和秩序。为达成这一目的,国际上现代民法普遍建立了公示制度,将物权设立、移转、变更、消灭的事实通过一定的公示方法向社会公开,从而使第三人知道物权变动的情况。在公示方法中,最重要的是不动产的登记制度。完备的登记制度不仅是财产交易有序化的条件,而且是物权制度赖以生存的基础。

不动产登记的历史最早可以上溯到罗马帝国时代。罗马法的动产与不动产以能否移动和移动后是否改变其性质和损害其价值进行划分。公元527年,罗马查士丁尼一世执政之后便规定,由于死因赠予超过法定数额者,必须向官厅登记,否则超过部分不生效力,由此便慢慢建立起了不动产的登记制度。他们将赠予证书复制在一个公开的登记簿中,以便使赠予的财产得到公开保护。如果不进行登记,将会导致赠予无效。罗马人建立了不动产的所有权、役权、地上权、永租权、典质权和抵押权制度。

之后,比较规范化的不动产登记出现在12世纪前后的德国北部城市,土地物权变动须记载于市政会所掌管的都市公簿上。然后直到18世纪,普鲁士和法国开始恢复土地抵押权登记制度。1722年,普鲁士公布了《普鲁士抵押与破产法》。之后在1795年法国制定的抵押法中,也规定了不动产抵押的登记制度。

我国自周朝开始形成了土地管理制度,唐朝以后又有立契、申牒和过割制度,宋朝以后田土的登记更有鱼鳞图册的设立,但是设立这些土地管理制度的主要目的均是征收赋税,次要目的才是供质证以杜绝争端(谢在全:《民法物权论(上)》,中国台湾1989年版,第59页)。因此,严格来说,我国在民国以前并没有真正形成以公示为目的的土地登记制度。1922年,北京颁布房地产登记条例,建立了不动产登记制度;1930年,国民党政府颁布《土地法》,规定要对土地及地上定着物——建筑物进行登记。1946年,国民党政府又颁布了《土地登记规则》,并建立了土地登记的程序制度。中华人民共和国建立以后,根据1947年颁布的《中国土地法大纲》及1950年颁布的《中华人民共和国土地改革法》的规定,开展了土地改革运动。在土地改革中,对农村的土地实行了清丈、划界工作,并由人民政府向农民发放土地证和房产证;在城市,则逐步开展了土地登记工作。20世纪50年代初期,登记主要针对土地,以后城市房屋也逐步实行了登记制度,并由人民政府颁发城市房屋所有权证。但自20世纪50年代后期开始,房地产登记工作逐渐放松,房地产管理机构被撤销,登记制度被废弛。直到改革开放之后,我国才逐渐重视与施行土地使用权与房屋所有权的登记发证工作。近年来,房地产的登记发证工作更加跃升为不动产的登记发证。2014年11月24日,国务院发布《不动产登记暂行条例》,并自2015年3月1日起施行。

四、不动产管理

不动产管理指对不动产进行的记录、计划、组织、控制、改良等活动。不动产管理的内容可以归纳如下。

1. 不动产产权产籍管理

不动产的产权指权利人对不动产的所有权、占有权、支配权、使用权、收益权和处置权。

不动产的产籍包括地籍与房籍,指不动产的户籍登记资料,包括不动产自然状况(位置、面积、质量)、社会经济状况(权属、现状、条件)及法律状况(权源)的记录资料。不动产产籍由图、档、表、卡、册组成。

不动产产权产籍管理指通过对不动产的产籍调查管理,对不动产的所有权、使用权、他项权利(抵押权、租赁权、地役权、继承权等)进行全面有效管理。

2. 不动产资源规划管理

不动产资源规划管理涉及:土地利用规划(土地利用总体规划、土地利用近期规划、土地利用年度计划),城乡规划(城市总体规划、城市详细规划、镇总体规划、乡规划、村庄规划等)。

3. 不动产交易管理

我国不动产交易管理涉及的内容有:土地使用权交易(有偿出让、有偿转让),房屋所有权交易(房屋买卖、租赁、抵押等),不动产融资管理(信用贷款、抵押贷款、住房储蓄、商品房预售等)。

4. 不动产税收管理

我国目前涉及不动产税收的项目主要有契税、营业税、房产税、土地增值税、城镇土地使用税、耕地占用税等。不动产税收管理就是要对不动产税收管理中的"税收三要素"——征税对象(土地、房屋等)、纳税人、税率进行详细管理,认真管理好不动产税收过程中的税目清单(对象名称)、纳税环节(何时收税)、纳税期限(及时纳税)、减免纳税(减征税或免征税)等内容。

5. 不动产服务管理

不动产服务管理的内容较多,主要有不动产劳务服务、物业管理服务、装饰维修服务、不动产中介服务(如房地产咨询、房地产估价、房地产经纪、房地产代理)等。

本书主要以土地和房屋为对象来讨论不动产调查、测量的方法与内容。

第2节 不动产调查概述

不动产的两大主要组成部分是土地和房产。土地和房产的调查、测量与管理通常由国土局、房管局分别主持进行。在我国有些地方，国土局、房管局是合署办公，土地和房屋的管理隶属同一家行政机关——国土房管局；而有些地方则是分开办公，土地和房屋的调查管理由国土局与房管局分别主持开展，或者国土局与房管局各司其职、密切配合，共同管理好本辖区内的房地产工作。近年，国家进行机构改革，组合成立了自然资源部、各级自然资源局等单位，负责各级自然资源的调查监测与管理等工作。

一、土地的调查与管理

土地调查是全面查清土地资源的重要手段，是一项重大的国情国力调查。《中华人民共和国土地管理法》第二十六条规定："国家建立土地调查制度。县级以上人民政府自然资源主管部门会同同级有关部门进行土地调查。土地所有者或者使用者应当配合调查，并提供有关资料。"《土地调查条例》（于2008年2月7日公布，历经2次修订）第六条规定："国家根据国民经济和社会发展需要，每10年进行一次全国土地调查；根据土地管理工作的需要，每年进行土地变更调查。"可见，土地调查在我国已经成为一种法定的土地制度。

土地调查就是实地调查土地的地类、权属及质量情况。《土地调查条例》第七条规定土地调查包括以下三大内容。

(1) 土地利用现状及变化情况，包括地类、位置、面积、分布等状况。
(2) 土地权属及变化情况，包括土地的所有权和使用权状况。
(3) 土地条件，包括土地的自然条件、社会经济条件等状况。

目前，我国已经完成三次全国土地调查。

（一）第一次全国土地调查

第一次全国土地调查开始于1984年5月。当时国务院对农牧渔业部、国家计委、林业部、城乡建设环境保护部、国家统计局发文《国务院批转农牧渔业部、国家计委等部门关于进一步开展土地资源调查工作的报告的通知》（国发〔1984〕70号）。此次调查历时十三年多，一直到1997年年底才宣告结束。费时长久的主要原因是当时的各级领导不够重视，不愿把钱花在这种见不到直接经济效益的地方，有些贫困县财政确实也拿不出钱。而当时调查采用的基础图件，是由各县到测绘部门收集的不同比例尺的普通航摄照片和部分正摄影像图，资料现势性不强（间隔五六年），大大增加了外业调绘的难度和新增地物补测的工作量，影响了调查进度和质量。而且当时由于我国计算机应用刚刚起步，除面积量算外，大部分内业工作如航片转绘、编图绘图、图件缩编等，均由人工操作，严重影响了工作进度。

（二）第二次全国土地调查

1. 概述

距第一次全国土地调查结束十年之后，第二次全国土地调查于2007年7月1日全面启动，以2009年12月31日为标准时点。调查的主要任务包括：**农村土地调查**，查清每块土地的地类、位置、范围、面积分布和权属等情况；**城镇土地调查**，掌握每宗土地的界址、范围、界线、数量和用途；**基本农田调查**，将基本农田保护地块(区块)落实到土地利用现状图上,并登记上证、造册。

调查的任务落实与数据成果可以用图1-2来表达。

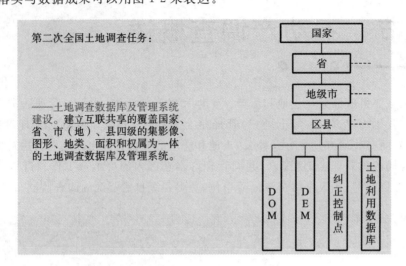

图1-2 第二次全国土地调查任务层级管理示意图

调查结束之后,国土资源部、国家统计局、国务院第二次全国土地调查领导小组办公室于2013年12月30日联合向社会公布了调查成果。公布称全面获取了覆盖全国的土地利用现状信息和集体土地所有权登记信息,形成了一系列不同尺度的土地调查成果。具体成果主要包括数据成果、图件成果、文字成果、土地数据库成果等。

1)数据成果

(1)各级行政区各类土地面积数据。

(2)各级行政区基本农田面积数据。

(3)不同坡度等级的耕地面积数据。

(4)各级行政区城镇土地利用分类面积数据。

(5)各级行政区各类土地的权属信息数据。

2)图件成果

(1)各级土地利用现状图件。

(2)各级基本农田分布图件。

(3)市县城镇土地利用现状图件。

(4)土地权属界线图件。

(5)第二次土地调查图集。

3)文字成果

(1)综合报告。

①各级第二次土地调查工作报告。

②各级第二次土地调查技术报告。

③各级第二次土地调查成果分析报告。

(2)专题报告。

①各级基本农田状况分析报告。

②各市县城镇土地利用状况分析报告。

4)土地数据库成果

形成集土地调查数据成果、图件成果和文字成果等内容为一体的各级土地调查数据库,主要包括以下数据库。

(1) 各级土地利用数据库。
(2) 各级土地权属数据库。
(3) 各级多源、多分辨率遥感影像数据库。
(4) 各级基本农田数据库。
(5) 市(县)级城镇地籍信息系统。

2. 数据成果

第二次全国土地调查公布的主要具体数据成果如下。

1) 全国主要地类数据

耕地:13 538.5万公顷(203 077万亩),其中基本农田10 405.3万公顷(156 080万亩)。

园地:1 481.2万公顷(22 218万亩)。

林地:25 395.0万公顷(380 925万亩)。

草地:28 731.4万公顷(430 970万亩)。

城镇村及工矿用地:2 873.9万公顷(43 109万亩)。

交通运输用地:794.2万公顷(11 913万亩)。

水域及水利设施用地:4 269.0万公顷(64 036万亩)。

另外为其他土地。

2) 全国耕地分布与质量状况

(1) 耕地分布。

全国耕地按地区划分,东部地区耕地2 629.7万公顷(39 446万亩),占19.4%;中部地区耕地3 071.5万公顷(46 072万亩),占22.7%;西部地区耕地5 043.5万公顷(75 652万亩),占37.3%;东北地区耕地2 793.8万公顷(41 907万亩),占20.6%。

(2) 耕地质量。

全国耕地按坡度划分,2°以下耕地7 735.6万公顷(116 034万亩),占57.1%;2°~6°耕地2 161.2万公顷(32 418万亩),占15.9%;6°~15°耕地2 026.5万公顷(30 397万亩),占15.0%;15°~25°耕地1 065.6万公顷(15 984万亩),占7.9%;25°以上的耕地(含陡坡耕地和梯田)549.6万公顷(8 244万亩),占4.1%,主要分布在西部地区。

全国耕地中,有灌溉设施的耕地6 107.6万公顷(91 614万亩),比重为45.1%;无灌溉设施的耕地7 430.9万公顷(111 463万亩),比重为54.9%。分地区看,东部和中部地区有灌溉设施耕地比重大,西部和东北地区的无灌溉设施耕地比重大。

二次调查数据还显示,2009年全国耕地13 538.5万公顷(203 077万亩),比基于一次调查逐年变更到2009年的耕地数据多出1 358.7万公顷(20 380万亩),主要是由于调查标准、技术方法的改进和农村税费政策调整等因素影响,二次调查的数据更加全面、客观、准确。

从人均耕地看,全国人均耕地0.101公顷(1.52亩),较1996年一次调查时的人均耕地0.106公顷(1.59亩)有所下降,不到世界人均水平的一半。

(三) 第三次全国国土调查

1. 概述

2017年10月16日,国务院发布《国务院关于开展第三次全国土地调查的通知》(国发〔2017〕48号),宣布成立国务院第三次全国土地调查领导小组,领导开展第三次全国土地调查,明确第三次全国土地调查以2019年12月31日为标准时点。决定的调查进度安排如下。

2017年第四季度开展准备工作,全面部署第三次全国土地检查,完成调查方案编制、技术规范制订以及试点、培训和宣传等工作。

2018年1月至2019年6月,组织开展实地调查和数据库建设。

2019年下半年,完成调查成果整理、数据更新、成果汇交,汇总形成第三次全国国土调查基本数据。

2020年,汇总全国国土调查数据,形成调查数据库及管理系统,完成调查工作验收、成果发布等。

为此,国务院第三次全国国土调查领导小组办公室于2018年1月11日发布《第三次全国土地调查总体方案》。《第三次全国土地调查总体方案》指出:"相较于第二次全国土地调查和年度变更调查,第三次土地调查是对'已有内容的细化、变化内容的更新、新增内容的补充',并对存在相关部门管理需求交叉的耕地、园地、林地、草地、养殖水面等地类进行利用现状、质量状况和管理属性的多重标注。"具体任务如下。

1) 土地利用现状调查

土地利用现状调查包括农村土地利用现状调查和城市、建制镇、村庄(简称城镇村庄)内部土地利用现状调查。

2) 土地权属调查

结合全国农村集体资产清产核资工作,将城镇国有建设用地范围外已完成的集体土地所有权确权登记和国有土地使用权登记成果落实在土地调查成果中,对发生变化的开展补充调查。

3) 专项用地调查与评价

基于土地利用现状、土地权属调查成果和国土资源管理形成的各类管理信息,结合国土资源精细化管理、节约集约用地评价及相关专项工作的需要,开展系列专项用地调查评价。

4) 各级土地利用数据库建设

(1) 建立四级土地调查及专项数据库。

(2) 建立各级土地调查数据及专项调查数据分析与共享服务平台。

5) 成果汇总

(1) 数据汇总。在土地调查数据库和专项数据库基础上,逐级汇总各级行政区划内的城镇和农村各类土地利用数据及专题数据。

(2) 成果分析。根据第三次全国国土调查数据,并结合第二次全国土地调查及年度土地变更调查等相关数据,开展土地利用状况分析。

(3) 数据成果制作与图件编制。

2. 数据成果内容

第三次全国国土调查主要成果仍遵循《土地调查条例》要求,包括数据成果、图件成果、文字成果和数据库成果等,但具体细节内容与前两次有所不同(**主要体现在耕地的细化调查方面**)。

1) 数据成果

(1) 各级土地分类面积数据。

(2) 各级土地权属信息数据。

(3) 城镇村庄土地利用分类面积数据。

(4) 耕地坡度分级面积数据。

(5) 耕地细化调查、批准未建设的建设用地、耕地质量等级和耕地分等定级等专项调查数据。

2) 图件成果

(1) 土地利用现状图件。

(2) 土地权属界线图件。

(3) 城镇村庄土地利用现状图件。

(4) 第三次全国国土调查图集。

(5) 耕地细化调查、批准未建设的建设用地、耕地质量等级和耕地分等定级等专项调查的专题图、图集。

3）文字成果

(1) 第三次全国国土调查工作报告。

(2) 第三次全国国土调查技术报告。

(3) 第三次全国国土调查成果分析报告。

(4) 各市县城镇村庄土地利用状况分析报告。

(5) 耕地细化调查、批准未建设的建设用地、耕地质量等级和耕地分等定级等专项调查成果报告。

4）数据库成果

形成集土地调查数据成果、图件成果和文字成果等内容为一体的各级土地调查数据库，主要包括以下数据库。

(1) 各级土地利用数据库。

(2) 各级土地权属数据库。

(3) 各级多源、多分辨率遥感影像数据库。

(4) 各项专项数据库。

二、房产的调查与管理

与土地调查相比，国家没有建立法定的房产调查制度，不统一部署和开展全国性的房地产调查。实际上，作为房屋的产权，房产并不能独立存在，而是与土地的权利（使用权）紧密联系在一起的。《中华人民共和国城市房地产管理法》第六十条指出："国家实行土地使用权和房屋所有权登记发证制度。"第六十一条指出："在依法取得的房地产开发用地上建成房屋的，应当凭土地使用权证书向县级以上地方人民政府房产管理部门申请登记，由县级以上地方人民政府房产管理部门核实并颁发房屋所有权证书。房地产转让或者变更时，应当向县级以上地方人民政府房产管理部门申请房产变更登记，并凭变更后的房屋所有权证书向同级人民政府土地管理部门申请土地使用权变更登记，经同级人民政府土地管理部门核实，由同级人民政府更换或者更改土地使用权证书。"由此可见，房产的调查测量与管理实际上是房地产的调查测量与管理，房产的调查测量包括房屋所有权的调查与房屋用地的调查测量。

根据2014年11月颁布的《不动产登记暂行条例》，2015年3月1日起，我国已开始实施不动产登记，因此房地产的登记管理工作又转为不动产的登记管理。《不动产登记暂行条例》第五条规定办理登记的不动产权利如下。

(1) 集体土地所有权。

(2) 房屋等建筑物、构筑物所有权。

(3) 森林、林木所有权。

(4) 耕地、林地、草地等土地承包经营权。

(5) 建设用地使用权。

(6) 宅基地使用权。

(7) 海域使用权。

(8) 地役权。

(9) 抵押权。

(10) 法律规定需要登记的其他不动产权利。

2015年3月，我国发布《不动产权籍调查技术方案（试行）》，启动开展全国范围内的不动产权籍调查，标志着我国的房地产调查进入不动产调查的新时代。

第 3 节 我国不动产工作介绍

在成立后的三十多年里,我国没有设置专门的土地行政管理部门。直到 20 世纪 80 年代之后,我国才自上而下设置专门的土地行政管理部门,加强对土地尤其是对农村土地的调查统计与管理。我国于 1984 年颁布《土地利用现状调查技术规程》,开始进行全国农村土地利用现状调查;于 1986 年颁布成立后的第一部土地法——《中华人民共和国土地管理法》,将我国土地管理工作纳入法制管理的轨道。自此之后,我国在土地管理方面迈进了紧锣密鼓的全盛时期,城市房产测量与房地产管理也跟随着进入了新时代。

一、不动产工作历程

改革开放四十多年来,我国针对不动产管理(主要指地籍与房产管理)所进行的工作主要如下。

1984 年 5 月,进行第一次全国土地调查。第一次土地调查历时逾 13 年,1997 年年底结束。

1984 年 9 月,全国农业区划委员会制定发布《土地利用现状调查技术规程》,开展全国农村土地利用现状调查。

1989 年 9 月,颁布《城镇地籍调查规程》,进行全国范围的城镇地籍调查。

1989 年 11 月,颁布《土地登记规则》,实施土地登记,给土地使用者发放土地证书。

2000 年 12 月,颁发《房产测绘管理办法》,规范房产测绘管理的相关工作。

2001 年 8 月,颁布城乡统一的《全国土地分类(试行)》并开展相应工作。

2003 年,颁发《农用地分等规程》(TD/T 1004—2003)及《农用地定级规程》(TD/T 1005—2003),并开展相关工作。

2007 年 1 月,开展全国第二次土地调查,(简称二调)。

2007 年 8 月,发布《土地利用现状分类》(GB/T 21010—2007)。

2009 年 3 月,国家海洋局发布《海籍调查规范》(HY/T 124—2009),并于 2009 年 5 月 1 日开始实施。

2011 年 1 月,发布《森林资源规划设计调查技术规程》(GB/T 26424—2010)。

2013 年 9 月,发布《第一次全国地理国情普查实施方案》,进行地理国情普查。

2014 年,开始农村土地承包经营权确权(简称农经地确权)登记颁证工作。

2014 年 11 月,发布《不动产登记暂行条例》,并自 2015 年 3 月 1 日起施行。

2015 年 3 月,发布《不动产权籍调查技术方案(试行)》(国土资发〔2015〕41 号)。

2015 年 8 月,发布《不动产登记数据整合建库技术规范(试行)》,开始全国范围不动产数据整合工作。

2017 年 10 月:第三次全国土地调查开始(简称三调)。

由此可见,不动产测绘管理的工作在我国仍处于方兴未艾、欣欣向荣的阶段。

二、不动产相关法律法规、技术标准

我国改革开放以来出台了许多与不动产相关的法律法规文件及技术标准资料,如果将这些文件稍做分类,则可统计如下。

1. 法律法规文件

《中华人民共和国海域使用管理法》,2002年1月1日起施行。
《中华人民共和国土地管理法》,1987年1月1日起施行,经过三次修正、一次修订。
《中华人民共和国物权法》,2007年10月1日起施行,现已废止。
《中华人民共和国森林法》,1985年1月1日起施行,经过两次修正、一次修订。
《中华人民共和国草原法》,1985年10月1日起施行,经过一次修订、二次修正。
《中华人民共和国渔业法》,1986年7月1日起施行,经过四次修正。
《中华人民共和国测绘法》,1993年7月1日起施行,经过两次修订。
《中华人民共和国农村土地承包法》,2003年3月1日起实施,经过两次修正。
《中华人民共和国城市房地产管理法》,1995年1月1日起施行,经过三次修正。
《中华人民共和国农村土地承包经营权证管理办法》2004年1月1日起施行。
《农村土地承包经营权流转管理办法》,2005年3月1日起施行。
《土地调查条例》,2008年2月7日公布,经过两次修正。
《中华人民共和国矿产资源法》,1986年10月1日起施行,经过两次修正。
《中华人民共和国农村土地承包经营纠纷调解仲裁法》,2010年1月1日起施行。
《不动产登记暂行条例》,2015年3月1日起施行,经过一次修订。
《不动产登记暂行条例实施细则》,2016年1月1日起施行。
……

2. 地籍类技术标准

《土地利用现状调查技术规程》(1984年)。
《土地登记规则》,1989年11月18日颁布,经过一次补充和修改,现已废止。
《地籍调查规程》(TD 1001—2012)。
《地籍测绘规范》(CH 5002—1994)。
《国土资源信息核心元数据标准》(TD/T 1016—2003)。
《农用地质量分等规程》(GB/T 28407—2012)。
《农用地定级规程》(GB/T 28405—2012)。
《城镇土地分等定级规程》(GB/T 18507—2014)。
《耕地后备资源调查与评价技术规程》(TD/T 1007—2003)。
《土地勘测定界规程》(TD/T 1008—2007)。
《建设项目用地勘测定界技术规程(试行)》。
《土地利用现状分类》(GB/T 21010—2017)。
《城镇地籍数据库标准》(TD/T 1015—2007)。
《土地利用数据库标准》(TD/T 1016—2007)。
《行政区域界线测绘规范》(GB/T 17796—2009)。
《海域使用分类》(HY/T 123—2009)。
《海水水质标准》(GB 3097—1997)。
《海域使用面积测量规范》(HY 070—2003)。
《1∶5 000、1∶10 000、1∶25 000海岸带地形图测绘规范》(CH/T 7001—1999)。
《海籍调查规范》(HY/T 124—2009)。
《农村承包土地调查数据库规范(试行)》。
《森林资源规划设计调查技术规程》(GB/T 26424—2010)。

《县级土地承包管理信息系统软件标准(试行)》。
《地籍调查规程》(TD/T 1001—2012)。
《宗地代码编码规则(试行)》(国土资源部2012年)。
《农村地籍和房屋调查技术方案(试行)》(国土资源部2014年)。
……

3. 房产类技术标准(含不动产)

《房产测绘管理办法》(建设部、国家测绘局于2000年12月28日发布)。
《房产测量规范 第1单元:房产测量规定》(GB/T 17986.1—2000)。
《房产测量规范 第2单元:房产图图式》(GB/T 17986.2—2000)。
《房地产市场信息系统技术规范》(CJJ/T 115—2007)。
《房屋代码编码标准》(JGJ/T 246—2012)。
《房地产登记技术规程》(JGJ 278—2012)。
《房地产市场基础信息数据标准》(JGJ/T 252—2011)。
《住宅设计规范》(GB 50096—2011)。
《建筑工程建筑面积计算规范》(GB/T 50353—2013)。
《房屋登记办法》,已废止。
《房屋面积测算规范》(DB4401/T 5—2018,广州市地方标准)。
《不动产权籍调查技术规范(试行)》(国土资发〔2015〕41号)。
《不动产登记信息管理基础平台建设总体方案》(国土资发〔2015〕103号)。
《不动产存量数据库成果汇交要求》(国土资源部,2015年10月)。
《不动产登记数据库标准(试行)》,2015年12月发布。
《不动产登记操作规范(试行)》(国土资规〔2016〕6号)。
《不动产登记存量数据整合建库技术规范(试行)》(国土资源部,2016年7月)。
《不动产登记存量数据汇交成果规范》,2017年12月1日发布。
……

第4节 不动产面积量算

不动产面积量算主要有土地面积量算和房屋面积量算,土地有房屋用地、道路交通用地、草原用地、海域等。一般来说,土地面积量算也遵循"从整体到局部,先控制后碎部"的原则,即以图幅理论面积为基本控制,按图幅分级测算,之后依面积大小比例进行平差分配,获得各基本单元的最后面积大小。在数字化测图占主导地位的今天,主要以行政区域为范围,从上往下,上一级行政区域面积等于下一级各行政区域面积的总和,一个村的总面积等于该村各地类图斑面积之和。对于房屋面积量算,有全幢建筑面积等于各户各单元建筑面积的总和。

在城镇地籍中通常以平方米为面积的基本单位,大面积可用公顷或平方公里(1平方公里=1平方千米);农村地籍中常以公顷和亩为土地面积测算的基本单位。

$$1\ 公顷 = 10\ 000\ 平方米 = 15\ 亩$$
$$1\ 亩 = 1/0.001\ 5\ 平方米 \approx 666.667\ 平方米$$

一、面积量算常用方法

不动产面积量算方法主要有解析法和图解法两种。解析法是根据实测的数值计算宗地面积的方法，包括解析坐标法和解析几何要素法。图解法是直接在图纸上量取数据计算面积的方法，主要有图解坐标法、解析几何要素法、膜片法、求积仪法、沙维奇法、光电求积法等。面积量算方法的汇总如图1-3所示。

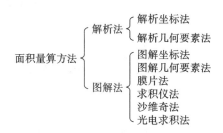

图1-3　面积量算方法的汇总

1．坐标法

坐标法是指根据地块边界的拐点坐标计算地块面积的方法。坐标法有解析坐标法和图解坐标法。坐标法的计算范围可以是一个街道、一片街坊，也可以是一宗地、一幢房屋、一个特定的地块。坐标可以在野外直接实测得到，也可以从已有地图上量测得到，面积的精度取决于坐标的精度。坐标值越精确，计算得到的面积精度也就越高。

当地块很不规则甚至某些地段为曲线时，可以增加拐点，测量其坐标。曲线上拐点越多，形状就越接近曲线，计算出的面积精度越高。

参照图1-4，坐标法计算的通用公式如下。

$$S = \frac{1}{2}\left[\sum_{i=1}^{n-1}(X_i Y_{i+1} - X_{i+1} Y_i) + (X_n Y_1 - X_1 Y_n)\right] \tag{1-1}$$

这是用解析坐标法计算多边形面积的严密公式。式中$1,2,\cdots,n$为多边形的边界点，它们的坐标分别为$(X_1,Y_1),(X_2,Y_2),\cdots,(X_n,Y_n)$。式中$n \geqslant 3$，当$n=3$时为三角形，当$n=4$时为四边形，以此类推。

注意，图1-4中的坐标点应按顺时针方向编号计算，如果按逆时针方向计算，则结果为负值，但绝对值大小不变。坐标计算的原理可参见图1-5，图中表示四边形$ABCD$的面积由梯形$ABba$与梯形$BCcb$的面积之和，减去梯形$CcdD$和梯形$DdaA$的面积之和。

实际中，为了方便记忆，将多边形各点坐标列成如下矩阵图形式：

$$S = \frac{1}{2}\begin{bmatrix} X_1 & X_2 & X_3 & X_4 & X_n & X_1 \\ Y_1 & Y_2 & Y_3 & Y_4 & Y_n & Y_1 \end{bmatrix}$$

即将图上各点坐标依次排列（起点坐标重复排列一次），将实线乘积之和，减去虚线乘积之和，再除以2，便得到各点组成的多边形的面积。

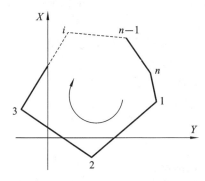

图1-4　多边形面积计算示意图

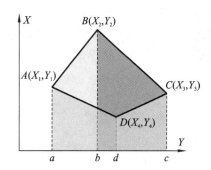

图1-5　多边形面积计算原理图

例如，对于一个有五个拐点的多边形$ABCDE$，其拐点坐标依次为$A(311,110)$、$B(465,360)$、$C(323,575)$、$D(102,498)$、$E(129,212)$，单位为m，则其面积为

$$S = \frac{1}{2}\begin{bmatrix} 311 & 465 & 323 & 102 & 129 & 311 \\ 110 & 360 & 575 & 498 & 212 & 110 \end{bmatrix}$$

$$= \frac{1}{2}(311\times360+465\times575+323\times498+102\times212+129\times110$$

$$-465\times110-323\times360-102\times575-129\times498-311\times212)\ \text{m}^2$$

$$= 109\ 874.5\ \text{m}^2$$

2. 几何要素法

几何要素法是指将多边形划分成若干简单的几何图形,如三角形、梯形、四边形、矩形等,在实地或图上测量边长和角度,以计算出各简单几何图形的面积,再通过运算计算出多边形总面积的方法。几何要素法包括图解几何要素法和解析几何要素法。

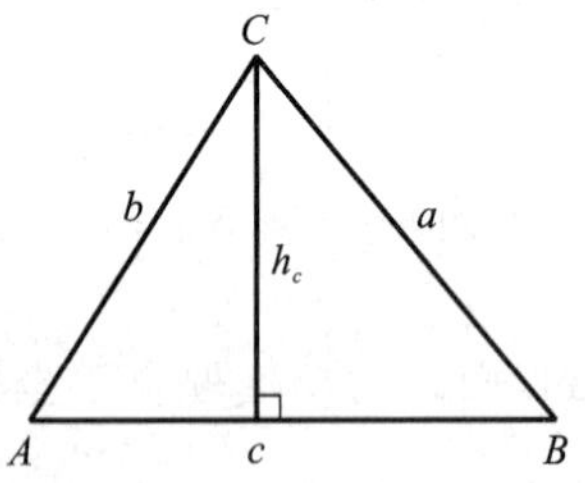

三角形(见图1-6)是最基本的几何图形,其面积计算公式为

$$S = \frac{1}{2}ch_c = \frac{1}{2}bc\sin A$$
$$= \sqrt{p(p-a)(p-b)(p-c)}$$

式中：$p=(a+b+c)/2$。

图1-6 三角形面积计算示意图

其他图形如梯形、矩形、任意四边形和其他多边形,均可以分割转化为多个三角形,之后按三角形面积计算公式计算再累加而成。

3. 膜片法

膜片法是指用伸缩性小的透明的赛璐珞、透明塑料、玻璃或摄影软片等制成等间隔网板、平行线板等膜片,把膜片放在地图上适当的位置进行土地面积测算的方法。膜片法的优点是直观简单;缺点是需要目视估读,容易造成一定的误差。膜片法包括格网法、格点法。

1) 格网法

格网法也称方格网法,是在透明板材上建立起互相垂直的平行线,平行线间的间距为1 mm,即每一个方格是面积为1 mm^2 的正方形。

图1-7中封闭曲线 $abmn$ 围成的图形为需要量测的图形,可将透明方格网覆于该图形的上面,查取方格数,查读时先查大格,再查小格,破格估计至0.1格,将所有格数相加得到图形面积,最后按照比例尺换算成实地面积。

2) 格点法

将上述方格网的每个交点绘成直径为0.1 mm 或 0.2 mm 的圆点,去掉中间线条,每个点值就是1 mm^2;如果相邻点间的距离为2 mm,则每个点值就是4 mm^2。

图1-8中封闭曲线 $abcd$ 所围成的图形为待测的图形,将格点求积板放在图上,数出图内与图边线上的点子,按下列公式可求出图形面积：

$$S = (N-1+L/2)\times D \tag{1-2}$$

式中：N——图形内的点数；

L——图形轮廓线上的点数；

D——点值。

从图1-8中可知：$N=11$,$L=2$,设 $D=1\ \text{mm}^2$,则 $S=11.0\ \text{mm}^2$。

除膜片法外,还有沙维奇法、求积仪法、光电求积法、电算法等方法。这些方法都属于图解法的范畴,有的方法计算误差较大,有的方法麻烦且容易出现差错,在此不一一赘述。在数字化图形资料普及的当今时代,直接按坐标用电脑工具计算,方便快捷,且精度有所保证(主要取决于坐标来源精度)。

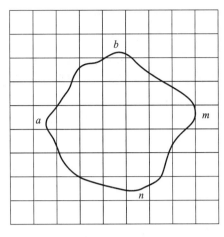

图 1-7　格网法

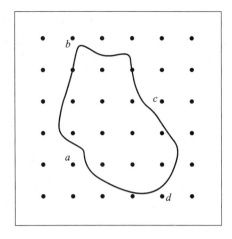

图 1-8　格点法

二、地块在某一投影面的面积测算

地形图和地籍图的投影面一般是与大地水准面符合相当好的参考椭球面。在有的地方(如我国海拔较高的西部地区),也用与参考椭球面相平行的椭球面作为投影面,以方便地形图和地籍图的施测和使用。在地籍管理工作中,往往需要测算当地地球表面的水平面面积。在局部地区,投影面可近似看成水平面。地球表面的水平面面积计算示意图如图 1-9 所示。

L 为当地地球表面的水平长度,L_0 为投影面(参考椭球面)上的长度,H 为地表水平面到投影面的高程(海拔高程),R 为地球参考椭球体半径,则有

$$\frac{L}{L_0} = \frac{R+H}{R} = 1 + \frac{H}{R} \tag{1-3}$$

由于相似图形面积之比等于其相应边平方之比,因此有

$$\frac{S}{S_0} = \left(\frac{L}{L_0}\right)^2 = 1 + \frac{2H}{R} + \frac{H^2}{R^2} \tag{1-4}$$

略去微小项,得

$$S = S_0 \left(1 + \frac{2H}{R}\right) \tag{1-5}$$

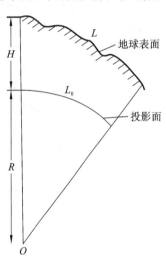

图 1-9　地球表面的水平面面积计算示意图

式中:S——当地地球表面的图形面积;

S_0——图形在投影面上的面积;

$2H/R$——图形面积由地面高程引起的修正系数。

利用不同的海拔高程 H,可以得出不同的修正系数。可以计算,如果对测定面积的误差要求不大于 1/2 000,则在图上测定海拔 1 500 m 以内的高程面上的面积时,可以不考虑高程影响的修正。

三、其他不动产类型面积计算

除了土地、房屋之外,我国还有海域、林地、草原等其他类型的不动产。对这些不动产进行面积计算也是不动产登记的基本工作内容。

1. 海域面积计算

海域面积算是取得海域使用权的基础,可以为海域使用单位及个人提供准确、客观和科学的数据,为

国家和地方海洋行政主管部门提供审批、确权、执法依据和监督管理基础信息,是维护国家海域所有权和海域使用权人合法权益的重要内容,是促进海域合理开发和可持续利用的基础工作。

海域面积主要是在宗海界址点明确标定的基础上,通过数学方法计算得到。目前计算海域面积的方法主要包括椭球体表面的计算方法和平面面积的坐标解析法。一般地,用海面积较小,用平面面积来代替椭球体表面积;如果是大规模开放式养殖用海或者是大规模围填海工程,则应采用椭球体表面积作为海域面积。

《海域使用面积测量规范》(HY 070—2003)对测量误差做出以下规定。

(1) 所测海域离岸 20 km 以内,测量误差优于±1 m。

(2) 所测海域离岸 20~50 km,测量误差优于±3 m。

(3) 所测海域离岸 50 km 以外,测量误差优于±5 m。

2. 林地面积计算

林地权属登记是不动产登记的基础工作之一,林地面积量测又是林地资源调查中的基本内容,林地面积量测的手段、方法和精度与森林资源的调查、监测、管理息息相关。

林地面积测量方法与土地面积测量方法相似,实际中多用三角形网和导线网测量林地的拐点坐标来计算林地范围的面积。三角形网测量三角形角度和边长,图形强度好,测量精度高,但野外工作量大,速度较慢。导线(网)是目前工程测量和地籍测量中较常用的一种布设形式,包括单一导线和具有一个或多个结点的导线网。导线网的观测值是导线点上的一个角度和一条边长,较少受地形地貌条件的限制,工作效率较高。

在卫星导航信号条件较好的区域,可以应用 GPS 静态控制测量方法建立林区首级控制网,条件允许时还可以使用动态 RTK 测量林地拐点坐标,计算林地面积。静态控制网具有定位精度高、控制范围大、平面和高程可同步推算、选点灵活、不需要全部通视和全天候作业等特点,在城镇地籍测量中常用于首级控制网测量。有时为了提高整网的可靠性及均匀性,控制网也采用静态或快速静态相对定位测量方法。

3. 草原面积计算

草原面积是草地生产规划和草地开发利用建设发展的基础资料。草原面积测量计算必须要求准确无误,与实地面积相符。当前,草原面积测量大多参考土地面积测量方法。

草原面积测量工作也遵循"层层控制、分级量算、按比例平差分配"的原则进行,在草原地形图上量算控制面积和土地面积,最终通过多种方法综合得出各类面积大小。面积量算误差必须在允许范围之内。

草原面积的计算方法包括野外调查测量和内业量算。野外调查包括判读航片影像图、地形图,对变化较大的地方用仪器野外观测。内业量算时,如果资料是数字化图形资料,则可直接用电脑操作计算;如果资料是模拟化图形资料,则可从图上直接量测,方法主要有格网法、求积仪法、光电扫描仪法等。

第 5 节 不动产数据整合

我国于 2014 年 11 月颁布《不动产登记暂行条例》并宣布于 2015 年 3 月 1 日起施行;于 2015 年 3 月发布《不动产权籍调查技术方案(试行)》,规定了进行不动产权籍调查的技术要求;于 2015 年 12 月发布《不动产登记数据库标准(试行)》,安排着手进行不动产数据建库工作。为了配合不动产数据建库,2016 年 7 月国土资源部发布了《不动产登记数据整合建库技术规范(试行)》,提出将当时现有的"分散存放、格式不一、介质不同的不动产登记信息进行规范整合,为不动产登记信息管理基础平台运行提供数据支撑"。

一、不动产数据整合的任务和对象

1. 不动产数据整合的任务

《不动产登记数据整合建库技术规范(试行)》4.1.2指出,不动产数据整合的任务包括以下两项。

(1) 对土地、房产、森林林木、海域等已有的登记信息按现行的数据标准和技术规范进行梳理与规范,形成符合相关技术标准的数据集。

(2) 依据《不动产登记数据库标准(试行)》通过抽取、转换、补录、整合等方法,建立不动产登记数据库。

对于农村土地承包经营权、草原所有权和使用权、取水权、采矿权等数据的整合,另行规定。

因此,不动产数据整合就是在土地、房屋等现行数据库标准和不动产登记数据库相关标准的指导下,按照先建标准化的原始库,再按要求整合成中间库,最终建成用于支撑不动产登记信息管理基础平台运行的成果数据库。

2. 不动产数据整合的对象

具体有以下三种数据需要整合。

(1) 对于已建成的土地、房产等数据库,先依据土地、房产等现行的相关标准进行标准化、规范化后,再依据不动产登记数据库相关标准建立映射关系模型,将已有的登记信息补充完善后,转换形成符合要求的不动产登记数据库。

(2) 对于已有不动产登记电子档案或部分电子数据的,首先对已有的登记信息通过抽取、转换、补录等技术方法,建成符合土地、房产等现行标准的标准化、规范化的数据集,再依据不动产登记数据库相关标准,经整合后建成符合要求的不动产登记数据库。

(3) 对于没有电子数据只有不动产登记纸质档案的,依据现行的土地、房产等登记数据库标准录入数据建成对应的数据库,再依据不动产登记数据库相关标准,经整合后建成符合要求的不动产登记数据库。

二、不动产数据整合的流程

《不动产登记数据整合建库技术规范(试行)》4.3指出,不动产数据整合建库流程如图1-10所示。

三、不动产数据整理的要求

该部分内容各省基本相同。例如,广东省不动产数据整合中对之前各类历史数据整理的要求如下。

1. 土地登记存量数据整理

1) 登记信息核对与整理

对土地登记权利信息以及与之关联的抵押权信息、查封登记信息核对纸质档案,将相关数据进行规范化处理,对缺漏的信息进行补充完善,形成与不动产登记相关技术要求相符的不动产登记数据;对遗留问题进行登记、汇总、反馈。

2) 空间数据整理

空间数据整理和登记信息核对与整理同步进行。

空间数据整理主要是对初步整理后的土地空间数据进行核查整理与补充,包括集体土地所有权、国有/集体建设用地使用权、宅基地使用权的空间数据。

集体土地所有权数据库标准全省统一,数据每年都根据省厅的要求进行更新备案,故除非发现数据

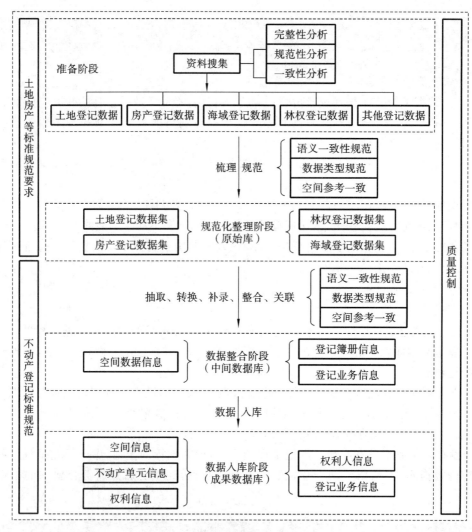

图 1-10 不动产数据整合建库流程图

存在明显错误,否则不需要对集体土地所有权的空间数据进行整理。

2．房产登记存量数据整理

1）楼盘表数据整理

在房产数据迁移与空间数据初步整理的基础上,依托现有楼盘表,进行不动产电子化楼盘表的整理。

2）登记信息核对与整理

把房产登记信息以及与之关联的抵押权信息、查封登记信息与纸质档案进行核对,对缺漏的信息进行补充完善,对历史遗留问题进行登记、汇总、反馈。

3）房屋空间数据整理

对房屋空间数据进行核查整理与补充,对分层分户图进行绘制和坐标转换。

3．不动产登记增量数据整理

不动产登记增量数据在不动产登记业务办理的过程中,是按照《广东省不动产登记数据库标准(试行)》的要求进行业务办理的,因此不需要对不动产登记增量数据进行规范化处理,只需对落宗落幢情况进行核对。

4．不动产登记档案整理

1）土地档案

土地档案扫描工作现由市自然资源局统一安排,因此土地的档案整理只需对现有档案扫描件进行挂接等工作。

2）房产档案

对 2011 年之后的档案扫描件通过数据分析进行挂接工作；2011 年前的档案扫描、存储、命名存在不规范的情况，该部分电子档案需先按照 2011 年之后电子档案扫描、存储、命名规范，进行档案扫描数据整理编目，再进行档案挂接、入库。

3）房地纸质档案合并

将土地纸质档案与房产纸质档案进行合并归档，并为每一份档案粘贴条形码，统一、科学管理纸质档案。

4）不动产登记文字、图件资料整理

对项目成果进行文件、图件资料整理，包括项目的实施方案、技术设计、数据质检报告、技术总结、验收报告等文档，房屋发证范围分布图、商品房层数情况分布图、宗地范围分布图、宅基地分布图等专题图件。

（温馨提示：老师可安排不同班、不同组的学生做不同的题目，每人 3～4 题）

1．判断对错，错的指出原因。

（1）房地产转让、房地产抵押和房屋租赁都属于房地产交易（参见房地产管理法）。（　　）

（2）村庄规划属于土地利用规划中的一种。（　　）

（3）不动产登记是指依法将不动产权利归属和其他法定事项载于不动产登记簿的行为。（　　）

（4）我国每 10 年进行一次全国土地调查，每 2 年进行一次土地变更调查。（　　）

（5）我国第三次全国国土调查以 2019 年 12 月 31 日为标准时点。（　　）

（6）与地籍调查不同，海籍调查不纳入《不动产权籍调查技术方案（试行）》之中。（　　）

2．在我国，下列属于不动产的是：＿＿＿＿＿＿＿＿＿＿＿。

①水稻田里已成熟即将收割的稻谷；②立式空调；③住宅内的水电管线；④河水；⑤水塔；⑥住宅下的古墓；⑦海水养殖场；⑧股票。

3．描述共有房地产是否能够转让，如何转让。

4．介绍我国相关法律法规中对不动产的划分与描述是怎样的。

5．土地使用权、土地承包经营权等土地权利属于不动产吗？为什么？

6．分析企业的品牌、公司的商业信誉、个人的诚信是否属于无形资产。

7．已知多边形顶点坐标依次为 $A(20.12,20.04)$，$B(10.00,60.20)$，$C(22.80,65.50)$，$D(47.80,50.1)$，$E(44.75,13.00)$，绘图并计算多边形面积。

8．我国为何要进行不动产数据的整合？主要整合哪些内容？

第2章 土地权属调查

■ 内容简介

本章主要介绍土地权属确认与土地权属调查的含义、方法、依据、程序等,并对国家制定的《不动产权籍调查技术方案(试行)》进行摘录介绍。

土地权属调查是指以宗地为单位,对土地的产权、位置、面积等属性进行调查和确认。土地权属调查主要包含土地所有权调查和土地使用权调查,同时兼顾他项权利调查。在我国农村,初始土地所有权调查与土地利用现状调查一起进行。城镇区域的土地权属调查有时会联合房地产调查测绘同时进行。2015年之后,土地权属调查已逐渐演变为不动产权籍调查。

第1节 土地权属确认

一、土地权属的含义

土地权属即土地的权利归属。土地权属调查是对土地的权源及土地的位置、界址、数量和用途等基本情况的调查。在城镇,土地权属调查是对土地使用者的宗地位置、数量、界址、用途等基本情况实地进行核查和记录的全过程。在我国实行不动产登记以来,土地权属调查已慢慢被不动产权籍调查取代。

1. 土地所有权

土地所有权是土地所有者对土地占有、使用、收益和处分的权利,包括对与土地相连的生产物、建筑物的占有、支配、使用的权利。土地所有者除上述权利外,同时有以下义务:合理利用、改良、保护土地,防止土地污染,防止土地荒芜。

自成立以来,我国土地的所有权关系经历了以下三个阶段。

(1) 自成立之初至1957年,建立了土地国有和农民劳动者所有并存的土地所有权关系。

(2) 1958—1978年,建立了土地全民所有和农村劳动群众(农业社、人民公社)集体所有并存的土地所有权关系。

(3) 1978年以后,我国城乡开展了经济体制改革,建立了土地全民所有和农村集体所有的土地所有权关系,同时进一步明确了土地所有权与使用权分离的土地使用制度。

《中华人民共和国土地管理法》第九条规定:"城市市区的土地属于国家所有。农村和城市郊区的土地,除由法律规定属于国家所有的以外,属于农民集体所有;宅基地和自留地、自留山,属于农民集体所有。"

2. 土地使用权

土地使用权是土地使用者对土地占有、使用、收益和部分处分的权利。按照有关规定,我国的政府、企业、团体、学校、农村集体经济组织以及企事业单位和公民,根据法律的规定并经有关单位批准,可以有偿或无偿使用国有土地或集体土地。

土地使用权是根据社会经济活动的需要由土地所有权派生出来的一项权能,两者的登记人可能一致,也可能不一致。当土地所有权人同时是土地使用权人时,土地使用权称为所有权人的土地使用权;当土地使用权人不是土地所有权人时,土地使用权称为非所有人的土地使用权。二者的权利和义务是有区别的。土地所有权人可以在法律规定的范围内对土地的归属做出决定。

国有土地的使用权可以有偿出让。土地使用权出让的最高年限如下:住宅用地70年;商业、旅游、娱乐用地40年;工业用地,科技、教育、文化、卫生、体育用地,综合或者其他用地50年。

3. 土地他项权利

土地的他项权利指土地所有权和土地使用权以外的权利,主要包括抵押权、租赁权、地役权(相邻权)、耕作权、借用权、空中权、地下权、继承权。

(1)抵押权。在我国,通过有偿出让获得的土地使用权可以用来抵押,抵押权必须经土地登记机关登记确认。抵押开始,抵押权人即取得土地使用权的抵押权。抵押终止,抵押权即告消灭。抵押人破产的,抵押权人可以从土地使用权拍卖转让收益中得到补偿。

(2)租赁权。经出让的土地使用权可以出租,租赁权经土地登记可以保护土地承租人在租期内对土地的合法使用。

(3)地役权。地役权指在他人土地上通行、排水等的权利。如果将邻里之间的通行权、排水权等进行权利登记,则可以更好地保护土地产权各方的合法权益。

(4)耕作权。耕作权指按照规定或约定,在不妨碍土地使用权的条件下,种植树木和农作物等。设置这种他项权利的出发点主要是合理利用土地的原则。耕作权一般长期地依附于土地使用权,取消这种他项权利时,要给耕作权人以适当的补偿。

(5)借用权。借用权指通过借用而使用别人的土地的权利。这是中国20世纪50~60年代特殊历史条件下产生的一种土地他项权利形式。

(6)空中权和地下权。空中权指桥梁、渡槽、架空电线、水上空中楼阁等的使用权。地下权指地下隧道、地下商场等的使用权。空中权和地下权也是可以独立转让、抵押和出租的权利。

(7)继承权。《中华人民共和国城镇国有土地使用权出让和转让暂行条例》第四十八条指出:"依照本条例取得土地使用权的个人,其土地使用权可以继承。"

4. 土地权属主

在我国,所谓土地权属主(以下简称权属主,或权利人),是指具有土地所有权的单位和具有土地使用权的单位或个人。

根据我国土地法律的规定,国家机关、企事业单位、社会团体、三资企业、农村集体经济组织和个人,经有关部门的批准,可以有偿或无偿使用国有土地,土地使用者依法享有一定的权利和承担一定的义务。单位和个人依法使用的国有土地,由县级或县级以上人民政府登记注册,核发土地使用权证书,确认使用权;其中,中央国家机关使用的国有土地的具体登记发证机关,由国务院确定。

依照法律规定的农村集体经济组织可构成土地所有权单位。乡、镇、企事业单位,农民个人等可以使用集体所有的土地,集体所有的土地由县级人民政府登记造册,核发土地权利证书,确认所有权和使用权。

二、土地权属确认的方式

土地权属的确认(简称确权)是指依照法律对土地权属状况(包括土地所有权和土地使用权的性质、类别)的认定。对权属主及其身份、土地位置、权源、取得时间、界址及相邻权属主等状况的认定,是地籍调查中一项细致而复杂的工作。一般情况下,确权工作由当地政府授权的土地管理部门主持,权属主(授权指界人)、地籍调查员和其他必要人员都必须到现场确权。具体的确认方式如下。

1. 文件确认

它是根据权属主所出示的并被现行法律认可的文件来确定土地使用权和土地所有权的归属。这是一种较规范的土地权属认定手段,城镇土地使用权的确认大多用此方法。文件确认通常由土地行政主管部门登记发证实施。

2. 惯用确认

惯用确认是主要对若干年前以来没有争议的惯用土地边界进行认定的一种方法,是一种非规范化的权属认定手段,主要适用于农村和城市郊区。在使用这种确权方法时,要注意以下几点:第一,尊重历史,实事求是;第二,四邻认可,指界签字;第三,不违背现行法规政策。

3. 协商确认

当确权所需文件不详,或认识不一致时,本着团结、互谅的精神,由各方协商,对土地权属进行协商认定。

4. 仲裁确认

对土地有争议而无法达成协议时,土地管理部门应充分听取土地权属各方的申述,实事求是、合理地进行裁决。不服从裁决者,可以向法院申诉,通过法律程序解决。

三、土地权属确认的依据

我国的土地分城市国有土地与农村的农民集体所有土地。对国有土地只需确认土地的使用权;对农民集体所有的土地则需要确认村级单位范围的土地所有权,对农村宅基地也要确认土地使用权的权属(所有权仍归属于全体村民集体所有)。

1. 城市土地使用权的确认

城市的土地所有权为国家所有,权属主只有土地使用权。城市土地使用权主要按以下文件确认。

(1) 单位用地红线图。单位用地红线图是指在大比例尺的地形图上标绘出用地单位的用地红线而形成的图件。单位用地红线图上有用地单位名称、用地批文的文件名、批文时间、用地面积、经办人和经办单位印章等信息。单位用地红线图的形成经过建设立项批准、用地所在市县审批、城市规划部门选址、土地管理部门办理用地等手续。单位用地红线图是审核土地权属的权威性文件。在进行地籍调查时,可根据单位用地红线图来判定土地权属,并到实地勘定用地范围的边界。

(2) 房地产使用证。房地产使用证包括地产使用证、房地产使用权证或房产所有权证,以及现在发放的不动产权证。这些文件均可作为确权依据。

(3) 土地使用合同书、协议书、换地书等。过去企事业单位之间的合并、分割、兼并、转产等情况发生时,它们所签订的各种形式的土地使用合同书、协议书、换地书等,本着尊重历史、注重现实的原则,均可作为确权文件。

(4) 征用地、划拨用地批准书和合同书。1949—1982年企事业单位建设用地采取征(拨)地制度。权属主所出示的征(拨)地批准书和合同书,可作为确权文件。

(5) 有偿使用合同书(或协议书)和国有土地使用权证书。1986年之后,国家进一步明确了土地所有权与土地使用权分离的制度,改无偿使用土地为有偿使用土地。政府土地管理部门为国有土地管理人,以一定的使用期限和审批手续,对土地使用权进行出让、转让或拍卖。所签订的有偿使用合同书(或协议书)和所发放的国有土地使用权证书是确认土地使用权的文件。

(6) 城市住宅用地确权的文件。现阶段我国的城市住宅有三种所有制,即全民所有制住宅、集体所有制住宅和个人所有制住宅。一般情况下,住宅的权属主同时是该住宅所坐落的土地的权属主。单位住宅用地根据其征(拨)地红线图和有关文件确权,个人住宅用地(含购买商品房住宅)根据房产证、契约等文件确权;奖励、赠予的房屋用地应根据奖励证书、赠予证书和有关文件(如房产证)确认土地使用权。

2. 农村地区土地所有权和使用权的确认

农村土地所有权和使用权的确认涉及村与村、乡与乡、乡村与城市、村与独立工矿及企事业单位的边界等。农村土地不但形式复杂,而且往往用地手续不全。因此,应充分利用已有的集体土地所有权地籍图、城镇地籍图、村庄地籍图、海籍图等图件资料,来调查确认农村土地的所有权和使用权。对完成了最新土地利用现状调查的地区,调查成果的表册和图件应予认真考虑利用。

3. 铁路、公路、军队、风景名胜区等国有土地使用权的确认

铁路、公路、军队、风景名胜区和水利设施等用地,所有权归属国家,使用权归属各管理部门。这些用地由于分布广泛、形状特殊,权属边界比较复杂。在进行土地权属调查时,按照土地使用原则和征地(划拨用地)文件及用地红线图,确认这些用地的使用权和所有权。

第 2 节 土地权属调查事项

权属是地籍的核心。权属调查是地籍调查最核心的调查。2015年以前的土地权属调查，通常都按照《地籍测绘规范》《地籍调查规程》等技术标准在地籍调查测量工作中进行。之后国家于2014年11月发布《不动产登记暂行条例》（自2015年3月1日起施行），接着又于2015年3月发布《不动产权籍调查技术方案（试行）》之后，启动开展全国范围内的不动产权籍调查。

一、权属宗地的划分

宗地是由权属界线封闭的地块。土地权属调查的基本单元是宗地。

1. 地块与宗地的含义

地块是具有同类属性的最小土地单元。确定一个地块的关键在于确定同类属性的含义。同类属性可以是权利的、利用类别的、生态的、经济的等。地块如果具有权利上的同一性，则称为权利地块。权利地块实质上就是我们所说的宗地或丘（房屋用地调查的基本单元）。地块如果具有利用类别上的同一性，则称为分类地块。分类地块在土地利用现状调查中称为图斑。地块如果具有质量上的统一性，则称为质量地块（均质地块）。地块如果是受特别保护的耕地，则叫基本农田保护区等。

宗地是由权属界线封闭的地块，即在权利上具有同一性的地块，在宗地范围内具有相同的权利人。宗地具有固定位置和明确的权利边界，可同时辨认出确定的权利、利用类别、质量、时态等土地基本要素。

2. 宗地的划分

根据权属性质的不同，宗地可分为土地所有权宗地和土地使用权宗地。依照我国法律，对国有土地调查土地使用权宗地，对集体土地调查土地所有权宗地与土地使用权宗地。

通常来说，宗地的划分须遵循以下要求。

（1）由一个权属主所有或使用的相连成片的用地范围划分为一宗地。

（2）由一个权属主所有或使用的不相连的两块或两块以上的土地，划分为两个或两个以上宗地。

（3）一个地块由若干个权属主共同所有或使用，实地又难以划分清楚各权属主的用地范围的，划为一宗地，称为组合宗。

（4）对一个权属主拥有的相连成片的用地范围，如果存在土地权属来源不同，或楼层数相差太大，或存在建成区与未建成区（如住宅小区），或用地价款不同，或使用年限不同等情况，且在实地又可以划清界线的，可划分成若干宗地。

（5）农村居民地内村民建房用地（宅基地）和其他建设用地，可按集体土地的使用权单位的用地范围划分为宗地，一般反映在农村居民地地籍图（岛图）上。

（6）对于集体土地所有权宗地，可根据集体土地所有权单位，如村民委员会、农业集体经济组织、村民小组、乡（镇）农民集体经济组织等的土地范围来划分。一个地块由几个集体土地所有者共同所有，其间难以划清权属界线的，为共有宗。共有宗不存在国家和集体共同所有的情况。

（7）城镇以外的铁路、公路、工矿企业、军队等国有用地，使用权界线大多与集体土地的所有权界线重合，其宗地的划分方法与前述相同。

（8）争议地、间隙地和飞地都需要单独分宗，具体参见图2-1。各类地块的含义如下。

图 2-1 争议地、间隙地、飞地划分示意图

争议地:两个或两个以上权属主同时提出拥有所有权或使用权的地块。

间隙地:无土地使用权属主的空置土地。

飞地:镶嵌在另一个土地权属地块之中的土地。

二、土地权属调查内容

1. 权属来源调查

土地权属来源(简称权源)是指土地权属主获取土地权利的方式。

集体土地所有权主要来源于以下几个方面。

(1) 土改时分配给农民并颁发了土地证书,土改后转为集体所有。

(2) 农民的宅基地、自留地、自留山及小片荒山、荒地、林地、水面等。

(3) 城市郊区依照法律规定属于集体所有的土地。

(4) 凡在1962年9月《农村人民公社工作条例修正草案》颁布时确认的生产经营的土地和以后经批准开垦的耕地。

(5) 城市市区内已按法律规定确认为集体所有的农民长期耕种的土地、集体经济组织长期使用的建设用地、宅基地。

(6) 按照协议,集体经济组织与国营农、林、牧、渔场相互调整地界或插花地后,归集体所有的土地。

(7) 国家划拨给移民并确定为移民拥有集体土地所有权的土地。

(8) 近些年通过农村土地确权并发证的土地。

我国土地权属来源主要分以下两种情况。

一种是1982年5月《国家建设征用土地条例》发布之前权属主取得的土地,通常叫历史用地。

另一种是1982年5月《国家建设征用土地条例》发布之后权属主取得的土地,具体有:①经人民政府批准征用的土地,叫行政划拨土地,一般是无偿使用的;②1990年5月《中华人民共和国城镇国有土地使用权出让和转让暂行条例》发布后权属主取得的土地,叫协议用地,一般是有偿使用的。

2. 其他要素调查

(1) 权属主名称。权属主名称是指土地使用者或土地所有者的全称。有明确权属主的为权属主全称,组合宗地要调查清楚全部权属主的全称和份额;无明确权属主的,则为该宗地的地理名称或建筑物的名称,如 XX 水库等。

(2) 取得土地的时间和土地年期。取得土地的时间是指获得土地权利的起始时间。土地年期是指获得国有土地使用权的最高年限。在我国,城镇国有土地使用权出让的最高年限规定为:住宅用地,70年;工业用地,50年;教育、科技、文化、卫生、体育用地,50年;商业、旅游、娱乐用地,40年;综合或者其他用地,50年。

(3) 土地位置。对于土地所有权宗地,调查核实宗地四至、所在乡(镇)、村的名称以及宗地预编号和编号。对于土地使用权宗地,调查核实土地坐落、宗地四至、所在区、街道、门牌号、宗地预编号和编号。无法确定位置的,需进行实地仪器测量。

3. 权属界址调查

界址调查是指确认被调查宗地的范围及其界址点、界址线的具体位置。现场指界必须由本宗地及相邻宗地指界人亲自到场共同指界。若由单位法人代表指界,则须出示法人代表证明和身份证明。当法人代表不能亲自出席指界时,应由委托代表指界,并出示委托书和身份证明。由多个土地所有者或使用者共同使用的宗地,应共同委托代表指界,并出示委托书和身份证明。

对现场指界无争议的界址点和界址线,要埋设界标,填写宗地界址调查表,各方指界人要在宗地界址调查表上签字盖章,对于无故不签字盖章的,按违约缺席处理。宗地界址调查表格式内容参见《不动产权籍调查技术方案(试行)》中的地籍调查表格式内容。

宗地界址调查表的填写应特别注意标明界址线的位置,如界址点(线)位于标志物的中心、内边、外边等。

对于违约缺席指界的,根据不同情况按下述办法处理:如果一方违约缺席,则其界址线以另一方指定的界址线为准确定;如果双方违约缺席,则其界址线由调查员依据有关图件和文件,结合实地现状确定。

确定界址线(简称确界)后的结果以书面形式送达违约缺席的业主,并在用地现场公告。有异议的,必须在结果送达之日起十五日内提出重新确界申请,并负责重新确界的费用,逾期不申请,确界自动生效。

4. 界标设置

调查人员根据指界认定的土地权属范围,设置界标。对于弧形界址线,按弧线的曲率可多设几个界标。对于弯曲过多的界址线,可以采取截弯取直的方法,但对于相邻的双方宗地来说,由取直划进、划出的土地面积应尽量相等。

乡(镇)、行政村、村民小组、公路、铁路、河流等界线一般不设界标。但土地行政管理部门或权属主有要求和易发生争议的路段,应设立界标。

一个乡(镇)权属调查结束后,在乡(镇)境界内形成的土地所有权界线,国有土地使用权界线,无权属主或权属主不明确的土地权属界线,争议界线,城镇范围线构成无缝隙、无重叠的界线关系,这些界址线和界址点均应标注在调查用图上。界标类型一般有混凝土界标(见图2-2)、石灰界标(见图2-3)、钢棍界标(见图2-4)和喷漆界标(见图2-5)。

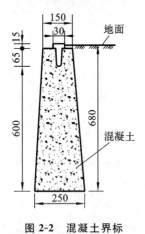

图2-2 混凝土界标

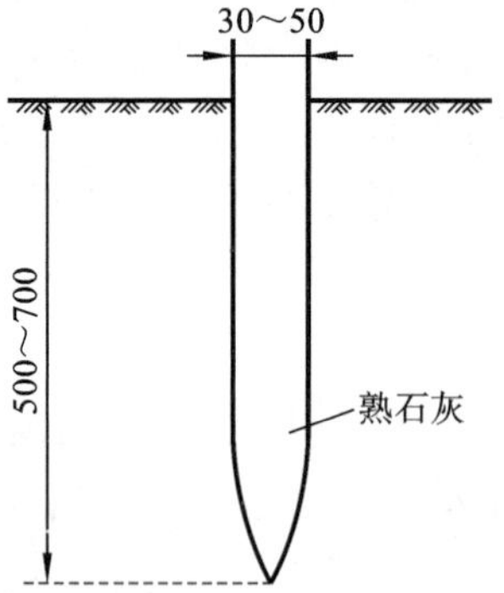

图2-3 石灰界标

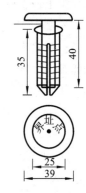

图2-4 钢棍界标

5. 土地权属界址的审核与调处

外业调查后,要对其结果进行审核和调查处理。对于国有土地的宗地单位,要将实地标绘的界线与权源证明文件上记载的界线相对照。若两者一致,则可认为调查结束,否则需查明原因,视具体情况做进一步处理。对于集体所有土地,若其四邻对界线无异议并签字盖章,则调查结束。

有争议的土地权属界线,短期内难以确定解决的,调查人员填写"土地权属争议原由书"。"土地权属

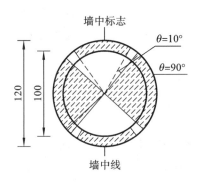 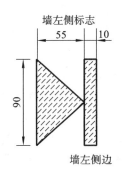 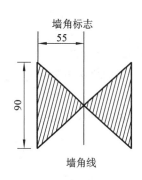

图 2-5 喷漆界标

争议原由书"一式五份,权属双方各执一份,市、县(区)、乡(镇、街道)各一份。调查人员根据实际情况,选择双方实际使用的界线,或争议地块的中心线,或权属双方协商的临时界线作为现状界线,并用红色虚线将其标注在"土地权属争议原由书"和航片(或地形图)上,等待处理。争议未解决之前,任何一方不得改变土地利用现状,不得破坏土地上的附着物。

第3节 不动产权籍调查技术方案(试行)

将国家2015年3月发布的《不动产权籍调查技术方案(试行)》中的部分内容摘录如下。

不动产权籍调查技术方案(试行)

为贯彻落实《不动产登记暂行条例》,积极稳妥、规范有序地推进不动产权籍调查工作,全力保障不动产登记工作顺利开展,制定本方案。

一、适用范围

本方案适用于土地、海域以及房屋、林木等定着物的不动产权籍调查。

二、调查内容

以宗地、宗海为单位,查清宗地、宗海及其房屋、林木等定着物组成的不动产单元状况,包括宗地信息、宗海信息、房屋(建、构筑物)信息、森林和林木信息等。

(一)宗地信息

查清宗地的权利人、权利类型、权利性质、土地用途、四至、面积等土地状况。

(二)宗海信息

查清宗海的权利人、项目名称、项目性质、等级、用海类型、用海方式、使用金总额、使用金标准依据、使用金缴纳情况、使用期限、共有情况、面积、构(建)筑物基本信息等内容。

(三)房屋等构(建)筑物信息

查清房屋权利人、坐落、项目名称、房屋性质、构(建)筑物类型、共有情况、用途、规划用途、幢号、户号、总套数、总层数、所在层次、建筑结构、建成年份、建筑面积、专有建筑面积、分摊建筑面积等内容。

(四)森林、林木信息

查清森林与林木的权利人、坐落、造林年度、小地名、林班、小班、面积、起源、主要树种、株数、林种、共有情况等内容。

三、技术路线与方法

以地(海)籍调查为基础,以宗地(海)为依托,以满足不动产登记要求为出发点,充分利用已有不动产权籍调查、登记以及前期审批、交易、竣工验收等成果资料，采用已有集体土地所有权地籍图、城镇地籍图、村庄地籍图、海籍图、地形图、影像图等图件作工作底图，通过内外业核实、实地调查测量的方法，完成不动产权属调查和不动产测量等工作。

（一）不动产单元的设定与编码

应按照本方案附录A的要求，设定不动产单元，编制不动产单元代码（即不动产单元号）。

（二）不动产权属调查

采用内外业核实和实地调查相结合的方法开展不动产权属调查，查清不动产单元的权属状况、界址、用途、四至等内容，确保不动产单元权属清晰、界址清楚、空间相对位置关系明确。

（三）不动产测量

统筹考虑基础条件、工作需求、经济可行性和技术可能性，在确保不动产权益安全的前提下，依据不动产的类型、位置和不动产单元的构成方式，因地制宜，审慎科学地选择符合本地区实际的不动产测量方法，确保不动产单元的界址清楚、面积准确。

(1) 对城镇、村庄、独立工矿等区域的建设用地，宜采用解析法测量界址点坐标并计算土地面积，实地丈量房屋边长并采用几何要素法计算房屋面积。

(2) 对于分散、独立的建设用地，可采用解析法测量界址点坐标并计算土地面积；也可采用图解法测量界址点坐标，此时，宜实地丈量界址边长和房屋边长并采用几何要素法计算土地面积和房屋面积。

(3) 对于海域和耕地、林地、园地、草地、水域、滩涂等用地，既可选择解析法也可选择图解法获取界址点坐标并计算土地（海域）的面积，如果其上存在房屋等定着物，则宜实地丈量其边长并采用几何要素法计算房屋面积。

四、调查程序

不动产权籍调查按照准备工作、权属调查、不动产测量、成果审查入库、成果整理归档的次序开展工作。

（一）准备工作

根据授权委托的不动产权籍调查任务，调查机构应做好收集、整理和分析所调查的不动产登记、抵押、查封、权属来源、交易、控制点坐标、界址点坐标等相关资料（包括图件、表格、数据和文件等），制定调查方案，发放指界通知书，计算测量放样数据等工作。

不动产登记和管理的资料分散于不同部门的，调查机构应携带不动产权籍调查资料协助查询单（见本方案附录B），到国土、房产、林业、农业、海洋、水务、规划、档案等部门的档案室或在数据库中查询、核对并获取被调查对象的档案资料和数据，并要求出具证明或在资料复印件上加盖档案资料专用章。

（二）权属调查

权属调查应由县级以上人民政府不动产登记机构组织完成。权属调查工作的主要内容包括核实和调查不动产权属和界址状况、绘制不动产单元草图、**填写不动产权籍调查表（见本方案附录C）**等。对界址线有争议、界标发生变化和新设界标等情况，宜现场记录并拍摄照片。

1. 核实确认不动产的现状

根据申请调查的材料和档案资料查询结果，核实确认不动产的权属现状，确认其界址是否发生变化，然后确定权属调查的具体方法。界址是否发生变化的具体情形如下。

(1) 新设界址和界址发生变化的情形有：①征收或征用土地；②城镇改造拆迁；③划拨、出让、转让国有土地使用权或海域使用权；④权属界址调整后的宗地或宗海，土地整理后的宗地重划；⑤宗地或宗海的界址因自然力作用而发生的变化等；⑥由于各种原因引起的宗地或宗海分割和合并。

(2) 界址不发生变化的情形有：①转移、抵押、继承、交换、收回土地使用权或海域使用权；②违法不动产经处理后的变更；③宗地或宗海内地物地貌的改变，如新建建筑物、拆除建筑物、改变建筑物的用途，以及房屋的翻新、加层、扩建、修缮等；④精确测量界址点的坐标和不动产单元的面积；⑤权利人名称、不动产位置名称、不动产用途等的变更;⑥不动产所属行政管理区的区划变动,即县市区、街道、街坊、乡镇等边界和名称的变动;⑦权利取得方式、权利性质或权利类型发生变化。

2. 新设界址与界址发生变化的不动产权属调查

根据不动产现状确认的结果,针对新设界址与界址发生变化的情形,依不动产的类型,其权属调查方法为:

(1) 房屋的权属调查方法按照《房产测量规范 第1单元:房产测量规定》(GB/T 17986.1)执行,并填写新的不动产权籍调查表。

(2) 耕地的权属调查方法按照《农村土地承包经营权调查规程》(NY/T 2537)执行,并填写新的不动产权籍调查表。

(3) 海域的权属调查方法按照《海籍调查规范》(HY/T 124)执行,并填写新的不动产权籍调查表。

(4) 其他土地的权属调查方法按照《地籍调查规程》(TD/T 1001)执行,并填写新的不动产权籍调查表。

3. 界址未变化的不动产权属调查

根据不动产现状确认的结果,针对界址未发生变化的情形,首先确定是否需要进行实地核实调查,然后按照下列方法开展权属调查。

(1) 如不需要到实地核实调查,则在复印后的原不动产权籍调查表内变更部分加盖"变更"字样印章,并填写新的不动产权籍调查表,不重新绘制草图。

(2) 如需要到实地调查,则经实地核实调查后,依不同情形,其处理的方法如下。

a. 发现不动产权属状况与相关资料完全一致的,按(1)的规定处理。

b. 发现不动产权属状况与相关资料不一致的,应在原不动产权籍调查表上用红线划去错误内容,标注正确内容,并填写新的不动产权籍调查表。

c. 发现原界址边长或房屋边长数据错误的,应在原草图的复制件上用红线划去错误数据,标注检测数据,重新绘制草图,并填写新的不动产权籍调查表。

(三) 不动产测量

不动产测量工作的主要内容包括控制测量、界址测量、宗地(海)图和分户房产图的测绘、面积计算、不动产测量报告的撰写等。

1. 控制测量

对土地及其房屋等定着物,控制测量的技术、方法和精度指标按照《地籍调查规程》(TD/T 1001)执行。对海域及其房屋等定着物,控制测量技术、方法和精度指标按照《海籍调查规范》(HY/T 124)执行。

过渡期间,在同一县级行政区域内,宜采用地籍图的坐标系统和投影方法,并适时建立与2000国家大地坐标系和1985国家高程基准的转换关系。最终测量成果须转换到2000国家大地坐标系和1985国家高程基准。

2. 界址测量

(1) 应基于不动产类型、保障不动产权利人切身利益、不动产管理的需要等条件选择界址测量的精度。对同一权籍要素,如果技术标准之间的精度要求不一致,宜以精度要求高的规定为准。

(2) 依不同的界址点精度要求选择不同的界址点测量方法。具体的测量方法和程序按照各行业现行技术标准执行。

3. 宗地图、宗海图和房产分户图的测制

不动产权籍图包括地籍图、海籍图及不动产单元图等,其中不动产单元图主要包括宗地图、宗海图和房产分户图(房产平面图)等。

(1) 宗地图的测制。以已有各种地籍图为工作底图测绘宗地内部及其周围变化的不动产权籍空间要素和地物地貌要素,并编制宗地图。测绘方法按照《地籍调查规程》(TD/T 1001)执行,宗地图的内容按照本方案附录D执行。

(2)宗海图的测制。以已有海籍图为工作底图测绘宗海内部及其周围变化的不动产权籍空间要素和地物地貌要素,并编制宗海图。测绘方法和内容按照《海籍调查规范》(HY/T 124)执行。

(3)房产分户图的编制。以地籍图、宗地图(分宗房产图)等为工作底图绘制房产分户图。房产分户图的编制要求和内容参照《房产测量规范 第1单元:房产测量规定》(GB/T 17986.1)7.3的规定,按照本方案附录D的要求执行。

4. 面积计算

(1)宗地或宗海面积计算。根据实际情况可采用解析法或图解法计算宗地或宗海的面积。应基于不动产类型、保障不动产权利人切身利益、不动产管理的需要等条件做出合适的选择。宗地面积变更按照《地籍调查规程》(TD/T 1001)执行,宗海面积变更按照《海籍调查规范》(HY/T 124)执行。

(2)房屋面积测算。房屋面积测算方法按照《房产测量规范 第1单元:房产测量规定》(GB/T 17986.1)执行。

5. 不动产测量报告的撰写

不动产测量报告主要反映技术标准执行、技术方法、程序、测量成果、成果质量和主要问题的处理等情况,是长期保存的重要技术档案。不动产测量报告格式及编写要求按照本方案附录E执行。

(四)成果审查与入库

不动产权籍调查成果主要为文字成果、表格成果、图件成果,包括不动产权籍调查授权委托书、权源资料、不动产权籍调查表、界址点坐标成果表、不动产测量报告、宗地图、宗海图、房产分户图等。

(1)不动产权籍调查成果应由不动产登记机构或授权机构审查。凡在前期审批、交易、竣工验收等行政管理中经相关行政职能部门和授权机构确认的且符合登记要求的成果,可继续沿用。

(2)审查的内容有六个方面:一是调查程序是否规范,即权属调查、测量、成果审查、整理归档等是否按照本方案及相关技术标准实施;二是调查成果是否完整,即测绘资料、权属资料、图件和表格资料等是否齐全;三是调查成果是否有效,包含调查机构是否具有相应资质、从事调查工作的人员是否具有相应资格、调查成果是否经过自检等;四是调查成果格式是否符合规定要求;五是调查成果是否正确保持宗地、宗海及其房屋、林木等定着物之间的内在联系;六是宗地图、宗海图和分户房产图中的空间要素与相邻的界址、地物、地貌是否存在空间位置矛盾。

(3)审查的方法。主要采用室内外复核的方法审查不动产权籍调查成果。

①应充分利用已有数据库、信息系统、办文系统、电子政务系统审查调查成果。

②应将调查机构提供的宗地图、宗海图和房产分户图的电子数据导入已有的权籍空间数据库,查看其与相邻的界址、地物、地貌是否存在空间位置矛盾。

③对权籍空间要素,如果室内无法判定其是否正确,可到实地查看。

④对调查成果存在的问题,应责成调查机构修改完善,直到成果合格为止。

(4)成果入库和地(海)籍图更新。成果通过审查后,审查部门或单位应将审查后的成果提交给不动产权籍调查数据库和成果管理机构,在完成不动产登记后,更新相关数据库和不动产登记数据库。

(五)成果的整理与归档

不动产权籍调查工作结束后,应该对成果进行整理和归档。

(1)不动产权籍调查成果经相关部门审查确认后,调查机构应以宗地、宗海为单位,按照统一的不动产权籍调查表、不动产测量报告和不动产权籍图等成果样式,形成不动产单元调查成果,提交纸质成果和相应的电子数据。

(2)不动产权籍调查成果应按照统一的规格、要求进行整理、立卷、组卷、编目和归档。

五、不动产权籍调查数据库和管理系统建设

以现有的地(海)籍数据库为基础,对接与整合土地、房产、海域、土地承包经营权、林木等各类不动产登记数据,建立统一的不动产权籍调查数据库和管理系统,实现不动产权籍调查成果一体化管理。

为实现不动产权籍调查信息的共享和成果利用,满足不动产登记和管理的需要,日常不动产权籍调查形成的数据成果在完成审查与登记之后,应及时更新不动产权籍调查数据库,并做好数据库的运行和维护工作。

附录 A 不动产单元设定与代码编制规则(试行)

1. 范围

本标准规定了不动产单元的设定规则、不动产单元代码的结构和编制规则。

本标准适用于不动产单元的设定、标识、信息处理和交换等。

2. 规范性引用文件

下列文件对于本标准的应用是必不可少的。凡是注日期的引用文件,仅注日期的版本适用于本标准。凡是不注日期的引用文件,其最新版本(包括所有的修改单)适用于本标准。

GB/T 2260	《中华人民共和国行政区划代码》
GB/T 7027	《信息分类和编码的基本原则与方法》
GB/T 20001.3	《标准编写规则 第3部分:分类标准》
TD/T 1001	《地籍调查规程》
GB/T 17986.1	《房产测量规范 第1单元:房产测量规定》
JGJ/T 246	《房屋代码编码标准》
HY/T 124	《海籍调查规范》
GB/T 26424	《森林资源规划设计调查技术规程》
NY/T 2538	《农村土地承包经营权要素编码规则》
NY/T 2537	《农村土地承包经营权调查规程》

3. 术语和定义

房屋(building):独立成栋、有固定界线的封闭空间,以及区分幢、层、套、间等可以独立使用、有固定界线的封闭空间。

不动产单元代码(identifier of real estate unit):即不动产单元号,是按一定规则赋予不动产单元的唯一和可识别的标识码。

地籍区(cadastral district):在县级行政辖区内,以乡(镇)、街道办事处为基础结合明显线性地物划分的不动产管理区域;根据实际情况,可以行政村、街坊为基础将地籍区再划分为若干个地籍子区。

4. 地籍区和地籍子区划分

(1) 在县级行政辖区内,以乡(镇)、街道界线为基础结合明显线性地物划分地籍区。

(2) 在地籍区内,以行政村、居委会或街坊界线为基础结合明显线性地物划分地籍子区。

(3) 地籍区、地籍子区划定后,其数量和界线应保持稳定,原则上不随所依附界线或线性地物的变化而调整。

(4) 海籍调查可不划分地籍区和地籍子区。

5. 宗地(宗海)划分

1) 宗地划分

在地籍子区内,按照以下情形划分宗地。

(1) 依据宗地的权属来源,划分国有土地使用权宗地和集体土地所有权宗地。在集体土地所有权宗地内,划分集体建设用地使用权宗地、宅基地使用权宗地、土地承包经营权宗地和其他使用权宗地等。

(2) 两个或两个以上农民集体共同所有的地块,且土地所有权界线难以划清的,应设为共有宗。

(3) 两个或两个以上权利人共同使用的地块,且土地使用权界线难以划清的,应设为共用宗。

(4) 土地权属未确定或有争议的地块可设为一宗地。

2) 宗海(含无居民海岛)划分

在县级行政辖区内,按下列情形划分宗海和无居民海岛使用权范围。

(1) 依据宗海的权属来源,划分海域使用权宗海。

(2) 依据无居民海岛的权属来源,划分无居民海岛使用权范围。

6. 定着物单元的划分

在使用权宗地(宗海)内,应将房屋、林木等定着物划分为不同的定着物单元。

(1) 同一权利人拥有的独幢房屋宜划分为一个定着物单元。

(2) 具有多个权利人的一幢房屋,应按照界线固定,且具有独立使用价值的幢、层、套、间等封闭空间划分定着物单元。

(3) 同一权利人拥有多套(层、间等)界线固定且具有独立使用价值的房屋,每套(层、间)房屋宜各自划分定着物单元。

(4) 同一权利人(如行政机关、企事业单位等)拥有的两幢或两幢以上的房屋可共同组成一个定着物单元。

7. 不动产单元设定

(1) 集体土地所有权宗地应设定不动产单元。

(2) 无定着物的使用权宗地(宗海)应设为一个不动产单元。

(3) 有定着物的使用权宗地(宗海),宗地(宗海)内的每个定着物单元与该宗地(宗海)应设为一个不动产单元。

8. 不动产单元编码

1) 代码结构

每个不动产单元应具有唯一代码。依据 GB/T 7027 规定的信息分类原则和方法,不动产单元代码采用七层 28 位层次码结构,由宗地(宗海)代码与定着物代码构成,分述如下。

(1) 宗地(宗海)代码为五层 19 位层次码,采用 TD/T 1001 规定的编码规则,按层次分别表示县级行政区划、地籍区、地籍子区、宗地(宗海)特征码、宗地(宗海)顺序号,其中宗地(宗海)特征码和宗地(宗海)顺序号组成宗地(宗海)号。

(2) 定着物代码为二层 9 位层次码,按层次分别表示定着物特征码、定着物单元编号。

(3) 不动产单元代码结构如图 A-1 所示。

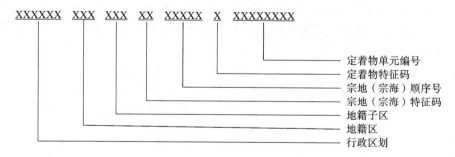

图 A-1 不动产单元代码结构

2) 编码方法

(1) 第一层次为县级行政区划,代码为 6 位,采用 GB/T 2260 规定的行政区划代码。

(2) 第二层次为地籍区,代码为 3 位,码值为 000~999。其中,海籍调查时,地籍区可用"000"表示。

(3) 第三层次为地籍子区,代码为 3 位,码值为 000~999。其中,海籍调查时,地籍子区可用"000"表示。

(4) 第四层次为宗地(宗海)特征码,代码为 2 位。其中:

①第1位用 G、J、Z 表示。"G"表示国家土地(海域)所有权,"J"表示集体土地所有权,"Z"表示土地(海域)所有权未确定或有争议。

②第2位用 A、B、S、X、C、D、E、F、G、H、W、Y 表示。"A"表示集体土地所有权宗地;"B"表示建设用地使用权宗地(地表);"S"表示建设用地使用权宗地(地上);"X"表示建设用地使用权宗地(地下);"C"表示宅基地使用权宗地;"D"表示土地承包经营权宗地(耕地);"E"表示土地承包经营权宗地(林地);"F"表示土地承包经营权宗地(草地);"H"表示海域使用权宗海;"G"表示使用权无居民海岛;"W"表示使用权未确定或有争议的土地(海域);"Y"表示其他使用权土地(海域),用于宗地(宗海)特征扩展。

(5) 第五层次为宗地(宗海)顺序号,代码为5位,码值为00001～99999,在相应的宗地(宗海)特征码后顺序编号。

(6) 第六层次为定着物特征码,代码为1位,用 F、L、Q、W 表示。"F"表示房屋等建筑物、构筑物,"L"表示森林或林木,"Q"表示其他类型的定着物,"W"表示无定着物。

(7) 第七层次为定着物单元编号,代码为8位。

①定着物为房屋的,定着物单元在使用权宗地(宗海)内应具有唯一编号。前4位表示房屋的幢号,房屋幢号在使用权宗地(或地籍子区)内统一编号,码值为0001～9999;后4位表示房屋的户号,房屋户号在每幢房屋内统一编号,码值为0001～9999。

②定着物为森林、林木的,定着物单元在使用权宗地(宗海)内应具有唯一的编号,码值为00000001～99999999。

③其他的定着物,定着物单元在使用权宗地(宗海)内应具有唯一的编号,码值为00000001～99999999。

④使用权宗地(宗海)内无定着物的,定着物单元编号用"00000000"表示。

不动产单元代码示例如图 A-2 所示。

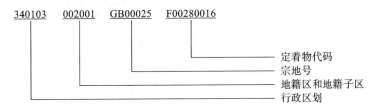

图 A-2 不动产单元代码示例

9. 不动产单元代码表

为使不动产单元代码标准文本格式整齐统一,按照 GB/T 20001.3 规定,不动产单元代码标准文本格式如表 A-1 所示。

表 A-1 不动产单元代码标准文本格式

代码	名称	说明
XXXXXX	XX 县(市、区)	
XXXXXX001	001 地籍区	
XXXXXX001001	001 地籍子区	
XXXXXX001001G	国家所有	
XXXXXX001001GBXXXXX	建设用地使用权宗地(地表)	
XXXXXX001001GBXXXXXFXXXXXXXX	建设用地使用权宗地(地表)内的房屋等建筑物、构筑物	
……	……	
XXXXXX001001GBXXXXXQXXXXXXXX	建设用地使用权宗地(地表)内的其他定着物	

续表

代码	名称	说明
……	……	
XXXXXX001001GBXXXXXXW00000000	建设用地使用权宗地(地表)内无定着物	
……	……	
XXXXXX001001GSXXXXXX	建设用地使用权宗地(地上)	
XXXXXX001001GSXXXXXXFXXXXXXXX	建设用地使用权宗地(地上)内的房屋等建筑物、构筑物	
……	……	
XXXXXX001001GSXXXXXXQXXXXXXXX	建设用地使用权宗地(地上)内的其他定着物	
……	……	
XXXXXX001001GXXXXXXX	建设用地使用权宗地(地下)	
XXXXXX001001GXXXXXXFXXXXXXXX	建设用地使用权宗地(地下)内的房屋等建筑物、构筑物	
……	……	
XXXXXX001001GXXXXXXQXXXXXXXX	建设用地使用权宗地(地下)内的其他定着物	
……	……	
XXXXXX001001GXXXXXXW00000000	建设用地使用权宗地(地下)内无定着物	
……	……	
XXXXXX001001GDXXXXXXW00000000	土地承包经营权宗地(耕地)	
……	……	
XXXXXX001001GEXXXXXX	土地承包经营权宗地(林地)	
XXXXXX001001GEXXXXXXLXXXXXXXX	土地承包经营权宗地(林地)内的森林、林木	
……	……	
XXXXXX001001GEXXXXXXQXXXXXXXX	土地承包经营权宗地(林地)内的其他定着物	
……	……	
XXXXXX001001GEXXXXXXW00000000	土地承包经营权宗地(林地)内无定着物	
……	……	
XXXXXX001001GFXXXXXXW00000000	土地承包经营权宗地(草地)	
……	……	
XXXXXX000000GHXXXXXX	海域使用权宗海	
XXXXXX000000GHXXXXXXFXXXXXXXX	海域使用权宗海内的房屋等建筑物、构筑物	
……	……	
XXXXXX000000GHXXXXXXLXXXXXXXX	海域使用权宗海内的林木	
……	……	
XXXXXX000000GHXXXXXXQXXXXXXXX	海域使用权宗海内的其他定着物	
……	……	
XXXXXX000000GHXXXXXXW00000000	海域使用权宗海内无定着物	
……	……	

续表

代码	名称	说明
XXXXXX000000GGXXXXX	使用权无居民海岛	
XXXXXX000000GGXXXXXFXXXXXXXX	使用权无居民海岛内的房屋等建筑物、构筑物	
……	……	
XXXXXX000000GGXXXXXLXXXXXXXX	使用权无居民海岛内的林木	
……	……	
XXXXXX000000GGXXXXXQXXXXXXXX	使用权无居民海岛内的其他定着物	
……	……	
XXXXXX000000GGXXXXXW00000000	使用权无居民海岛内无定着物	
……	……	
XXXXXX001001GWXXXXX	使用权未确定或有争议的土地(海域)	
XXXXXX001001GWXXXXXFXXXXXXXX	未确定或有争议的土地(海域)内的房屋等建筑物、构筑物	
……	……	
XXXXXX001001GWXXXXXLXXXXXXXX	未确定或有争议的土地(海域)内的森林、林木	
……	……	
XXXXXX001001GWXXXXXQXXXXXXXX	未确定或有争议的土地(海域)内的其他定着物	
……	……	
XXXXXX001001GWXXXXXW00000000	未确定或有争议的土地(海域)内无定着物	
……	……	
XXXXXX001001GYXXXXX	其他使用权土地(海域)	
XXXXXX001001GYXXXXXFXXXXXXXX	其他使用权土地(海域)内的房屋等建筑物、构筑物	
……	……	
XXXXXX001001GYXXXXXLXXXXXXXX	其他使用权土地(海域)内的森林、林木	
……	……	
XXXXXX001001GYXXXXXQXXXXXXXX	其他使用权土地(海域)内的其他定着物	
……	……	
XXXXXX001001GYXXXXXW00000000	其他使用权土地(海域)内无定着物	
……	……	
XXXXXX001001J	集体所有	
XXXXXX001001JAXXXXXW00000000	集体土地所有权宗地	
XXXXXX001001JBXXXXX	建设用地使用权宗地(地表)	
XXXXXX001001JBXXXXXFXXXXXXXX	建设用地使用权宗地(地表)内的房屋等建筑物、构筑物	
……	……	
XXXXXX001001JBXXXXXQXXXXXXXX	建设用地使用权宗地(地表)内的其他定着物	
……	……	
XXXXXX001001JBXXXXXW00000000	建设用地使用权宗地(地表)内无定着物	

续表

代码	名称	说明
……	……	
XXXXXX001001JSXXXXXX	建设用地使用权宗地(地上)	
XXXXXX001001JSXXXXXFXXXXXXXX	建设用地使用权宗地(地上)内的房屋等建筑物、构筑物	
……	……	
XXXXXX001001JSXXXXXQXXXXXXXX	建设用地使用权宗地(地上)内的其他定着物	
……	……	
XXXXXX001001JXXXXXX	建设用地使用权宗地(地下)	
XXXXXX001001JXXXXXXFXXXXXXXX	建设用地使用权宗地(地下)内的房屋等建筑物、构筑物	
……	……	
XXXXXX001001JXXXXXXQXXXXXXXX	建设用地使用权宗地(地下)内的其他定着物	
……	……	
XXXXXX001001JXXXXXXW00000000	建设用地使用权宗地(地下)内无定着物	
……	……	
XXXXXX001001JCXXXXXFXXXXXXXX	宅基地使用权宗地	
……	……	
XXXXXX001001JDXXXXXW00000000	土地承包经营权宗地(耕地)	
……	……	
XXXXXX001001JEXXXXX	土地承包经营权宗地(林地)	
XXXXXX001001JEXXXXXLXXXXXXXX	土地承包经营权宗地(林地)内的森林、林木	
……	……	
XXXXXX001001JEXXXXXQXXXXXXXX	土地承包经营权宗地(林地)内的其他定着物	
……	……	
XXXXXX001001JEXXXXXW00000000	土地承包经营权宗地(林地)内无定着物	
……	……	
XXXXXX001001JFXXXXXW00000000	土地承包经营权宗地(草地)	
……	……	
XXXXXX001001JWXXXXX	使用权未确定或有争议的土地	
XXXXXX001001JWXXXXXFXXXXXXXX	未确定或有争议的土地内的房屋等建筑物、构筑物	
……	……	
XXXXXX001001JWXXXXXLXXXXXXXX	未确定或有争议的土地内的森林、林木	
……	……	
XXXXXX001001JWXXXXXQXXXXXXXX	未确定或有争议的土地内的其他定着物	
……	……	
XXXXXX001001JWXXXXXW00000000	未确定或有争议的土地内无定着物	
……	……	

续表

代码	名称	说明
XXXXXX001001JYXXXXX	其他使用权土地	
XXXXXX001001JYXXXXXFXXXXXXXX	其他使用权土地内的房屋等建筑物、构筑物	
……	……	
XXXXXX001001JYXXXXXLXXXXXXX	其他使用权土地内的森林、林木	
……	……	
XXXXXX001001JYXXXXXQXXXXXXXX	其他使用权土地内的其他定着物	
……	……	
XXXXXX001001JYXXXXXW00000000	其他使用权土地内无定着物	
……	……	
XXXXXX001001Z	土地(海域)所有权未确定或有争议	
XXXXXX001001ZAXXXXXW00000000	集体土地所有权宗地	
XXXXXX001001ZBXXXXX	建设用地使用权宗地(地表)	
XXXXXX001001ZBXXXXXFXXXXXXXX	建设用地宗地(地表)内的房屋等建筑物、构筑物	
……	……	
XXXXXX001001ZBXXXXXQXXXXXXXX	建设用地宗地(地表)内的其他定着物	
……	……	
XXXXXX001001ZBXXXXXW00000000	建设用地宗地(地表)内无定着物	
……	……	
XXXXXX001001ZSXXXXX	建设用地使用权宗地(地上)	
XXXXXX001001ZSXXXXXFXXXXXXXX	建设用地宗地(地上)内的房屋等建筑物、构筑物	
……	……	
XXXXXX001001ZSXXXXXQXXXXXXXX	建设用地宗地(地上)内的其他定着物	
……	……	
XXXXXX001001ZXXXXXX	建设用地使用权宗地(地下)	
XXXXXX001001ZXXXXXXFXXXXXXXX	建设用地宗地(地下)内的房屋等建筑物、构筑物	
……	……	
XXXXXX001001ZXXXXXXQXXXXXXXX	建设用地宗地(地下)内的其他定着物	
……	……	
XXXXXX001001ZXXXXXXWXXXXXXXX	建设用地宗地(地下)内无定着物	
……	……	
XXXXXX001001ZCXXXXXFXXXXXXXX	宅基地使用权宗地	
……	……	
XXXXXX001001ZDXXXXXW00000000	土地承包经营权宗地(耕地)	
……	……	
XXXXXX001001ZEXXXXX	土地承包经营权宗地(林地)	

续表

代码	名称	说明
XXXXXX001001ZEXXXXXLXXXXXXXX	土地承包经营权宗地(林地)内的森林、林木	
……	……	
XXXXXX001001ZEXXXXXQXXXXXXXX	土地承包经营权宗地(林地)的其他定着物	
……	……	
XXXXXX001001ZEXXXXXW00000000	土地承包经营权宗地(林地)内无定着物	
……	……	
XXXXXX001001ZFXXXXXW00000000	土地承包经营权宗地(草地)	
……	……	
XXXXXX000000ZHXXXXXX	海域使用权宗海	
XXXXXX000000ZHXXXXXFXXXXXXXX	海域使用权宗海内的房屋等建筑物、构筑物	
……	……	
XXXXXX000000ZHXXXXXLXXXXXXXX	海域使用权宗海内的林木	
……	……	
XXXXXX000000ZHXXXXXQXXXXXXXX	海域使用权宗海内的其他定着物	
……	……	
XXXXXX000000ZHXXXXXW00000000	海域使用权宗海内无定着物	
……	……	
XXXXXX000000ZGXXXXXX	使用权无居民海岛	
XXXXXX000000ZGXXXXXFXXXXXXXX	使用权无居民海岛内的房屋等建筑物、构筑物	
……	……	
XXXXXX000000ZGXXXXXLXXXXXXXX	使用权无居民海岛内的林木	
……	……	
XXXXXX000000ZGXXXXXQXXXXXXXX	使用权无居民海岛内的其他定着物	
……	……	
XXXXXX000000ZGXXXXXW00000000	使用权无居民海岛内无定着物	
……	……	
XXXXXX001001ZYXXXXXX	其他使用权土地(海域)	
XXXXXX001001ZYXXXXXFXXXXXXXX	其他使用权土地(海域)内的房屋等建筑物、构筑物	
……	……	
XXXXXX001001ZYXXXXXLXXXXXXXX	其他使用权土地(海域)内的森林、林木	
……	……	
XXXXXX001001ZYXXXXXQXXXXXXXX	其他使用权土地(海域)内的其他定着物	
……	……	
XXXXXX001001ZYXXXXXW00000000	其他使用权土地(海域)内无定着物	
……	……	

附录 B 不动产权籍调查资料协助查询单（试行）

不动产权籍调查资料协助查询单
（试行）

<u>（查询单位名称）</u>：

  根据_____等有关规定，请贵单位按照以下信息协助查询不动产权属情况，并出具查询结果：

  1. 查询范围，详见"查询地块（海域）范围示意图"。
  2. 查询内容：

申请查询联系人：
联系电话：

不动产权籍调查机构（盖章）
年 月 日

附录 C　不动产权籍调查表(试行)

一、地籍调查表

地籍调查表如表 C-1~表 C-7 所示。

表 C-1　宗地基本信息表

宗地基本信息表					
权利人	所有权				
	使用权		权利人类型		
			证件种类		
			证件号		
			通信地址		
权利类型		权利性质		土地权属来源证明材料	
坐落					
法定代表人或负责人姓名		证件种类		电话	
		证件号			
代理人姓名		证件种类		电话	
		证件号			
权利设定方式					
国民经济行业分类代码					
预编宗地代码			宗地代码		
不动产单元号					
所在图幅号		比例尺			
		图幅号			
宗地四至		北：			
		东：			
		南：			
		西：			
等级			价格/元		
批准用途			实际用途		
	地类编码			地类编码	
批准面积/m²		宗地面积/m²		建筑占地总面积/m²	
				建筑总面积/m²	
土地使用期限					
共有/共用权利人情况					
说明					

表 C-2　界址标示表

界址点号	界标种类				界址间距/m	界址线类别							界址线位置			说明
	钢钉	水泥桩	喷涂			界址线	道路	沟渠	围墙	围栏	田埂		内	中	外	

（表格行数可调整，可附页）

表 C-3　界址签章表

界址线			邻宗地		本宗地	日期
起点号	中间点号	终点号	相邻宗地权利人（宗地代码）	指界人姓名（签章）	指界人姓名（签章）	

（表格行数可调整，可附页）

表 C-4 宗地草图

宗地草图

表 C-5　界址说明表

界址说明表	
界址点位说明	
主要权属界线走向说明	

表 C-6　调查审核表

调查审核表	
权属调查记事	 调查员：　　　　日期：　年　月　日
地籍测量记事	 测量人：　　　　日期：　年　月　日
地籍调查结果审核意见	 审核人：　　　　日期：　年　月　日

表 C-7　共有/共用宗地面积分摊表

共有/共用宗地面积分摊表				
土地坐落				
宗地代码				
宗地面积/m²		定着物单元数		
定着物代码	土地所有权/使用权面积/m²	独有/独用土地面积/m²	分摊土地面积/m²	
合计				
备注				

注：无共有/共用情况的无须填写此表。

二、土地承包经营权、农用地其他使用权调查表

土地承包经营权、农用地其他使用权调查表如表 C-8 所示。

表 C-8 土地承包经营权、农用地其他使用权调查表

土地承包经营权、农用地其他使用权调查表					
宗地代码					
不动产单元号					
发包方	名称				
	负责人姓名		联系电话		
	负责人地址		邮政编码		
	证件种类		证件号		
承包方	承包方(代表)				
	有无承包合同		承包合同编号		
	有无经营权证		经营权证编号		
	取得(承包)方式	□家庭承包 □招标 □公开协商 □拍卖 □转让 □互换 □其他			
	注:本部分信息仅供家庭承包方式填写		家庭成员总数	共 人	
	成员姓名	与户主关系	身份证号码	成员备注	
土地用途	□种植业 □林业 □畜牧业 □渔业 □其他				
地力等级		是否基本农田		□是 □否	
水域滩涂类型					
养殖业方式					
适宜载畜量					
草原质量	草层高度	cm			
	草地覆盖度	%			
	建群种				
	优势种				
调查记事	调查员: 日期: 年 月 日				
审核意见	审核人: 日期: 年 月 日				

三、集体土地所有权宗地分类面积调查表

集体土地所有权宗地分类面积调查表如表C-9所示。

表C-9 集体土地所有权宗地分类面积调查表

集体土地所有权宗地分类面积调查表					
					单位:m²(公顷/亩)
权利人					
宗地代码					
不动产单元号					
分类面积	农用地				
	其中	耕地			
		林地			
		草地			
		其他			
	建设用地				
	未利用地				
调查记事	调查员:　　　日期:　年　月　日				
审核意见	审核人:　　　日期:　年　月　日				

注:集体土地所有权宗地调查时需填写此表。

四、房屋调查表

房屋调查表如表C-10~表C-12所示。

表 C-10 房屋基本信息调查表

市区名称或代码		地籍区		房籍子区		宗地号		定着物（房屋）代码		
不动产单元号										
房地坐落							邮政编码			
房屋所有权人				证件种类						
电话				证件号						
权利人类型		项目名称								
房屋性质		产别				共有情况				
用途		规划用途								
房屋状况	幢号	户号	总套数	总层数	所在层	房屋结构	竣工时间	占地面积 /m²	建筑面积 /m²	专有建筑面积 /m²	分摊建筑面积 /m²	产权来源	墙体归属
													东	南	西	北
房屋权界线示意图									附加说明							
									调查意见							

调查员：　　　　　　　　　　　　　　　　　　　　　　　　　　　日期：　年　月　日

表 C-11　建筑物区分所有权业主共有部分调查表

建筑物区分所有权业主共有部分调查表					
宗地代码：						
建筑物区分所有权业主共有部分权利人					
建(构)筑物编号	建(构)筑物名称	建(构)筑数量或者面积/m²	占地面积/m²	分摊土地面积/m²	附记

表 C-12　房产分户图

附图（房产分户图，可附页）

五、林权调查表

林权调查表如表 C-13 所示。

表 C-13 林权调查表

宗地代码			定着物代码	
不动产单元号				
森林、林木所有权人			证件种类	
			证件号	
森林、林木使用权人			证件种类	
			证件号	
代理人		证件类型		电话
		证件编号		
权利人类型				
坐落				
造林年度				
小地名				
林班			小班	
面积/m²			起源	
株数			主要树种	
林种	□防护林　□用材林　□经济林　□薪炭林　□特种用途林　□其他			
共有情况				
审核意见	审核人：　　　　日期：　年　月　日			
备注				

调查员：　　　　　　　　　　　　　　　　　　　　　　　　　日期：　年　月　日

六、海籍调查表

海籍调查表如表 C-14～表 C-18 所示。

表 C-14 宗海基本信息表

宗海基本信息表							
宗海代码								
不动产单元号								
权利人	权利人类型						
	单位/个人		联系电话			
			邮编			
			地址			
	证件种类		证件号			
	法定代表人		身份证号			
	联系/代理人		身份证号			
项目用海	项目名称			项目性质		
	等级			构（建）筑物类型		
	用海类型	用海类型 A				
		用海类型 B				
海籍测量	宗海面积		公顷	宗海位置（文字说明）		
	用海总面积		公顷			
	用海方式		公顷			
			公顷			
			公顷			
			公顷			
	占用岸线		米			
	使用金总额/万元		使用金标准依据				
	使用金缴纳情况							
权属核查	使用期限							
	相邻用海	东		西		南		北
	使用人（签字）							
	共有情况							
无居民海岛状况	海岛名称		海岛代码					
	用岛范围		用岛面积/公顷					
	海岛位置		用途					
记事	权属核查记事： 核查人： 日期： 年 月 日						
	海籍测量记事： 测量员： 日期： 年 月 日						
	海籍调查结果审核意见： 审核人： 日期： 年 月 日						
备注							

表 C-15　宗海及内部单元记录表

宗海及内部单元记录表				
宗海界址线：				宗海总面积（公顷）
用海方式	内部单元（按用途）	内部单元界址线	使用金数额	用海面积/公顷	
^	^	^	^	内部单元面积	合计

（表格行数可调整，可附页）

测量员：　　　　　　　　　　　　　　　　　　　　　　　　　　　　　　　　　审核人：

表 C-16　宗海现场测量记录表

宗海现场测量记录表		
现场测量示意图		
项目名称		
测量单元	标志点编号及坐标	用海设施/构筑物
测量单位		坐标系
测量员		测量日期

表 C-17　宗海位置图

宗海位置图

坐标系		深度基准	
投影		中央子午线	
绘图人		审核人	
绘制日期			

表 C-18 宗海界址图

宗海界址图

界址点编号及坐标（纬度 | 经度）		
1		
2		
3		
4		
5		
内部单元	界址线	面积/公顷

（表格行数可根据界址点和内部单元个数调整，可加附页）

坐标系	深度基准
投影	中央经线
测量单位	（填写后需要加盖测量资质单位印章）
测量员	绘图人
绘制日期	审核人

七、构(建)筑物调查表

构(建)筑物调查表如表 C-19 所示。

表 C-19 构(建)筑物调查表

\multicolumn{4}{c}{构(建)筑物调查表}			
宗地(海)代码		坐落	
不动产单元号			
构(建)筑物所有权人		证件种类	
		证件号	
权利人类型			
构(建)筑物类型			
构(建)筑物规划用途			
构(建)筑物面积/m²			
竣工时间			
共有情况			
备注			
附图(构(建)筑物平面图,可附页)			

八、不动产权籍调查表填表说明

(一) 不动产权籍调查表填写要求

(1) 不动产权籍调查表由封面,地籍调查表,土地承包经营权、农用地其他使用权调查表,集体土地所有权宗地分类面积调查表,房屋调查表,林权调查表,海籍调查表,构(建)筑物调查表及填表说明组成。

(2) 不动产权籍调查表以宗地/海为基础,按不动产单元为单位填写。

① 不同的不动产单元,填写不同的调查表。

a. 对集体土地所有权宗地,需填写地籍调查表和集体土地所有权宗地分类面积调查表。

b. 对建设用地使用权宗地和宅基地使用权宗地,填写地籍调查表。如果其上存在房屋,则需填写房屋调查表。如果其上存在构(建)筑物,则需填写构(建)筑物调查表。

c. 对土地承包经营权宗地、非承包方式取得的草原使用权宗地和水域滩涂养殖权宗地,填写地籍调查表和土地承包经营权、农用地其他使用权调查表。如果土地承包经营权宗地(林地)上存在森林、林木,还需填写林权调查表。

d. 对非承包方式取得的林地使用权宗地,填写地籍调查表。如果其上存在森林、林木,还需填写林权调查表。

e. 对海域使用权宗海(含无居民海岛),填写海籍调查表。如果其上存在构(建)筑物,则需填写构(建)筑物调查表。

② 采用活页的形式填写调查表。

表格采用活页的形式,对整页无内容的,可不归入成果。如原表格式与本方案规定的表格式一致,并且内容没有任何变化的,其复印件加盖"复印件"印章后,可直接利用归入成果。

(3) 不动产权籍调查表必须做到图表内容与实地一致,表达准确无误,字迹清晰整洁。

(4) 表中填写的项目不得涂改,每一处只允许划改一次,划改符号用"\"表示,并在划改处由划改人员签字或盖章;全表划改不超过2处。

(5) 表中各栏目应填写齐全,不得空项。确属不填的栏目,使用"/"符号填充。

(6) 文字内容使用蓝黑钢笔或黑色签字笔填写,亦可采用计算机打印输出;不得使用谐音字、国家未批准的简化字或缩写名称;签名签字部分需手写。

(7) 项目栏的内容填写不下的可另加附页。宗地草图/宗海图可以附贴。凡附页和附贴的,应加盖相关单位部门印章。

(二) 不动产权籍调查表封面

(1) 宗地(海)代码:根据附录A《不动产单元设定与代码编制规则(试行)》第8节的编码要求填写。

(2) 调查单位(机构):记录负责承担本不动产单元调查任务的单位(机构)全称。

(3) 调查时间:按照"××××年××月××日"的形式记载调查的日期。

(三) 地籍调查表填写方法

1. 宗地基本信息表

(1) 权利人。

所有权:属于国家所有的,填写国家;属于集体所有的,填写××农民集体。

使用权:填写权利人的姓名或名称。权利人为自然人的,填写身份证件上的姓名;权利人为法人、其他组织的,填写身份证件上的法定名称。

权利人类型:填写个人、企业、事业单位、国家机关、其他。无法归类为个人、企业、事业单位、国家机关的,填写其他。

证件种类:写权利人身份证件的种类。境内自然人一般为居民身份证,无居民身份证的,可以为户口簿、军官证等。法人或其他组织一般为组织机构代码证,无组织机构代码证的,可以为营业执照、事业单位法人证书、社会团体法人登记证书。港澳同胞的为港澳居民来往内地通行证或港澳同胞回乡证、居民身份证;台湾同胞的为台湾居民来往大陆通行证或其他有效旅行证件,在台湾地区居住的有效身份证件或经确认的身份证件;外籍人的身份证件为护照和中国政府主管机关签发的居留证件。

证件号:填写身份证件上的编号。

通信地址:填写权利人的通信地址及邮政编码。

(2) 权利类型:填写具体的权利类型,包括集体土地所有权、国家土地所有权、国有建设用地使用权、宅基地使用权、集体建设用地使用权、土地承包经营权、林地使用权、草原使用权、水域滩涂养殖权等法律规定的权利。其中,土地承包经营权包括耕地、林地、草地、水域滩涂等承包经营权。

(3) 权利性质:国有土地填写划拨、出让、作价出资(入股)、国有土地租赁、授权经营、家庭承包、其他方式承包等;集体土地填写家庭承包、其他方式承包、批准拨用、入股、联营等。土地所有权不填写。

(4) 土地权属来源证明材料:填写土地权属来源证明材料的名称,有编号的还需填写编号。

(5) 坐落:填写土地所在的具体地理位置。

(6) 法定代表人或负责人姓名:法人单位的填写法定代表人姓名、身份证号码和联系电话,为非法人单位的填写负责人相关信息。个人用地的不填。

证件种类:写权利人身份证件的种类。境内自然人一般为居民身份证,无居民身份证的,可以为户口簿、军官证等。法人或其他组织一般为组织机构代码证,无组织机构代码证的,可以为营业执照、事业单位法人证书、社会团体法人登记证书。港澳同胞的为港澳居民来往内地通行证或港澳同胞回乡证、居民身份证;台湾同胞的为台湾居民来往大陆通行证或其他有效旅行证件,在台湾地区居住的有效身份证件或经确认的身份证件;外籍人的身份证件为护照和中国政府主管机关签发的居留证件。

证件号:填写身份证件上的编号。

(7) 代理人姓名:填写代理人名称、身份证号码和联系电话。无代理的不填。

证件种类:写权利人身份证件的种类。境内自然人一般为居民身份证,无居民身份证的,可以为户口簿、军官证等。法人或其他组织一般为组织机构代码证,无组织机构代码证的,可以为营业执照、事业单位法人证书、社会团体法人登记证书。港澳同胞的为港澳居民来往内地通行证或港澳同胞回乡证、居民身份证;台湾同胞的为台湾居民来往大陆通行证或其他有效旅行证件,在台湾地区居住的有效身份证件或经确认的身份证件;外籍人的身份证件为护照和中国政府主管机关签发的居留证件。

证件号:填写身份证件上的编号。

(8) 权利设定方式:填写地上、地表、地下。集体土地所有权无须填写。

(9) 国民经济行业分类代码。根据《国民经济行业分类》(GB/T 4754—2011)大类标准,填写类别名称及编码。没有的不填。

(10) 预编宗地代码。填写在外行业调查工作开始前,根据基础图件资料预编的宗地代码。

(11) 宗地代码。根据附录A《不动产单元设定与代码编制规则(试行)》第8节的编码要求填写。

(12) 不动产单元号:根据附录A《不动产单元设定与代码编制规则(试行)》第8节的编码要求填写。若宗地上有定着物,不填写此栏。

(13) 所在图幅号。按下列方法填写。

比例尺:填写1∶500、1∶1 000、1∶2 000、1∶5 000、1∶10 000或1∶50 000。

图幅号:填写宗地所在对应比例尺地籍图的图幅号。破宗时,填写宗地各部分地块所在地籍图的图幅号。

(14) 宗地四至:填写相邻宗地的土地使用权人、所有权人名称。与道路、河流等线状地物相邻的应填写地物名称;与空地、荒山、荒滩等未确定使用权的国有土地相邻的,应准确描述相应地物、地貌的名称,不得空项。

(15) 等级:填写根据《城镇土地分等定级规程》、《农用地质量分等规程》或《农用地定级规程》等确定的土地等别或级别。

(16) 价格:填写基准地价或标定地价。

(17) 批准用途：填写土地权属来源材料或用地批准文件中经政府批准的土地用途，用汉字表示。地类编码按照《土地利用现状分类》(GB/T 21010—2007)填写至二级类，用阿拉伯数字表示。

(18) 实际用途：填写经现场调查后按照《土地利用现状分类》(GB/T 21010—2007)二级类确定的宗地主要地类，用汉字表示。地类编码用阿拉伯数字表示。当涉及多种地类时，填写主要地类和代码，其他地类和代码在说明栏中进行填写。

(19) 批准面积：填写经政府批准的宗地面积，不包括代征地、代管地的面积。

(20) 宗地面积：填写经测量得到的宗地土地面积。此项由测绘单位在测量完成时提供，由调查人员填写，小数点后保留2位。

(21) 建筑占地总面积：填写宗地内所有建筑物占地面积之和，小数点后保留2位。

(22) 建筑总面积：填写宗地内建筑总面积，小数点后保留2位。宗地内若有地下建筑物，地上建筑物与地下建筑物应分别填写建筑物总面积，用"/"作为分隔符。如"1 000.00/300.00"，其中，"1 000.00"表示宗地地上建筑物总面积，"300.00"表示地下建筑物总面积。

(23) 土地使用期限：有明确使用期限的，填写批准文件或者合同等确定的使用起止日期。如××××年××月××日起××××年××月××日止。宗地内有多用途、多种使用期限的，可以分用途填写使用期限。土地所有权等未明确权利期限的可以不填。

(24) 共有/共用权利人情况：应全称填写共有/共用权利人的名称、权利人类型、证件种类、证件号、通信地址以及共有/共用情况。无共有/共用情况的不填。因权利人过多填写不下时，可根据申请书编号顺序填写第一个权利人名称，后面加"等几人"，将详细情况填写至共有/共用宗地面积分摊表。

(25) 说明。

可填写以下内容。

填写土地权属来源证明材料的情况说明。

日常地籍调查时，填写原土地权利人、土地坐落、宗地代码及变更主要原因等内容。

对于集体土地所有权宗地，还可说明宗地被线状国有或其他农民集体土地分割的情况，需详细说明宗代码及如何被分割。

实际用途涉及多种地类时，须列举其他地类的信息。

(26) 对面积较大、界线复杂的集体土地所有权宗地和国有建设用地使用权宗地，宜签订土地权属界线协议书并签字盖章(见《地籍调查规程》(TD/T 1001—2012)附录B"土地权属界线协议书")。界址线有争议的土地，填写"土地权属争议原由书"并签字盖章(见《地籍调查规程》(TD/T 1001—2012)附录C《土地权属争议原由书》)。

2. 界址标示表

(1) 界址点号：从宗地某界址点开始按顺时针编列。例如：1,2,…,23,1。

(2) 界标种类：根据实际埋设的界标种类在相应位置画"√"。表中没有明示的界标种类，补充在"界标种类"栏空白格中，如"石灰桩"等。

(3) 界址间距：按照《地籍调查规程》(TD/T 1001—2012)要求进行填写。

(4) 界址线类别：根据界线实际依附的地物和地貌在相应位置画"√"。表中没有明示的界址线类别，补充在"界址线类别"栏空白格中，如"山脊线""山谷线"等。

(5) 界址线位置：界线标的物自有、他有、共有的分别在"外"处画"√"、"内"处画"√"、"中"处画"√"；分别自有的在"外"处画"√"，并在"说明"栏中注明，例如"各自有墙"或"双墙"。

3. 界址签章表

(1) 界址线起点号、中间点号、终点号：例如某条界址线的界址点包括1、2、3、4、5、24、25、6，起点号填1，终点号填6，中间点号填2、3、4、5、24、25。

(2) 相邻宗地权利人(宗地代码)：填写相邻宗地权利人名称(或姓名)及相邻宗地的宗地代码。与道路、河流等线状地物以及与空地、荒山、荒滩等未确定使用权的国有土地相邻的，参考"宗地四至"填写。

宗地代码填写方法见附录A《不动产单元设定与代码编制规则（试行）》。

(3) 指界人姓名（签章）：指界人签字、盖章或按手印。集体土地所有权调查时，应加盖集体土地所有权人印章。与未确定使用权的国有土地相邻时，邻宗地"指界人姓名（签章）"栏可不填写。

(4) 日期：填写外业调查指界日期。

4．宗地草图

绘制方法见《地籍调查规程》(TD/T 1001—2012)5.2.5的规定。对于界线复杂的集体土地所有权宗地和国有土地使用权宗地，应制作土地权属界线附图并签订土地权属界线协议书，可不绘制宗地草图。

5．界址说明表

如果界址标示无法说明清楚全部或部分界址点线的情况，则需要填写此表对界址进行补充说明，填写要求如下。

(1) 界址点位说明。利用工作底图和宗地草图，主要说明所依附标的物的类型及其位置（内、中、外），以及其与周围明显地物地貌的关系。如2号点位于两沟渠中心线的交点上，5号界址点位于××山顶最高处，3号界址点位于××工厂围墙西北角处，8号界址点位于农村道路与××公路交叉点中心，10号界址点位于××承包田西南角等。

(2) 主要权属界线走向说明：说明权属界线的具体走向。以两个相邻界址点为一节，叙述界线所依附的标的物的状况及其与周围宗地和地物地貌的关系。例如1—2，由1沿××公路中央走向至2；4—5，由4沿山脊线至5；9—10，由9沿××学校东侧围墙至10等。

6．调查审核表

(1) 权属调查记事。

①现场核实申请书有关栏目填写是否正确，不正确的做更正说明。

②界线有纠纷时，要记录纠纷原因（含双方各自认定的界址），并尽可能提出处理意见。

③指界手续履行等情况。

④界址设置、边长丈量等技术方法、手段。

⑤说明确实无法丈量界址边长、界址点与邻近地物的相关距离和条件距离的原因。

(2) 地籍测量记事。

①测量前界标检查情况。

②根据需要，记录测量界址点及其他要素的技术方法、仪器。

③遇到的问题及处理的方法。

④提出遗留问题的处理意见。

(3) 地籍调查结果审核意见。

审核人对地籍调查结果进行全面审核，如无问题，即填写"合格"；如果发现调查结果有问题，应填写"不合格"，指明错误所在提出处理意见。审核人签字或盖章确认。

7．共有/共用宗地面积分摊表

(1) 定着物单元数：表示同一宗地内所有的定着物单元数。

(2) 定着物代码：根据附录A《不动产单元设定与代码编制规则（试行）》第8节的编码要求填写，只填写定着物代码，不需填写宗地代码。

(3) 土地所有权/使用权面积：土地权利人在一宗地内所有/使用的土地面积。

(4) 独有/独用土地面积：土地权利人在一宗地内独自所有/使用的土地面积。

(5) 分摊土地面积：各土地权利人在共有/共用面积内分摊到的土地面积。

(6) 共有/共用宗地的所有权/使用权面积为独有/独用土地面积与分摊土地面积之和。共用一宗地，应做到不缺不漏。且所有不动产单元的所有权/使用权面积总和应等于该宗地面积。宗地内同一权利人有多个单元的，可合并填写。

(7) 备注：针对共有情况，填写按份共有或共同共有。属于按份共有的，还要填写共有的份额。

(四) 土地承包经营权、农用地其他使用权调查表填写方法

(1) 宗地代码:根据附录 A《不动产单元设定与代码编制规则(试行)》第 8 节的编码要求填写。

(2) 不动产单元号:根据附录 A《不动产单元设定与代码编制规则(试行)》第 8 节的编码要求填写。

(3) 发包方。

①名称:以家庭承包或其他方式取得承包经营权的,填写承包合同的发包方全称。

②负责人姓名/联系电话:填写发包方当前负责人的姓名、联系电话和(或)手机号码。

③负责人地址/邮政编码:填写发包方负责人的通信地址及对应的邮政编码。

④证件种类:写负责人身份证件的种类。境内自然人一般为居民身份证,无居民身份证的,可以为户口簿、军官证等。法人或其他组织一般为组织机构代码证,无组织机构代码证的,可以为营业执照、事业单位法人证书、社会团体法人登记证书。港澳同胞的为港澳居民来往内地通行证或港澳同胞回乡证、居民身份证;台湾同胞的为台湾居民来往大陆通行证或其他有效旅行证件,在台湾地区居住的有效身份证件或经确认的身份证件;外籍人的身份证件为护照和中国政府主管机关签发的居留证件。

⑤证件号:填写身份证件上的编号。

(4) 承包方。

①承包方(代表):填写承包方代表的姓名(家庭承包)或承包方姓名、名称(其他方式承包)。

②有无承包合同/承包合同编号:根据实际情况说明农村土地承包合同情况,在对应选项前画"√"。选择"有"时,填写相应承包合同编号;选择"无"时,编号栏以"/"符号填充。

③有无经营权证/经营权证编号:根据实际情况说明土地承包经营权证情况,在对应选项前画"√"。选择"有"时,填写相应经营权证编号;选择"无"时,编号栏以"/"符号填充。

④取得(承包)方式:选择承包方取得农村土地承包经营权的方式,在对应选项前画"√"。选择"其他"方式时,注明取得(承包)的具体方式。

⑤家庭成员总数:填写农户家庭成员的总数。

a. 成员姓名:填写家庭成员姓名,户主填在第一顺序位。

b. 与户主关系:填写该家庭成员与本户主的关系,以《家庭关系代码》(GB/T 4761)为依据。

c. 身份证号码:填写家庭成员身份证号码,无身份证的可填写其他有效证件号码并予以注明。

d. 成员备注:视需要填写相应信息,如"××××年外嫁""××××年入赘""××××年入学的在校学生""国家公职人员""军人(军官/士兵)""××××年新生儿""××××年去世"等。

(5) 土地用途:根据土地当前的实际用途在对应选项前画"√"。选择"其他"时,说明具体用途。

(6) 地力等级:按照《耕地地力调查与质量评价技术规程》(NY/T 1634)、《全国耕地类型区、耕地地力等级划分》(NY/T 309)或土地发包时当地的实际情况填写耕地的地力等级。

(7) 是否基本农田:根据具体情况在对应选项前画"√"。如无法确定该地块是否为基本农田,应在"调查记事"栏予以注明,相应栏目由农业主管部门会同国土部门确定后填写。

(8) 水域滩涂类型:填写水域滩涂的类型,包括淡水水域滩涂或其他水域滩涂。

(9) 养殖业方式:填写批准养殖的方式,包括池塘、大水面放养、围栏、工厂化、筏吊式、滩涂底播、网箱等养殖方式。

(10) 适宜载畜量:填写管理部门按照草原的面积、牧草产量和家畜日采食量核定适宜畜养的家畜数量。

(11) 草原质量:填写管理部门按照草原评价体系确定的草原质量情况,包括草层高度、草地覆盖度、建群种、优势种。

①草层高度:每种植物测量 5~10 株植物个体。记录平均数,单位用厘米表示。

②草地覆盖度:指植被垂直投影面积覆盖地表面积的百分比,一般用针刺法测定。

③建群种:建群种在个体数量上不一定占绝对优势,但决定着群落内部的结构和特殊环境条件。建群种是群落的创造者、建设者。

④优势种:是指群落中占优势的种类,它包括群落每层中在数量、体积上最大、对生态环境影响最大的种类。各层的优势种可以不止一个种(即共优种)。

(12) 调查记事/调查员:由调查员填写承包地块调查的情况。主要包括:非承包地块的说明;土地用途、土地利用类型的变更说明;农村土地地力等级、是否是基本农田的说明;农村土地承包经营纠纷情况;其他需要说明或注明的情况。由全体调查员签字或盖章确认。

(13) 审核意见/审核人:审核人对调查结果进行全面审核,如无问题,填写"合格"。如发现问题,应填写"不合格",指明错误所在并提出处理意见。审核人签字或盖章确认。

(14) 日期:以阿拉伯数字填写日期,年份应填写完整年份。

(五)集体土地所有权宗地分类面积调查表填写方法

(1) 权利人:填写集体土地所有权利人名称,应和"地籍调查表"所有权权利人保持一致。

(2) 宗地代码:根据附录A《不动产单元设定与代码编制规则(试行)》第8节的编码要求填写。

(3) 不动产单元号:根据附录A《不动产单元设定与代码编制规则(试行)》第8节的编码要求填写。

(4) 农用地:填写宗地内农用地总面积,并分别填写其中耕地、林地、草地和其他用地分类面积,农用地总面积和分类面积应相等。

(5) 建设用地:填写宗地内建设用地面积。

(6) 未利用地:填写宗地内未利用地面积。

(7) 调查记事/调查员:由调查员填写其他有关情况说明。调查员签字或盖章确认。

(8) 审核意见/审核人:审核人对调查结果进行全面审核,如无问题,填写"合格"。如发现问题,应填写"不合格",指明错误所在并提出处理意见。审核人签字或盖章确认。

(六)房屋调查表填写方法

1. 房屋基本信息调查表

(1) 市区名称或代码:填写房屋所在市区的名称或代码。

(2) 地籍区、地籍子区:根据附录A《不动产单元设定与代码编制规则(试行)》第4节的划分要求填写。

(3) 宗地号、定着物(房屋)代码:根据附录A《不动产单元设定与代码编制规则(试行)》第8节的编码要求填写。

(4) 不动产单元号:根据附录A《不动产单元设定与代码编制规则(试行)》第8节的编码要求填写。

(5) 房地坐落:填写有关部门依法确定的房地坐落,一般包括街道名称、门牌号、幢号、楼层号、房号等。

(6) 邮政编码:填写该区(县)的邮政编码号。

(7) 房屋所有权人:填写权利人的姓名或名称,权利人为自然人的,填写身份证明上的姓名;权利人为法人、其他组织的,填写身份证明上的法定名称。

(8) 证件种类:写权利人身份证件的种类。境内自然人一般为居民身份证,无居民身份证的,可以为户口簿、军官证等。法人或其他组织一般为组织机构代码证,无组织机构代码证的,可以为营业执照、事业单位法人证书、社会团体法人登记证书。港澳同胞的为港澳居民来往内地通行证或港澳同胞回乡证、居民身份证;台湾同胞的为台湾居民来往大陆通行证或其他有效旅行证件,在台湾地区居住的有效身份证件或经确认的身份证件;外籍人的身份证件为护照和中国政府主管机关签发的居留证件。

(9) 证件号:填写身份证件上的编号。

(10) 电话、住址:填写房屋所有权人的电话号码和现住地的详细地址。

(11) 权利人类型:填写个人、企业、事业单位、国家机关、其他。无法归类为个人、企业、事业单位、国家机关的,填写其他。

(12) 共有情况:填写单独所有、按份共有或共同共有。属于按份共有的,还要填写共有的份额。

(13) 项目名称:按幢填写项目名称。

(14) 房屋性质:填写商品房、房改房、经济适用住房、廉租住房、共有产权住房、自建房等。

(15) 产别:根据产权占有不同而划分的类别。按两级分类调记,具体分类标准按《房产测量规范 第1单元:房产测量规定》(GB/T 17986.1—2000)附录 A4《房屋产别分类》执行。

(16) 用途:指房屋的实际用途。具体分类标准按《房产测量规范 第1单元:房产测量规定》(GB/T 17986.1—2000)附录 A6《房屋用途分类》执行。一幢房屋有两种以上用途,应分别注明。

(17) 规划用途:填写建设工程规划许可文件及其所附图件上确定的房屋用途。

(18) 房屋状况:按幢分别填写幢号、户号、总套数、所在层、总层数、房屋结构、户型、竣工时间、使用面积、建筑面积、东西南北的墙体归属及产权来源等信息。

① 幢号:按照附录 A《不动产单元设定与代码编制规则(试行)》第8节中的要求编制和填写。

② 户号:按照《房屋代码编码标准》(JG/T 246—2012)中4.0.7的要求编制和填写。

③ 总层数:总层数为房屋地上层数与地下层数之和。假层、附层(夹层)、插层、阁楼(暗楼)、装饰性塔楼,以及突出屋面的楼梯间、水箱间不计层数。

④ 所在层:是指本权属单元的房屋在该幢楼房中的第几层。地下层以负数表示。

⑤ 房屋结构:分为钢结构、钢和钢筋混凝土结构、钢筋混凝土结构、混合结构、砖木结构、其他结构等六类。

⑥ 竣工时间:房屋竣工时间是指房屋实际竣工年份。拆除翻建的,应以翻建竣工年份为准。一幢房屋有两种以上竣工时间,应分别注明。

⑦ 占地面积:特指房屋地表底层外围水平投影面积,包括地表底层的阳台、柱廊、门廊、室外楼梯等水平投影面积。

⑧ 建筑面积:房屋外墙(柱)勒脚以上各层的外围水平投影面积,包括阳台、挑廊、地下室、室外楼梯等,且具有上盖,结构牢固,层高 2.20 m 以上(含 2.20 m)的永久性建筑。

⑨ 专有建筑面积:填写区分所有的建筑物权利人专有部分建筑面积。

⑩ 分摊建筑面积:填写区分所有的建筑物权利人分摊的共有部分建筑面积。

⑪ 产权来源:指产权人取得房屋产权的时间和方式,如继承、分析、买受、受赠、交换、自建、翻建、征用、收购、调拨、价拨、拨用等。产权来源有两种以上的,应全部注明。

⑫ 墙体归属:是房屋四面墙体所有权的归属,分别注明自有墙、共有墙和借墙等三类。

(19) 房屋权界线示意图:房屋权界线示意图是以权属单位为单位绘制的略图,表示房屋及其相关位置、权界线、共有/共用房屋权界线,以及与邻户相连墙体的归属,并注记房屋边长。对有争议的权界线应标注部位。房屋权界线是指房屋权属范围的界线,包括共有/共用房屋的权界线,以产权人的指界与邻户认证来确定,对有争议的权界线,应做相应记录。

(20) 附加说明:在调查中对产权不清或有争议的,以及设有典当权、抵押权等他项权利的,应做出记录。

2. 建筑物区分所有权业主共有部分调查表

(1) 建筑物区分所有权业主共有部分权利人:填写"业主共有",不填写具体业主姓名或名称。

(2) 建(构)筑物编号、名称、数量或者面积:填写竣工验收后建(构)筑物编号、名称、数量或者建筑面积。

(3) 占地面积:特指建(构)筑物的占地面积。

(4) 分摊土地面积:填写建(构)筑物在宗地内的分摊土地面积。

(5) 附记:记载建筑区划内属于小区全体业主共有或者部分幢号业主共有的情况、是否分摊等情况。

3. 房产分户图

参照《房产测量规范 第1单元:房产测量规定》(GB/T 17986.1—2000)7.3 的规定,按照附录 D《不动产单元图样式及编制要求(试行)》的要求绘制。

(七) 林权调查表填写方法

(1) 宗地代码、定着物代码:根据附录 A《不动产单元设定与代码编制规则(试行)》第8节的编码要求填写。

(2) 不动产单元号：根据附录 A《不动产单元设定与代码编制规则(试行)》第 8 节的编码要求填写。

(3) 森林、林木所有权人：填写权利人的姓名或名称，权利人为自然人的，填写身份证明上的姓名；权利人为法人、其他组织的，填写身份证明上的法定名称。

(4) 森林、林木使用权人：填写权利人的姓名或名称，权利人为自然人的，填写身份证明上的姓名；权利人为法人、其他组织的，填写身份证明上的法定名称。

(5) 证件种类和证件号：写权利人身份证件的种类。境内自然人一般为居民身份证，无居民身份证的，可以为户口簿、军官证等。法人或其他组织一般为组织机构代码证，无组织机构代码证的，可以为营业执照、事业单位法人证书、社会团体法人登记证书。港澳同胞的为港澳居民来往内地通行证或港澳同胞回乡证、居民身份证；台湾同胞的为台湾居民来往大陆通行证或其他有效旅行证件，在台湾地区居住的有效身份证件或经确认的身份证件；外籍人的身份证件为护照和中国政府主管机关签发的居留证件。证件号填写身份证件上的编号。

(6) 代理人姓名、证件类型和证件编号：姓名填写代理人名称、身份证号码和联系电话。无代理的不填。证件类型填写居民身份证、军官证、护照等。证件编号填写代理人的公民身份证号码、军官证号码、护照号码等。

(7) 权利人类型：填写个人、企业、事业单位、国家机关、其他。无法归类为个人、企业、事业单位、国家机关的，填写其他。

(8) 坐落：填写调查的森林、林木所在的具体地理位置。

(9) 造林年度：填写有关文件确定的造林年度。

(10) 小地名：填写地形图上的标有地名，应以地形图为准，地形图上没有记载或者记载有误的，用当地群众普遍认可的地名。

(11) 林班、小班：根据森林资源规划设计调查所区划的林班和小班数据填写。

(12) 面积：填写经测量得到的林地面积。此项由测绘单位在测量完成时提供，由调查人员填写，小数点后保留 2 位。

(13) 起源：填写天然林或者人工林。

(14) 株数：森林、林木难以用面积准确表明的，填写零星树木、四旁树木和农田林网等的株数。

(15) 主要树种：填写森林、林木所在宗地上 1~3 种主要树木种类。

(16) 林种：填写森林种类，包括防护林、用材林、经济林、薪炭林、特种用途林等。

(17) 共有情况：填写单独所有、按份共有或共同共有。属于按份共有的，还要填写共有的份额。

(18) 审核意见：审核人对林权调查结果进行全面审核，如无问题，即填写合格；如果发现调查结果有问题，应填写不合格，指明错误所在，提出处理意见。

(八) 海籍调查表填写方法

1. 海籍调查基本信息表

(1) 不动产单元代码(号)：根据附录 A《不动产单元设定与代码编制规则(试行)》第 8 节的编码要求填写。

(2) 权利人。

①权利人类型：填写个人、企业、事业单位、国家机关、其他。无法归类为个人、企业、事业单位、国家机关的，填写其他。

②单位/个人：填写权利人的姓名或名称，权利人为自然人的，填写身份证明上的姓名；权利人为法人、其他组织的，填写身份证明上的法定名称。

③地址、邮编：记录申请单位的地址或个人住址、邮政编码。如果申请者是非法人单位，或单位地址不明确，填写负责人通信地址。

④证件种类：写权利人身份证件的种类。境内自然人一般为居民身份证，无居民身份证的，可以为户

口簿、军官证等。法人或其他组织一般为组织机构代码证,无组织机构代码证的,可以为营业执照、事业单位法人证书、社会团体法人登记证书。港澳同胞的为港澳居民来往内地通行证或港澳同胞回乡证、居民身份证;台湾同胞的为台湾居民来往大陆通行证或其他有效旅行证件,在台湾地区居住的有效身份证件或经确认的身份证件;外籍人的身份证件为护照和中国政府主管机关签发的居留证件。

⑤证件号:填写身份证件上的编号。

⑥法定代表人、身份证号:记录申请单位法定代表人的姓名、身份证号码。如果申请者是非法人单位,填写负责人的姓名、身份证号码并注明。

⑦联系/代理人、身份证号:记录负责处理本宗海海域使用权相关问题的授权代表人的姓名、身份证号码。

(3)项目用海。

①项目名称:记录用海用岛的项目名称。

②项目性质:根据用海、用岛项目总体情况,填写公益性或经营性。

③等级:填写财政、海洋主管部门按规定确定的海域等级。

④用海类型:记录本宗海的一级和二级使用类型,按《海域使用分类体系》中规定的用海类型填写。

⑤构(建)筑物类型:填写构(建)筑物的类型,包括透水构筑物、非透水构筑物、跨海桥梁、海底隧道等海上构筑物类型。

(4)海籍测量。

①宗海面积:记录宗海总面积,保留4位小数。

②用海总面积:填写用海项目批准使用的全部海域面积。

③用海方式:记录本宗海存在的用海方式及其对应内部单元的面积。用海方式按《海域使用分类体系》中规定的二级用海方式填写;面积保留4位小数。

④占用岸线:记录本宗海占用的岸线长度,保留2位小数。

⑤宗海位置:以文字方式记录宗海的地理方位、与明显标志物的相对位置等。

⑥使用金总额:填写项目用海、用岛的使用金总额。

⑦使用金标准依据:填写确定项目用海、用岛使用金的标准依据、文件名称。

⑧使用金缴纳情况:填写海域使用人向管理部门缴纳海域使用金的方式,包括一次性、逐年、分期等不同方式。逐年、分期缴纳的,逐年、逐期分别记载。可以另加页记载。

(5)权属核查。

①使用期限:有明确使用期限的,填写批准文件或者合同等确定的使用起止期限。如××××年××月××日起××××年××月××日止。宗海内有多用途、多种使用期限的,可以分用途填写使用期限。

②相邻用海的使用人:由本宗海毗邻用海的业主对双方共有界址点、界址线位置进行确认,并签字。无毗邻用海的,填"无";有毗邻用海但业主未签字的,填"未签"。

③共有情况:填写单独所有、按份共有或共同共有。属于按份共有的,还要填写共有的份额。

(6)无居民海岛状况。

①海岛名称、海岛代码:按照国家发布的全国海岛名称及代码填写。

②用岛范围:填写整岛利用或者局部利用。

③用岛面积:填写批准用岛的面积。

④海岛位置:注明管辖区域,并描述海岛与周边大陆或者海岛的相对位置和距离。

⑤用途:填写旅游娱乐、交通运输、工业、仓储、渔业、农林牧业、可再生能源利用、城乡建设、公共服务等。能够与《土地利用现状分类》(GB/T 21010—2007)衔接的,在备注栏同时记载二级类。

(7)记事。

①权属核查记事:记录权属核查中发现的问题和需要说明的情况,例如尚未确权的毗邻用海及与本

宗海的具体关系等,并由完成权属核查的人员签署姓名和日期。

②海籍测量记事:简要记录测量采用的技术方法和使用的仪器;简要记录测量中遇到的问题和解决办法。若存在遗留问题,应记录问题及可行的解决方案,并由完成海籍测量的人员签署姓名和日期。

③海籍调查结果审核意见:记录对海籍调查结果是否合格、有效的评定意见,并由负责本宗海调查成果审核的人员签署姓名和日期。

(8) 备注。

记录其他需要说明的问题。

(9) 调查单位(章)。

填写负责承担海籍调查任务的单位全称,并加盖测量资质单位印章。

(10) 宗海代码。

根据附录A《不动产单元设定与代码编制规则(试行)》第8节的编码要求填写。

2. 宗海及内部单元记录表

(1) 宗海界址线:记录以"*-*-……*-*"方式表示的界址线,"*"代表界址点编号。首尾界址点编号应相同,以表示界址线闭合。

(2) 宗海总面积:记录宗海总面积,保留4位小数。

(3) 用海方式:记录本宗海出现的用海方式名称,按《海域使用权分类体系》中规定的二级用海方式填写。

(4) 内部单元:记录对应用海方式的宗海内部单元名称,按用途取名,如码头、港池等。

(5) 内部单元界址线:记录各宗海内部单元的界址线,要求同"宗海界址线"。

(6) 使用金数额:按照用海方式填写其对应的使用金数额。

(7) 内部单元面积:记录宗海内部单元的面积,保留4位小数。

(8) 合计:记录每种用海方式的面积合计数,保留4位小数。

(9) 测量员、审核人:签署测绘、审核人员的姓名。

(10) 本表中对应各用海方式的宗海内部单元记录行数应根据实际情况进行调整,填写空间不足时可加附页。

3. 海籍现场测量记录表

按《海籍调查规范》(HY/T 124)7.7节要求绘制宗海示意图,填写相关界址点坐标。

4. 宗海位置图绘制说明

按《海籍调查规范》(HY/T 124)9.3节要求绘制。

5. 宗海界址图绘制说明

按《海籍调查规范》(HY/T 124)9.3节要求绘制。

(九) 构(建)筑物调查表填写方法

(1) 宗地(海)代码:根据附录A《不动产单元设定与代码编制规则(试行)》第8节的编码要求填写。

(2) 不动产单元号:根据附录A《不动产单元设定与代码编制规则(试行)》第8节的编码要求填写。

(3) 坐落:构(建)筑物的坐落。

(4) 构(建)筑物所有权人:填写权利人的姓名或名称,权利人为自然人的,填写身份证明上的姓名;权利人为法人、其他组织的,填写身份证明上的法定名称。

(5) 证件种类:写权利人身份证件的种类。境内自然人一般为居民身份证,无居民身份证的,可以为户口簿、军官证等。法人或其他组织一般为组织机构代码证,无组织机构代码证的,可以为营业执照、事业单位法人证书、社会团体法人登记证书。港澳同胞的为港澳居民来往内地通行证或港澳同胞回乡证、居民身份证;台湾同胞的为台湾居民来往大陆通行证或其他有效旅行证件,在台湾地区居住的有效身份证件或经确认的身份证件;外籍人的身份证件为护照和中国政府主管机关签发的居留证件。

(6) 证件号:填写身份证件上的编号。

(7) 权利人类型：填写个人、企业、事业单位、国家机关、其他。无法归类为个人、企业、事业单位、国家机关的，填写其他。

(8) 构(建)筑物类型：填写构(建)筑物的类型，包括隧道、桥梁、水塔等地上构筑物，透水构筑物、非透水构筑物、跨海桥梁、海底隧道等海上构筑物类型。

(9) 构(建)筑物规划用途：填写构(建)筑物规划许可文件及其所附图件上确定的用途。

(10) 构(建)筑物面积：填写构(建)筑物的测量面积。

(11) 竣工时间：填写构(建)筑物竣工验收文件确定的竣工时间。

(12) 共有情况：填写单独所有、按份共有或共同共有。属于按份共有的，还要填写共有的份额。

附录 D　不动产单元图样式及编制要求(试行)

一、宗地图样图

宗地图样图如图 D-1 所示。

二、宗地图编制要求

(一) 编制要求

(1) 以地籍图为基础编绘宗地图。

(2) 比例尺和幅面应根据宗地的大小和形状确定，比例尺分母以整百数为宜。

(二) 主要内容

(1) 宗地代码、所在图幅号、土地权利人、宗地面积。

(2) 地类号、房屋的幢号。其中幢号用(1)，(2)，(3)，…表示并标注在房屋轮廓线内的左下角。

(3) 本宗地界址点、界址点号、界址线、界址边长、门牌号码。其中门牌号码标注在宗地的大门处。

(4) 用加粗黑线表示建筑物区分所有权专有部分所在房屋的轮廓线。如果宗地内的建筑物，不存在区分所有权专有部分，则不表示。

(5) 宗地内的地类界线、建筑物、构筑物及宗地外紧靠界址点线的定着物、邻宗地的宗地号及相邻宗地间的界址分隔线。

(6) 相邻宗地权利人名称、道路名称、街巷名称。

(7) 指北方向、比例尺、界址点测量方法、制图者、制图日期、审核者、审核日期、不动产登记机构等。

三、房产分户图样图

房产分户图样图如图 D-2 所示。

四、房产分户图编制要求

(一) 绘制要求

(1) 以地籍图、宗地图(分宗房产图)等为基础编绘房产分户图。可根据房屋的大小设计分户图的比例尺，比例尺分母以整百数为宜。

(2) 分户图的幅面规格，宜采用 32 开或 16 开两种尺寸。

(3) 分户图的方位应使房屋的主要边线与轮廓线平行，按房屋的朝向横放或竖放，分户图的方向应尽可能与分幅地籍图一致，如果不一致，需在适当位置加绘指北方向。

(二) 主要内容

(1) 宗地代码、幢号、户号、坐落、房屋结构、所在层次、总层数、专有建筑面积、分摊建筑面积、建筑面积。

(2) 房屋轮廓线、房屋边长、分户专有房屋权属界线、比例尺、指北针等。

(3) 电梯、楼梯等共有部分应标注"电梯共有""楼梯共有"等字样。

(4) 不动产登记机构、绘制日期。

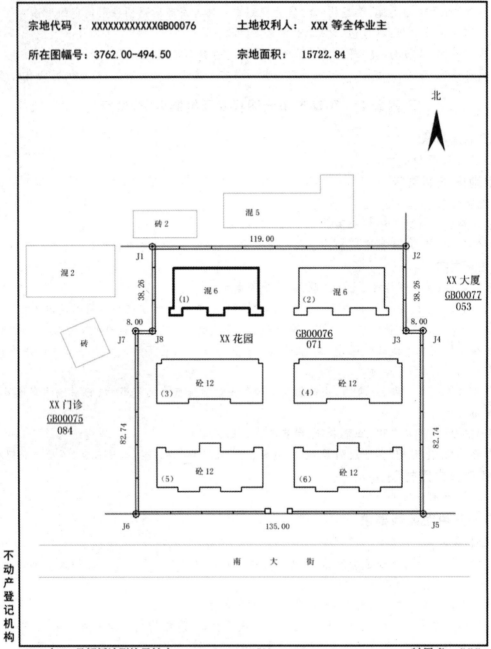

图 D-1 宗地图样图

房产分户图

单位：m．m²

宗地代码	XXXXXXXXXXXXGB00076	结构	混合	专有建筑面积	61.10
幢号	F0001	总层数	06	分摊建筑面积	7.56
户号	0017	所在层次	5	建筑面积	68.66
坐落	XXXX街66号XX花园1期1栋1单元502室				

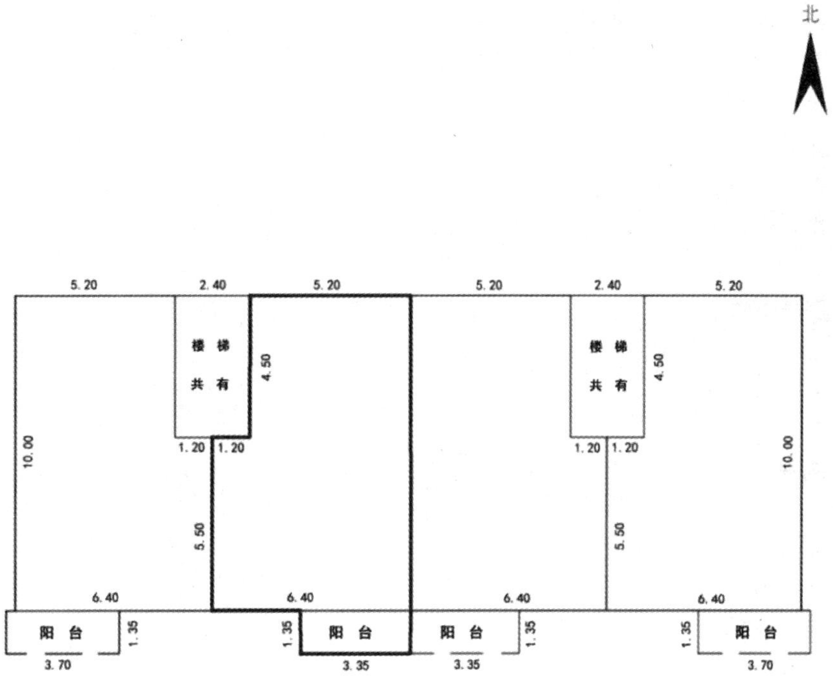

北

绘制日期：XXXX年XX月XX日

1：200

不动产登记机构

图 D-2 房产分户图样图

附录E 不动产测量报告格式及编写要求(试行)

一、概述
1. 任务来源
2. 不动产简况
3. 测量内容
4. 测量工具

二、测量技术依据
1. 《地籍调查规程》(TD/T 1001)
2. 《房产测量规范 第1单元:房产测量规定》(GB/T 17986.1)

……

三、控制测量
1. 控制点坐标来源、坐标系统和高程系统
2. 控制检查
3. 控制测量

四、界址测量
1. 界址检查
2. 界址放样
3. 界址测量

五、其他要素测量
1. 地物测量
2. 地貌测量
3. 其他测量

六、图件编制
1. 宗地图编制
2. 宗海图编制
3. 房产分户图编制

七、房屋面积测算

八、质量评价

九、成果目录
1. 控制点检查表
2. 界址点检查表
3. 界址点成果表
4. 房屋面积测算表
5. 宗地图、宗海图、房产分户图等
6. 现场照片等影像成果

十、成果附件

思考与练习

1. 判断对错,错的指出原因。
(1) 宗地图属于不动产单元图。( )

（2）权属调查时，依据宗地的权属来源，划分国有土地所有权宗地和集体土地所有权宗地。（　　）

（3）在集体土地所有权宗地内，划分集体建设用地使用权宗地、宅基地使用权宗地、土地承包经营权宗地和其他使用权宗地等。（　　）

（4）一个地块由若干个权属主共同所有或使用，实地又难以划分清楚各权属主的用地范围的，划为多宗地，称为组合宗。（　　）

（5）土地权属主简称权属主或权利人，是指具有土地所有权的单位和土地使用权的单位或个人。（　　）

（6）宗地界址调查表的填写应特别注意标明界址线的位置，如界址点（线）位于标志物的中心、上边、下边等。（　　）

（7）《中华人民共和国城镇国有土地使用权出让和转让暂行条例》第四十八条："依照本条例的规定取得土地使用权的个人，其土地使用权可以继承。"（　　）

2. 分析宗地与地块的定义，谁大谁小？

3. 简述土地所有权和土地使用权的含义与区别。

4. 不动产权籍调查表的主要内容有哪些？

5. 城市土地使用权常见的确认文件有哪些？

6. 土地所有权是土地所有者对土地占有、使用、收益和处分的权利。请问，集体土地可以处分吗？怎样处分？

7. 简述宗地的概念和划分原则。

8. 叙述不动产编码规则。

9. 土地权属调查中，违约缺席指界，指界不签名该怎么处理？

10. 单项和多项选择题。

（1）（单选）不动产测量以_____为核心。

A. 宗地　　　　　　B. 利用　　　　　　C. 面积　　　　　　D. 权属

（2）（单选）从行政管理出发，不动产测量的首要目的是_____。

A. 管理、规划　　　B. 充分利用　　　　C. 登记、发证　　　D. 查清数量

（3）（单选）土地权属调查以_____为基本单元。

A. 图斑　　　　　　B. 宗地　　　　　　C. 面积　　　　　　D. 权属

（4）（单选）不动产测量报告格式中，_____无须考虑。

A. 编制要求　　　　B. 质量评价　　　　C. 图件编制　　　　D. 控制测量

（5）（单选）下列（　　）不是不动产的权籍调查表。

A. 房屋调查表　　　B. 地籍调查表　　　C. 林权调查表　　　D. 草原调查表

（6）（多选）关于不动产单元代码，下列_____叙述正确。

A. XXXXXX001001GDXXXXXXW00000000 为土地承包经营权宗地（耕地）

B. XXXXXX001001GSXXXXXFXXXXXXXX 为建设用地使用权宗地（地上）内的房屋等建筑物、构筑物

C. XXXXXX001001GBXXXXXFXXXXXXXX 为建设用地使用权宗地（地表）内的房屋等建筑物、构筑物

D. XXXXXX000000GHXXXXXLXXXXXXXX 为海域使用权宗海内的养殖地

实训 1 "土地权属调查"实训（2 学时）

20　　年　　月　　日　　午　天气　　　　　专业班级　　　　　第　　小组		
姓名：　　　　学号：　　　　其他成员：		
实训要求及注意事项		1. 熟悉课文内容，学习掌握国家《不动产权籍调查技术方案（试）》权属调查工作程序。 2. 以学校为一宗地，向学校建设部门收集本校用地红线图，实地调查学校所有不动产权属，查清不动产单元的权属状况、界址、用途、四至等内容，确保不动产单元权属清晰、界址清楚、空间相对位置关系明确。 3. 如果学校所有房屋均属于一个权属主（学校法人单位），土地使用权也仅属于学校独立拥有，则只需调查学校用地权属，填写表 C-1～表 C-7。否则，需按组合宗进行调查，如果房屋属多个产权主，则仔细填写表 C-10～表 C-12。 4. 土地使用权野外调查在最新影像图上进行（无人机拍摄影像、Google 影像等），影像图用 A3 纸以彩色打印，每两人一张。界址点编号书写办法遵循《不动产权籍调查技术方案（试行）》。 5. 野外调查实训过程中注意人身安全及工具设备和数据资料安全。 6. 所需工具有皮尺、小钢尺、油漆笔、三角尺、文件夹板、影像图书写笔等。
草图绘制（位置不够可另附页）		
心得体会建议		
实训成绩		

第3章
土地利用现状调查

内容简介

本章主要讲述土地分类的基本知识,总结我国土地分类的五次分类标准;介绍土地利用调查的方法、内容;对国家《第三次全国土地调查总体方案》进行摘录介绍。

土地利用现状调查是在某一确定的时间点，以查清全国范围或一定区域内土地的用途、类型、范围、面积、分布和利用状况为主要目的的土地资源调查工作。土地利用现状调查按用途需要分为概查和详查。概查是为满足国家编制国民经济长远规划、制定农业区划和农业生产规划的需要而进行的调查。详查是为国家计划和统计部门提供各类土地详细、准确的数据，为土地管理部门提供基础资料而进行的调查。

土地利用现状调查又称土地分类调查。我国全国性的土地利用现状调查均安排在全国土地调查之中进行，是土地调查的一项主要工作任务，也是土地资源调查中最为基础的调查。到目前为止，我国已经完成了三次完整的全国土地调查工作。

土地利用现状调查是国家重要的国情国力调查。

第 1 节 土地利用分类

土地利用分类是从土地利用现状出发，根据土地利用的地域分布规律、土地用途、土地利用方式等，将一个国家或地区的土地利用情况，按照一定的层次等级体系，划分为若干不同的土地利用类别，以便能更好地完成土地资源调查和进行统一、科学的土地管理。

一、土地分类体系

由于所处环境和地域的不同，土地在形态、色泽和肥力等方面差异较大，加之人类生产、生活对土地的需求和施加的影响不同，土地的生产能力和开发利用方式也有所差异。土地分类采用一定的分类指标，将土地划分为若干类型。**按照统一规定的原则和分类指标，将土地有规律、分层次地排列组合在一起，就叫作土地分类。**土地分类所形成的体系称土地分类体系（或土地分类系统）。

土地具有自然特性和社会经济特性。根据土地的特性及人们对土地利用的目的和要求不同，形成了不同的土地分类体系。我国常用的土地分类体系有以下三种。

1. 土地自然分类体系

土地自然分类体系又称土地类型分类体系。它主要根据土地自然特性的差异性进行分类，可以依据土地的某一自然特性进行分类，也可以依据土地的自然综合特性进行分类。例如，按土地的地形地貌特征分类，可将土地分为平原、丘陵、山地。也可按土壤、植被等进行土地分类，如全国 1∶1 000 000 土地资源图上的分类就是按土地的自然综合特性进行的。

2. 土地评价分类体系

土地评价分类体系又叫土地生产潜力分类体系。它主要根据土地的经济特性进行分类。土地经济特性包括土地的生产力水平、土地的质量、土地的生产潜力。土地评价分类体系是划分土地评价等级的基础，是确定基准地价的重要依据，主要用于生产管理方面。

3. 土地利用分类体系

土地利用分类体系主要依据土地的综合特性（包括土地的自然特性及社会经济特性）进行分类。土地综合特性的差异，使得在人类长期利用、改造土地的过程中所形成的土地利用方式、土地利用结构、土地的用途和生产利用等存在差异。土地利用分类体系具有生产的实用性,利用它可以分析土地利用现状,预测土地利用方向。

二、土地利用现状分类的原则

为使土地利用现状分类科学、合理、实用,在进行土地利用现状分类时,必须遵循下列原则。

1. 统一性原则

1984年制定的《土地利用现状调查技术规程》将土地利用现状分为8个一级类、46个二级类。1989年,为满足城镇地籍管理的需要,将城镇土地分为10个一级类、24个二级类。2002年以后,采用《全国土地分类(试行)》标准,对土地全国统一定为3个一级类、15个二级类、71个三级类。2007年实施全国土地和城乡地政统一管理,科学划分土地利用类型,出台了《土地利用现状分类》(GB/T 21010—2007)。该标准采用二级分类体系,将土地利用现状12个一级类、57个二级类。2017年制定的《土地利用现状分类》(GB/T 21010—2017),代替GB/T 21010—2007施行。

为确保全国土地的统一管理及调查成果的汇总统计和应用,分类和编码均不得随意更改、增删、合并。

2. 科学性原则

全国土地利用现状分类体系主要以调查时的土地实际用途为分类标志,归纳共同性,区分差异性,采用从大到小、从综合到单一的逐级细分法——多层续分法。

(1)按土地利用的综合性差异划分大类,然后按单一性差异逐级细分。例如,在2002年的《全国土地分类(试行)》标准中,首先按土地用途管制分为农用地、建设用地和未利用地三大类,然后根据土地的用途分为15个二级类,最后根据利用方式、经营特点及覆盖特征等细分成71个三级类。

(2)同一级的类型要坚持统一的分类标准。

(3)分类层次要鲜明,从属关系要明确。

(4)同一种地类,只能在一大类中出现,不能同时在两个大类中并存。

3. 实用性原则

为便于实际运用,土地分类标志应易于掌握,分类含义力求准确,层次尽量减少,命名讲究科学并照顾习惯称谓,尽可能与计划、统计及有关生产部门使用的分类名称及含义协调一致,以利于为多部门服务。因此,在《全国土地分类(试行)》中,一级分类主要依据土地用途管制的要求,二级分类主要依据土地的实际用途,而三级分类侧重于土地的利用方式、经营特点及覆盖特征等。

三、我国土地利用调查分类历程

改革开放四十多年以来,我国经历了几个阶段的土地分类调查历程,分别综述如下。

1. 1984年8大类

1984年5月,国务院发布〔1984〕70号文,标志费时逾13年之久的第一次全国土地调查开始。1984年9月,全国农业区划委员会制定发布《土地利用现状调查技术规程》,开展全国农村土地利用现状调查(当年简称"土地详查")。《土地利用现状调查技术规程》中的土地分类办法,一直沿用到2001年底。当年的土地利用现状分类及其含义如表3-1所示。根据表中内容统计,这次土地详查共分8个一级类(简称8大类,也称老8类)、46个二级类。

表 3-1 土地利用现状分类及含义

一级类型		二级类型		含义
编号	名称	编号	名称	
1	耕地			种植农作物的土地,包括新开荒地、休闲地、轮歇地、草田轮作地;以种农作物为主,间有零星果树、桑树或其他树木的土地;耕种三年以上的滩地和海涂。耕地中包括南方宽小于1.0米,北方宽小于2.0米的沟、渠、路、田埂
		11	灌溉水田	有水源保证和灌溉设施,在一般年景能正常灌溉,用以种植水稻、莲藕、席草等水生作物的耕地,包括灌溉的水旱轮作地
		12	望天田	无灌溉设施,主要依靠天然降雨,用以种植水稻、莲藕、席草等水生作物的耕地,包括无灌溉设施的水旱轮作地
		13	水浇地	水田、菜地以外,有水源保证和灌溉设施,在一般年景能正常灌溉的耕地
		14	旱地	无灌溉设施,靠天然降水生长作物的耕地,包括没有固定灌溉设施,仅靠引洪淤灌的耕地
		15	菜地	种植蔬菜为主的耕地,包括温室、塑料大棚用地
2	园地			种植以采集果、叶、根、茎等为主的集约经营的多年生木本和草本作物,覆盖度大于50%,或每亩株数大于合理株数70%的土地,包括果树苗圃等用地
		21	果园	种植果树的园地
		22	桑园	种植桑树的园地
		23	茶园	种植茶树的园地
		24	橡胶园	种植橡胶树的园地
		25	其他园地	种植可可、咖啡、油棕、胡椒等其他多年生作物的园地
3	林地			生长乔木、竹类、灌木、沿海红树林等林木的土地,不包括居民绿化用地,以及铁路、公路、河流、沟渠的护路、护岸林
		31	有林地	树木郁闭度大于30%的天然、人工林
		32	灌木林	覆盖度大于40%的灌木林地
		33	疏林地	树木郁闭度为10%~30%的疏林地
		34	未成林造林地	造林成活率大于或等于合理造林株数的41%,尚未郁闭但有成林希望的新造林地(一般指造林后不满3~5年或飞机播种后不满5~7年的造林地)
		35	迹地	森林采伐、火烧后,5年内未更新的土地
		36	苗圃	固定的林木育苗地
4	牧草地			生长草本植物为主,用于畜牧业的土地
		41	天然草地	以天然草本植物为主,未经改良,用于放牧或割草的草地,包括以牧为主的疏林、灌木草地
		42	改良草地	采用灌溉、排水、施肥、松耙、补植等措施进行改良的草地
		43	人工草地	人工种植牧草的草地,包括人工培植用于牧业的灌木

续表

一级类型		二级类型		含义
编号	名称	编号	名称	
5	居民点及工矿用地			城乡居民点、独立居民点以及居民点以外的工矿、国防、名胜古迹等企事业单位用地,包括其内部交通、绿化用地
		51	城镇	市、镇建制的居民点,不包括市、镇范围内用于农、林、牧、渔业生产用地
		52	农村居民点	镇以下的居民点用地
		53	独立工矿用地	居民点以外独立的各种工矿企业、采石场、砖瓦窑、仓库及其他企事业单位的建设用地,不包括附属于工矿、企事业单位的农副业生产基地
		54	盐田	以经营盐业为目的,包括盐场及附属设施用地
		55	特殊用地	居民点以外的国防、名胜古迹、风景旅游、墓地、陵园等用地
6	交通用地			居民点以外的各种道路及其附属设施和民用机场用地,包括护路林
		61	铁路	铁道线路及站场用地,包括路堤、路堑、道沟、取土坑及护路林
		62	公路	国家和地方公路,包括路堤、路堑、道沟和护路林
		63	农村道路	农村南方宽大于或等于1米,北方宽大于或等于2米的道路
		64	民用机场	民用机场及附属设施用地
		65	港口、码头	专供客、货运船舶停靠的场所,包括海运、河运及其附属建筑物,不包括常水位以下部分
7	水域			陆地水域和水利设施用地,不包括滞洪区和垦殖3年以上的滩地、海涂中的耕地、林地、居民点、道路等
		71	河流水面	天然形成或人工开挖河流常水位岸线以下的面积
		72	湖泊水面	天然形成的积水区常水位岸线以下的面积
		73	水库水面	人工修建总库容大于或等于10万立方米,正常蓄水位岸线以下的面积
		74	坑塘水面	天然形成或人工开挖蓄水量小于10万立方米常水位岸线以下的蓄水面积
		75	苇地	生长芦苇的土地,包括滩涂上的苇地
		76	滩涂	包括沿海大潮高潮位与低潮位之间的潮浸地带、河流、湖泊常水位至洪水位间的滩地,时湖、河洪水位以下的滩地;水库、坑塘的正常蓄水位与最大洪水位间的面积。常水位线一般按地形图,不另行调绘
		77	沟渠	人工修建,用于排灌的沟渠,包括渠槽、渠堤、取土坑、护堤林。指南方宽大于或等于1米,北方宽大于或等于2米的沟渠
		78	水工建筑物	人工修建,用于除害兴利的闸、坝、堤路林、水电厂房、扬水站等常水位岸线以上的建筑物
		79	冰川及永久积雪	表层被冰雪常年覆盖的土地
8	未利用土地			目前还未利用的土地,包括难利用的土地
		81	荒草地	树木郁闭度小于10%,表层为土质,生长杂草,不包括盐碱地、沼泽地和裸土地
		82	盐碱地	表层盐碱聚集,只生长天然耐盐植物的土地
		83	沼泽地	经常积水或渍水,一般生长湿生植物的土地

一级类型		二级类型		含义
编号	名称	编号	名称	
8	未利用土地	84	沙地	表层为沙所覆盖,基本无植被的土地,包括沙漠,不包括水系中的沙滩
		85	裸土地	表层为土质,基本无植被覆盖的土地
		86	裸岩、石砾地	表层为岩石或石砾,其覆盖面积大于50%的土地
		87	田坎	主要指耕地中南方宽大于或等于1米,北方宽大于或等于2米的地坎或堤坝
		88	其他	其他未利用土地,包括高寒荒漠、苔原等

2. 1989年城镇土地分类

表3-1所示的分类标准主要用于农村土地利用调查。外业工作时先调查描绘出各村的权属界线,以村为单位进行地类调查,图斑编号也以村为单位进行编写统计。对于村以外的城镇区,统一按城镇用地考虑(51号编码)。

为了在城镇范围也能进行详细的土地分类调查,区分出城镇土地用途的差异,1986年成立的国家土地管理局于1989年9月批准发布《城镇地籍调查规程》,规定全国城镇的土地采用两级分类,将城镇土地分为商业金融业用地,工业、仓储用地,市政用地,公共建筑用地,住宅用地,交通用地,特殊用地,水域用地,农用地,其他用地共10个一地类,以及24个二级类。具体的分类名称及含义如表3-2所示。

表3-2 城镇土地分类及含义(1989年标准)

一级类型		二级类型	
编号	名称	编号	名称
10	商业金融业用地	11	商业服务业
		12	旅游业
		13	金融保险业
20	工业、仓储用地	21	工业
		22	仓储
30	市政用地	31	市政公用设施
		32	绿化
40	公共建筑用地	41	文、体、娱
		42	机关、宣传
		43	科研、设计
		44	教育
		45	医卫
50	住宅用地		
60	交通用地	61	铁路
		62	民用机场
		63	港口码头
		64	其他交通

续表

一级类型		二级类型	
编号	名称	编号	名称
70	特殊用地	71	军事设施
		72	涉外
		73	宗教
		74	监狱
80	水域用地		
90	农用地	91	水田
		92	菜地
		93	旱地
		94	园地
100	其他用地		

3. 2002年三大类标准

历史进入新千年,经过20多年改革开放的快速发展,我国市场经济不断扩张,对土地的利用与依赖不断加强,国家越来越感觉到加强土地管理、切实保护耕地的重要性。于是,在研究、分析当时两个土地分类体系的基础上,制定了全国城乡统一的土地分类体系,于2002年1月1日起在全国试行。为此,国土资源部于2001年8月21日下发了《关于印发试行〈土地分类〉的通知》。

《全国土地分类(试行)》采用三级分类,其中一级类3个、二级类15个、三级类71个,基本框架如表3-3所示。

表3-3 全国土地分类(试行)(2002年标准)

一级类		二级类		三级类		含义
编号	名称	编号	名称	编号	名称	
1	农用地					指直接用于农业生产的土地,包括耕地、园地、林地、牧草地及其他农用地
		11	耕地			指种植农作植物的土地,包括熟地,新开发、复垦、整理地,休闲地,轮歇地,草田轮作地;以种植农作物为主,间有零星果树、桑树或其他树木的土地;平均每年能保证收获一季的已垦滩地和海涂。耕地中还包括南方宽小于1.0 m、北方宽小于2.0 m的沟、渠、路和田埂
				111	灌溉水田	指有水源保证和灌溉设施,在一般年景能正常灌溉,用于种植水生作物的耕地,包括灌溉设施的水旱轮作地
				112	望天田	指无灌溉设施,主要依靠天然降雨,用于种植水生作物的耕地,包括无灌溉设施的水旱轮作地
				113	水浇地	指水田、菜地以外,有水源保证和灌溉设施,在一般年景能正常灌溉的耕地
				114	旱地	指无灌溉设施,靠天然降水种植旱作物的耕地,包括没有灌溉设施,仅靠引洪淤灌的耕地
				115	菜地	指常年种植蔬菜为主的耕地,包括大棚用地

续表

一级类		二级类		三级类		含义
编号	名称	编号	名称	编号	名称	
1	农用地	12	园地			指种植以采集果、叶、根、茎等为主的多年生木本和草本作物(含其苗圃),覆盖度大于50%或每亩有收益的株数达到合理株数70%的土地
				121	果园	指种植果树的园地
				121K	可调整果园	指由耕地改为果园,但耕作层未被破坏的土地*
				122	桑园	指种植桑树的园地
				122K	可调整桑园	指由耕地改为桑园,但耕作层未被破坏的土地*
				123	茶园	指种植茶树的园地
				123K	可调整茶园	指由耕地改为茶园,但耕作层未被破坏的土地*
				124	橡胶园	指种植橡胶树的园地
				124K	可调整橡胶园	指由耕地改为橡胶园,但耕作层未被破坏的土地*
				125	其他园地	指种植葡萄、可可、咖啡、油棕、胡椒、花卉、药材等其他多年生作物的园地
				125K	可调整其他园地	指由耕地改为其他园地,但耕作层未被破坏的土地*
		13	林地			指生长乔木、竹类、灌木、沿海红树林的土地,不包括居民点绿地,以及铁路、公路、河流、沟渠的护路、护岸林
				131	有林地	指树木郁闭度大于或等于20%的天然、人工林地
				131K	可调整有林地	指由耕地改为有林地,但耕地作层未被破坏的土地*
				132	灌木林地	指覆盖度大于或等于40%的灌木林地
				133	疏林地	指树木郁闭度大于或等于10%但小于20%的疏林地
				134	未成林造林地	指造林成活率大于或等于合理造林数的41%,尚未郁闭但有成林希望的新造林地(一般制造林后不满3~5年或飞机播种后不满5~7年的造林地)
				134K	可调整未成林造林地	指由耕地改为未成林造林地,但耕作层未被破坏的土地*
				135	迹地	指森林采伐、火烧后5年内未更新的土地
				136	苗圃	指固定的林木育苗地
				136K	可调整苗圃	指由林地改为苗圃,但耕作层未被破坏的土地*

续表

一级类		二级类		三级类		含义
编号	名称	编号	名称	编号	名称	
1	农用地	14	牧草地			指生长草本植物为主,用于畜牧业的土地
				141	天然草地	指以天然草本植物为主,未经改良,用于放牧或割草的草地,包括以牧为主的疏林、灌木草地
				142	改良草地	指采用灌溉、排水、施肥、松耙、补植等措施进行改良的土地
				143	人工草地	指人工种植牧草的草地,包括人工培植用于牧业的灌木地
				143K	可调整人工草地	指由耕地改为人工草地,但耕作层未被破坏的土地*
		15	其他农用地			指上述耕地、园地、林地、牧草地以外的农用地
				151	畜禽饲养地	指以经营性养殖为目的的畜禽舍及其相应附属设施用地
				152	设施农业用地	指进行工厂化作物栽培或水产养殖的生产设施用地
				153	农村道路	指农村南方宽大于1.0 m,北方宽大于或等于2.0 m的村间、田间道路(含机耕道)
				154	坑塘水面	指人工开挖或天然形成的蓄水量小于1×10^5 m³(不含养殖水面)的坑塘正常水位以下的面积
				155	养殖水面	指人工开挖或天然形成的专门用于水产养殖的坑塘水面及相应附属设施用地
				155K	可调整养殖水面	指由耕地改为养殖水面,但可复耕的土地*
				156	农田水利田地	指农民、农民集体或其他农业企业等自建或联建的农田排灌沟渠及其相应附属设施用地
				157	田坎	主要指耕地中南方宽大于或等于1.0 m,北方宽大于或等于2.0 m的梯田田坎
				158	晒谷场等用地	指晒谷场及上述用地中未包含的其他农用地
2	建设用地					指建造建筑物、构筑物的土地,包括商业、工矿、仓储、公共设施、公共建筑、住宅、交通、水利设施、特殊用地等
		21	商服用地			指商业、金融业、餐饮旅游业及其他经营性服务业建筑及其相应附属设施用地
				211	商业用地	指商店、商场、各类批发和零售市场及其相应附属设施用地
				212	金融保险用地	指银行、保险、证券、信托、期货、信用社等用地
				213	餐饮旅馆业用地	指饭店、餐厅、酒店、宾馆、旅店、招待所、度假村等及其相应附属设施用地

续表

一级类		二级类		三级类		含义
编号	名称	编号	名称	编号	名称	
2	建设用地	21	商服用地	214	其他商服用地	指上述用地以外的其他商服用地,包括写字楼、商业性办公楼和企业厂区外独立的办公楼;旅行社、运动保健休闲设施、夜总会、歌舞厅、俱乐部、高尔夫球场、加油站、洗车场、洗染店、废旧物资回收站、维修网点、照相馆、理发店、洗浴中心等服务设施用地
		22	工矿仓储用地			指工业、采矿、仓储用地
				221	工业用地	指工业生产及其相应附属设施用地
				222	采矿地	指采矿场、采石场、采砂场、盐田、砖瓦窑等地面生产用地及尾矿堆放地
				223	仓储用地	指用于物资储备、中转的场所及相应附属设施用地
		23	公用设施用地			指为居民生活和二、三产业服务的公用设施,以及瞻仰、游息用地
				231	公共基础设施用地	指给排水、供电、供暖、供热、邮政、电信、消防、公用设施维修、环卫等用地
				232	景观休闲用地	指名胜古迹、革命遗址、景点、公园、广场、公用绿地等
		24	公用建筑用地			指公共文化、体育、娱乐、机关、团体、科研、设计、教育、医卫、慈善等设施用地
				241	机关团体用地	指国家机关、社会团体、群众自治组织、广播电台、电视台、报社、杂志社、通讯社、出版社等单位的办公用地
				242	教育用地	指各种教育机构,包括大专院校、中专院校、职业学校、成人业余教育学校、中小学校、幼儿园、托儿所、党校、行政学院、干部管理学院、盲聋哑学校、工读学校等直接用于教育的用地
				243	科研设计用地	指独立的科研、设计机构用地,包括研究、勘测、设计、信息等单位用地
				244	文体用地	指为公众服务的公益性文化、体育设施用地,包括博物馆、文化馆、图书馆、纪念馆、影剧院、音乐厅、少青老年活动中心、体育场馆、训练基地等用地
				245	医疗卫生用地	指医疗、卫生、防疫、急救、保健、疗养、康复、医检、药检、血库等用地
				246	慈善用地	指孤儿院、养老院、福利院等用地
		25	住宅用地			指供人们日常生活居住的房基地(有独立院落的包括院落)
				251	城镇单一住宅用地	指城镇居民的普通住宅、公寓、别墅用地
				252	城镇混合住宅用地	指城镇居民以居住为主的住宅与工业或商业等混合用地
				253	农村宅基地	指农民村民居住的宅基地

续表

一级类		二级类		三级类		含义
编号	名称	编号	名称	编号	名称	
2	建设用地	25	住宅用地	254	空闲宅基地	指村庄内部的空闲旧宅地基地及其他空闲土地
		26	交通运输用地			指用于运输通行的地面线路、场站等用地,包括民用机场、港口、码头、地面运输管道和居民点道路及其相应附属设施用地
				261	铁路用地	指铁路线路及场站用地,包括路堤、路堑、道沟及护路林、地铁地上部分及出入口等用地
				262	公路用地	指国家和地方公路(含县镇公路),包括路堤、路堑、道沟、护路林及其附属设施用地
				263	民用机场	指民用机场及其附属设施用地
				264	港口码头用地	指人工修建的客运、货运、捕捞船舶停靠的场所及其相应的附属建筑物,不包括常水位以下的部分
				265	管道运输用地	指运输煤炭、石油和天然气等的管道及其相应附属设施地面用地
				266	街巷	指城乡居民点内公用道路(含立交桥)、公共停车场等用地
		27	水利设施用地			指用于水库、水工建筑的土地
				271	水库水面	指人工修建总库容大于或等于 1×10^5 m³,正常蓄水位以下的面积
				272	水工建筑用地	指除农田水利用地以外的人工修建的沟渠(包括渠槽、渠堤、护堤林)、闸、坝、堤路林、水电站、扬水站等常水位岸线以上的水工建筑用地
		28	特殊用地			指军事设施、涉外、宗教、监教、墓地等用地
				281	军事设施用地	指专门用于军事目的的设施用地,包括军事指挥机关和营房等用地
				282	使领馆用地	指外国政府及国际组织驻华使领馆、办事处用地
				283	宗教用地	指专门用于宗教活动的庙宇、寺院、道观、教堂等宗教自用地
				284	监教场用地	指监狱、看守所、劳改所、劳教所、戒毒所等用地
				285	墓葬地	指陵园、墓地、殡葬场及附属设施用地
3	未利用地					指农用地和建设用地以外的土地
		31	未利用土地			指目前还未利用的土地,包括难以利用的土地
				311	荒草地	指树木郁闭度小于10%,表层为土质,生长杂草,不包括盐碱地、沼泽地和裸土地
				312	盐碱地	指表层盐碱聚集,只生长天然的耐盐植物的土地
				313	沼泽地	指经常积水或渍水,一般生长湿生植物的土地
				314	沙地	指表层为沙所覆盖,基本无植被的土地,包括沙漠,不包括水系中的沙滩
				315	裸土地	指表层为土质,基本无植被覆盖的土地

续表

一级类		二级类		三级类		含义
编号	名称	编号	名称	编号	名称	
3	未利用地	31	未利用土地	316	裸岩石砾地	指表层为岩石或石砾,其覆盖面积大于或等于70%的土地
				317	其他未利用土地	指包括高寒荒漠、苔原等尚未利用的土地
		32	其他土地			指未列入农用地、建设用地的其他水域地
				321	河流水面	指天然形成的或人工开挖河流常水位岸线以下的土地
				322	湖泊水面	是天然形成的积水区常水位岸线以下的土地
				323	苇地	指生长芦苇的土地,包括滩涂上的苇地
				324	滩涂	指沿海大潮高潮位与低潮位之间的潮浸地带,河流、湖泊常水位至洪水位间的滩地;时令湖、河洪水位以下的滩地,水库、坑塘的正常蓄水位与最大洪水位间的滩地。不包括已利用的滩涂
				325	冰川及永久积雪	指表层被冰雪常年覆盖的土地

注:*指根据国土资发〔1999〕511号文件精神,在生态退耕以外,在农业结构调整中将耕地调整为其他农用地,但未破坏耕作层,可不作为衡量耕地减少的指标;按文件下发时间开始执行。

4. 2007年标准(二调标准)

2007年7月1日,第二次全国土地调查全面启动。同年8月10日,中华人民共和国国家质量监督检验检疫总局和中国国家标准化管理委员会联合发布《土地利用现状分类》(GB/T 21010—2007),标志着我国土地利用现状分类第一次拥有了全国城乡统一的国家标准。

《土地利用现状分类》(GB/T 21010—2007)采用一级、二级两个层次的分类体系,将土地利用现状分为12个一级类、56个二级类。具体分类如表3-4所示。

表3-4 土地利用现状分类和编码(2007年标准)

一级类		二级类		含义
编码	名称	编码	名称	
01	耕地			指种植农作物的土地,包括熟地,新开发、复垦、整理地,休闲地(含轮歇地、轮作地);以种植农作物(含蔬菜)为主,间有零星果树、桑树或其他树木的土地;平均每年能保证收获一季的已垦滩地和海涂。耕地中包括南方宽度小于1.0 m、北方宽度小于2.0 m固定的沟、渠、路和地坎(埂);临时种植药材、草皮、花卉、苗木等的耕地,以及其他临时改变用途的耕地
		011	水田	指用于种植水稻、莲藕等水生农作物的耕地。包括实行水生、旱生农作物轮种的耕地
		012	水浇地	指有水源保证和灌溉设施,在一般年景能正常灌溉,种植旱生农作物的耕地。包括种植蔬菜等的非工厂化的大棚用地
		013	旱地	指无灌溉设施,只要靠天然降水种植旱生农作物的耕地,包括没有灌溉设施,仅靠引洪淤灌的耕地

续表

一级类		二级类		含义
编码	名称	编码	名称	
02	园地			指种植以采集果、叶、根、茎、汁等为主的集约经营的多年生木本和草本作物,覆盖度大于50%或每亩株数大于合理株数70%的土地。包括用于育苗的土地
		021	果园	指种植果树的园地
		022	茶园	指种植茶树的园地
		023	其他园地	指种植桑树、橡胶树、可可、咖啡、油棕、胡椒、药材等其他多年生作物的园地
03	林地			指生长乔木、竹类、灌木的土地,以及沿海生长红树木的土地。包括迹地,不包括居民点内部的绿化林木用地,铁路、公路征地范围内的林地,以及河流、沟渠的护堤林
		031	有林地	指树木郁闭度大于或等于0.2的乔木林地,包括红树林和竹林地
		032	灌木林地	指灌木覆盖度大于或等于40%的林地
		033	其他林地	包括疏林地(指树木郁闭度大于或等于0.1且小于0.2的林地)、未成林地、迹地、苗圃等林地
04	草地			指以生长草本植物为主的土地
		041	天然牧草地	指以天然草本植物为主,用于放牧或割草的草地
		042	人工牧草地	指人工种植牧草的草地
		043	其他草地	指树木郁闭度小于0.1,表层为土质,生长草本植物为主,不用于畜牧业的草地
05	商服用地			指主要用于商业、服务业的土地
		051	批发零售用地	指主要用于商品批发、零售的用地。包括商场、商店、超市、各类批发(零售)市场、加油站等及其附属的小型仓库、车间、工场等用地
		052	住宿餐饮用地	指主要用于提供住宿、餐饮服务用地。包括宾馆、酒店、饭店、旅馆、招待所、度假村、餐饮、酒吧等用地
		053	商务金融用地	指企业、服务业等办公用地,以及经营性的办公场所用地。包括写字楼、商业性办公所、金融活动场所和企业厂区外独立办公场所等用地
		054	其他商服用地	指上述用地以外的其他商业、服务业用地。包括洗车场、洗染店、废旧物资回收站、维修网点、照相馆、理发美容店、洗浴场所等用地
06	工矿仓储用地			指主要用于工业生产、物资存放场所的土地
		061	工业用地	指工业生产及直接为工业生产服务的附属设施用地
		062	采矿用地	指采矿场、采石场、采砂(沙)场、盐田、砖瓦窑等地面生产用地及尾矿堆放地
		063	仓储用地	指用于物资储备、中转的场所用地
07	住宅用地			指主要用于人们生活居住的房基地及其附属设施的土地
		071	城镇住宅用地	指城镇用于生活居住的各类房屋用地及其附属设施用地。包括普通住宅、公寓、别墅等用地
		072	农村宅基地	指农村用于生活居住的宅基地

续表

一级类		二级类		含义
编码	名称	编码	名称	
08	公共管理与公共服务用地			指用于机关团体、新闻出版、科教文卫、风景名胜、公共设施等的用地
		081	机关团体用地	指用于党政机关、社会团体、群众自治组织等的用地
		082	新闻出版用地	指用于广播电台、电视台、电影厂、报社、杂志社、通讯社、出版社等的用地
		083	科教用地	指用于各类教育,独立的科研、勘测、设计、技术推广、科普等的用地
		084	医卫慈善用地	指用于医疗保健、卫生防疫、急救康复、医检药检、福利救助等的用地
		085	文体娱乐用地	指用于各类文化、体育、娱乐及公共广场等的用地
		086	公共设施用地	指用于城乡基础设施的用地。包括给排水、供电、供热、供气、邮政、电信、消防、环卫、公共设施维修等用地
		087	公园与绿地	指城镇、村庄内部的公园、动物园、植物园、街心花园和用于休憩及美化环境的绿化用地
		088	风景名胜设施用地	指风景名胜(包括名胜古迹、旅游景点、革命遗址等)景点及管理机构的建筑用地。景区内的其他用地按现状归入相应地类
09	特殊用地			指用于军事设施、涉外、宗教、监教、殡葬等的土地
		091	军事设施用地	指直接用于军事目的的设施用地
		092	使领馆用地	指用于外国政府及国际组织驻华使领馆、办事处等的用地
		093	监教场所用地	指用于监狱、看守所、劳改场、劳教所、戒毒所等的建筑用地
		094	宗教用地	指专门用于宗教活动的庙宇、寺院、道观、教堂等宗教自用地
		095	殡葬用地	指陵园、墓地、殡葬场所用地
10	交通运输用地			指用于运输通行的地面线路、场站等的土地。包括民用机场、港口、码头、地面运输管道和各种道路用地
		101	铁路用地	指用于铁道线路、轻轨、场站的用地。包括设计内的路堤、路堑、道沟、桥梁、林木等用地
		102	公路用地	指用于国道、省道、县道和乡道的用地。包括设计内的路堤、路堑、道沟、桥梁、汽车停靠站、林木及直接为其服务的附属用地
		103	街巷用地	指用于城镇、村庄内部公用道路(含立交桥)及行道树的用地。包括公共停车场、汽车客货运输站点及停车场等用地
		104	农村道路	指公路用地以外的南方宽度大于或等于1.0 m,北方宽度大于或等于2.0 m的村间、田间道路(含机耕道)
		105	机场用地	指用于民用机场的用地

续表

一级类		二级类		含义
编码	名称	编码	名称	
10	交通运输用地	106	港口码头用地	指用于人工修建的客运、货运、捕捞和工作船舶停靠的场所及其附属建筑物的用地,不包括常水位以下部分
		107	管道运输用地	指用于运输煤炭、石油、天然气等管道及其相应附属设施的地上部分用地
11	水域及水利设施用地			指陆地水域、海涂、沟渠、水工建筑物等用地。不包括滞洪区和已垦滩涂中的耕地、园地、林地、居民点、道路等用地
		111	河流水面	指天然形成或人工开挖河流常水位岸线之间的水面。不包括被堤坝拦截后形成的水库水面
		112	湖泊水面	指天然形成的积水区常水位岸线之间的水面
		113	水库水面	指人工拦截汇集而成的总库容大于或等于 1×10^5 m³ 的水库正常蓄水位线岸线所围成的水面
		114	坑塘水面	指人工开挖或天然形成的蓄水量小于 1×10^5 m³ 的坑塘常水位线岸线所围成的水面
		115	沿海滩涂	指沿海大潮高潮位与低潮位之间的潮浸地带。包括海岛的沿海滩涂,不包括已利用的滩涂
		116	内陆滩涂	指河流、湖泊常水位与洪水位间的滩地;时令湖、河洪水位下的滩地;水库、坑塘的正常蓄水位与洪水位间的滩地。包括海岛的内陆滩地,不包括已利用的滩地
		117	沟渠	指人工修建,南方宽度大于或等于 1.0 m、北方宽度大于或等于 2.0 m,用于引、排、灌的渠道,包括渠槽、渠堤、取土坑、护堤林
		118	水工建筑用地	指人工修建的闸、坝、堤路林、水电厂房、扬水站等水位岸线以上的建筑物用地
		119	冰川及永久积雪	指表层被冰雪常年覆盖的土地
12	其他用地			指上述地类以外的其他类型的土地
		121	空闲地	指城镇、村庄、工矿内部尚未利用的土地
		122	设施农用地	指直接用于经营性养殖的畜禽舍、工厂化作物栽培或水产养殖的生产设施用地及其相应附属用地,农村宅基地以外的晾晒场等农业设施用地
		123	田坎	主要指耕地中南方宽度大于或等于 1.0 m、北方宽度大于或等于 2.0 m 的地坎
		124	盐碱地	指表层盐碱聚集,生长天然耐盐植物的土地
		125	沼泽地	指经常积水或浸水,一般生长沼生、湿生植物的土地
		126	沙地	指表层为沙所覆盖、基本无植被的土地。不包括滩涂中的沙地
		127	裸地	指表层为土质,基本无植被覆盖的土地;或表层为岩石、石砾,其覆盖面积大于或等于 70% 的土地

第二次全国土地调查另外指出,由于调查比例尺所限,城镇等建设用地内部调查无法全面使用《土地利用现状分类》。为了适应农村土地调查的需要,对《土地利用现状分类》中 05、06、07、08、09 等 5 个一级类和 103、121 等 2 个二级类(表 3-4 中的阴影部分内容)进行归并。归并后的分类如表 3-5 所示。

表 3-5 城镇村及工矿用地（归并）

一级类		二级类		含义
编码	名称	编码	名称	
20	城镇村及工矿用地			指城乡居民点、独立居民点以及居民点以外的工矿、国防、名胜古迹等企事业单位用地，包括其内部交通、绿化用地
		201	城市	指城市居民点，以及与城市连片的和区政府、县级市政府所在地镇级辖区内的商服、住宅、工业、仓储、机关、学校等单位用地
		202	建制镇	指建制镇居民点，以及辖区内的商服、住宅、工业、仓储、机关、学校等单位用地
		203	村庄	指农村居民点，以及所属的商服、住宅、工矿、工业、仓储、学校等用地
		204	采矿用地	指采矿场、采石场、采砂(沙)场、盐田、砖瓦窑等地面生产用地及尾矿堆放地
		205	风景名胜及特殊用地	指城镇村用地以外用于军事设施、涉外、宗教、监教、殡葬等的土地，以及风景名胜(包括名胜古迹、旅游景点、革命遗址等)景点和管理机构的建筑用地

5. 2017 年标准（三调标准）

2017 年 10 月 16 日，国务院下发《国务院关于开展第三次全国土地调查的通知》（国发〔2017〕48 号），宣布开展第三次全国国土调查。2017 年 11 月 1 日，中华人民共和国国家质量监督检验检疫总局和中国国家标准化管理委员会联合发布《土地利用现状分类》（GB/T 21010—2017），代替《土地利用现状分类》（GB/T 21010—2007）。

《土地利用现状分类》（GB/T 21010—2017）中规定的土地利用现状分类如表 3-6 所示。

表 3-6 土地利用现状分类和编码

一级类		二级类		含义
编码	名称	编码	名称	
01	耕地			指种植农作物的用地，包括熟地，新开发、复垦、整理地，休闲地(含轮歇地、休耕地)；以种植农作物(含蔬菜)为主，间有零星果树、桑树或其他树木的土地；平均每年能保证收获一季的已垦滩涂和海涂。耕地中包括南方宽度小于 1.0 m，北方宽度小于 2.0 m 固定的沟、渠、路和地坎(硬)；临时种植药材、草皮、花卉、苗木等的耕地，临时种植果树、茶树和林木且耕作层未破坏的耕地，以及其他临时改变用途的耕地
		0101	水田	指用于种植水稻、莲藕等的水生农作物的耕地。包括实行水生、旱生农作物轮种的耕地
		0102	水浇地	指有水源保护和灌溉设施，在一般年景能正常灌溉，种植旱生农作物(含蔬菜)的耕地。包括种植蔬菜的非工厂化的大棚地
		0103	旱地	指无灌溉设施，主要靠天然降水种植旱生农作物的耕地，包括没有灌溉设施，紧靠引洪淤灌的耕地
02	园地			指种植以采集果、叶、根、茎、汁等为主的集约经营的多年生木本和草本作物，覆盖度大于 50% 或每亩株数大于合理株数 70% 的土地。包括用于育苗的土地
		0201	果园	指种植果树的园地
		0202	茶园	指种植茶树的园地
		0203	橡胶园	指种植橡胶树的园地
		0204	其他园地	指种植桑树、可可、咖啡、油棕、胡椒、药材等其他多年生作物的园地

续表

一级类		二级类		含义
编码	名称	编码	名称	
03	林地			指生长乔木、竹类、灌木的土地,以及沿海生长红树林的土地。包括迹地,不包括城镇、村庄范围内的绿化林木用地,铁路、公路征地范围内的林木,以及河流、沟渠的护堤林
		0301	乔木林地	指乔木郁闭度大于或等于0.2的林地,不包括森林沼泽
		0302	竹林地	指生长竹类植物,郁闭度大于或等于0.2的林地
		0303	红树林地	指沿海生长红树植物的林地
		0304	森林沼泽	以乔木森林植物为优势群落的淡水沼泽
		0305	灌木林地	指灌木覆盖度大于或等于40%的林地,不包括灌丛沼泽
		0306	灌丛沼泽	以灌丛植物为优势群落的淡水沼泽
		0307	其他林地	包括疏林地(树木郁闭度大于或等于0.1且小于0.2的林地)、未成林地、迹地、苗圃等林地
04	草地			指生长草本植物为主的草地
		0401	天然牧草地	指以天然草本植物为主,主要用于放牧或割草的草地,包括实施禁牧措施的草地,不包括沼泽草地
		0402	沼泽草地	指以天然草本植物为主的沼泽化的低地草甸、高寒草甸
		0403	人工牧草地	指人工种植牧草的草地
		0404	其他草地	指树木郁闭度小于0.1,表层为土质,不用于放牧的草地
05	商服用地			指主要用于商业、服务业的土地
		0501	零售商业用地	指以零售功能为主的商铺、商场、超市、市场和加油、加气、充换电站等的用地
		0502	批发市场用地	以批发功能为主的市场用地
		0503	餐饮用地	饭店、餐厅、酒吧等用地
		0504	旅馆用地	宾馆、旅馆、招待所、服务型公寓、度假村等用地
		0505	商务金融用地	指商务服务用地,以及经营性的办公场所用地。包括写字楼、商业性办公场所、金融活动场所和企业厂区外独立的办公场所;信息网络服务、信息技术服务、电子商务服务、广告传媒等用地
		0506	娱乐用地	指剧院、音乐厅、电影院、歌舞厅、网吧、影视城、仿古城以及绿地率小于65%的大型游乐等设施用地
		0507	其他商服用地	指零售商业、批发市场、餐饮、旅馆、商务金融、娱乐用地以外的其他商业、服务业用地。包括洗车场、洗染店、照相馆、理发美容店、洗浴场所、赛马场、高尔夫球场、废旧物资回收站、机动车及电子产品和日用产品修理网点、物流营业网点、居住小区和小区以下的配套的服务设施等用地
06	工矿仓储用地			指用于工业生产、物资存放场所的土地
		0601	工业用地	指工业生产、产品加工制造、机械和设备修理及直接为工业生产等服务的附属设施用地

续表

一级类		二级类		含义
编码	名称	编码	名称	
06	工矿仓储用地	0602	采矿用地	指采矿场、采石场、采砂(沙)场、砖瓦窑等地面生产用地,排土(石)及尾矿堆放地
		0603	盐田	指用于生产盐的用地,包括晒盐场所、盐池及附属设施用地
		0604	仓储用地	指用于物资储备、中转的场所用地,包括物流仓储设施、配送中心、转运中心等用地
07	住宅用地			指主要用于人们生活居住的房基地及其附属设施的土地
		0701	城镇住宅用地	指城镇用于生活居住的各类房屋用地及其附属设施用地,不含配套的商业服务设施等用地
		0702	农村宅基地	指农村用于生活居住的宅基地
08	公共管理与公共服务用地			指用于机关团体、新闻出版、科教文卫、公共设施等的土地
		0801	机关团体用地	指用于党政机关、社会团体、群众自治组织等的用地
		0802	新闻出版用地	只用于广播台、电视台、电影厂、报社、杂志社、通讯社、出版社等的用地
		0803	教育用地	指用于各类教育用地,包括高等院校、中等专业学校、中学、小学、幼儿园及其附属设施用地,聋、哑、盲人学校及工读学校用地,以及为学校配建的独立地段的学生生活用地
		0804	科研用地	指独立的科研、勘察、研发、检验检测、技术推广、环境评估与监测、科普等科研事业单位及其附属设施用地
		0805	医疗卫生用地	指医疗、保健、卫生、防疫、康复和急救设施等用地。包括综合医院、专科医院、社区卫生服务中心等用地;卫生防疫站、专科防治所、检验中心和动物检疫站等用地;对环境有特殊要求的传染病、精神病等的专科医院用地;急救中心、血库等用地
		0806	社会福利用地	指为社会提供福利和慈善服务的设施及其附属设施用地。包括福利院、养老院、孤儿院等用地
		0807	文化设施用地	指图书、展览等公共文化活动设施用地。包括公共图书馆、博物馆、档案馆、科技馆、纪念馆、美术馆和展览馆等设施用地;综合文化活动中心、文化馆、青少年宫、儿童活动中心、老年活动中心等设施用地
		0808	体育用地	指体育场馆和体育训练基地等用地,包括室内外体育运动用地,如体育场馆、游泳场馆、各类球场及其附属的业余体校等用地,溜冰场、跳伞场、摩托车场、射击场,水上运动的陆域部分等用地,以及为体育运动专设的训练基地用地,不包括学校等机构专用的体育设施用地
		0809	公共设施用地	只用于城乡基础设施的用地。包括供水、排水、污水处理、供电、供热、供气、邮政、电信、消防、环卫、公共设施维修等用地
		0810	公园与绿地	指城镇、村庄范围内的公园、动物园、植物园、街心花园、广场和用于休憩、美化环境及防护的绿化用地

续表

一级类		二级类		含义
编码	名称	编码	名称	
09	特殊用地			指用于军事设施、涉外、宗教、监教、殡葬、风景名胜等的土地
		0901	军事设施用地	指直接用于军事目的的设施用地
		0902	使领馆用地	指用于外国政府及国际组织驻华使领馆、办事处等的用地
		0903	监教场所用地	只用于监狱、看守所、劳改场、戒毒所等的建筑用地
		0904	宗教用地	指专门用于宗教活动的庙宇、寺院、道观、教堂等宗教自用地
		0905	殡葬用地	指陵园、墓地、殡葬场所用地
		0906	风景名胜设施用地	指风景名胜景点(包括名胜古迹、旅游景点、革命遗址、自然保护区、森林公园、地质公园、湿地公园等)的管理机构,以及旅游服务设施的建筑用地。景区内的其他用地按现状归入相应地类
10	交通运输用地			指用于运输通行的地面路线、场站等的土地。包括民用机场、汽车客货运场站、港口、码头、地面运输管道和各种道路以及轨道交通用地
		1001	铁路用地	只用于铁道线路及场站的用地。包括征地范围内的路堤、路堑、道沟、桥梁、林木等用地
		1002	轨道交通用地	只用于轻轨、现代有轨电车、单轨等轨道交通用地,以及场站的用地
		1003	公路用地	指用于国道、省道、县道和乡道的用地。包括征地范围内的路堤、路堑、道沟、桥梁、汽车停靠站、林木及直接为其服务的附属用地
		1004	城镇村道路用地	指城镇、村庄范围内公用道路及行道树用地,包括快速路、主干路、次干路、支路、专用人行道和非机动车道及其交叉口等
		1005	交通服务场站用地	指城镇、村庄范围内交通服务设施用地,包括公交枢纽及其附属设施用地、公共长途客运站、公共交通场站、公共停车场(含设有充电桩的停车场)、停车楼、教练场等用地,不包括交通指挥中心、交通队用地
		1006	农村道路	在农村范围内,南方宽度大于或等于1.0 m,小于或等于8 m,北方宽度大于或等于2.0 m,小于或等于8 m,用于村间、田间交通运输,并在国家公路网络体系之外,以服务于农村农业生产为主要用途的道路(含机耕道)
		1007	机场用地	只用于民用机场、军民合用机场的用地
		1008	港口码头用地	指用于人工修建的客运、货运、捕捞及工程、工作船舶停靠的场所及其附属建筑物的用地,不包括常水位以下部分
		1009	管道运输用地	指用于运输煤炭、矿石、石油、天然气等管道及其相应附属设施的地上部分用地

续表

一级类		二级类		含义
编码	名称	编码	名称	
11	水域及水利设施用地			指陆地水域,滩涂、沟渠、沼泽、水工等建筑物等用地。不包括滞洪区和已垦滩涂中的耕地、园地、林地、城镇、村庄、道路等用地
		1101	河流水面	指天然形成或人工开挖河流常水位岸线之间的水面,不包括被堤坝拦截后形成的水库区段水面
		1102	湖泊水面	指天然形成的积水区常水位岸线所围成的水面
		1103	水库水面	指人工拦截汇聚而成的总设计库容大于或等于 1×10^5 m³ 的水库正常蓄水位岸线所围成的水面
		1104	坑塘水面	指人工开挖或天然形成的蓄水量小于 1×10^5 m³ 的坑塘常水位岸线所围成的水面
		1105	沿海滩涂	指沿海大潮高潮位与低潮位之间的潮浸地带。包括海岛的沿海滩涂,不包括已利用的滩涂
		1106	内陆滩涂	指河流、湖泊常水位至洪水位之间的滩地;时令湖、河洪水位以下的滩地;水库、坑塘的正常蓄水位与洪水位间的滩地。包括海岛的内陆滩地。不包括已利用的滩地
		1107	沟渠	指人工修建,南方宽度大于或等于1.0 m,北方宽度大于或等于2.0 m,用于引、排、灌的渠道,包括渠槽、渠堤、护堤林及小型泵站
		1108	沼泽地	指经常积水或渍水,一般生长湿地植物的土地。包括草本沼泽、苔藓沼泽、内陆盐沼等。不包括森林沼泽、灌丛沼泽和沼泽草地
		1109	水工建筑用地	指人工修建的闸、坝、堤路林、水电厂房、扬水站等常水位岸线以上的建(构)筑物用地
		1110	冰川及永久积雪	指表层被冰雪常年覆盖的土地
12	空闲地			指上述地类以外的其他类型的土地
		1201	空闲地	指城镇、村庄、工矿范围内尚未使用的土地。包括尚未确定用途的土地
		1202	设施农用地	指直接用于经营性畜禽养殖生产的设施及附属设施用地;直接用于作物栽培或水产养殖等农产品生产的设施及附属设施用地;直接用于设施农业项目辅助生产的设施用地;晾晒场、粮食果品烘干设施、粮食和农资临时存放场所、大型农机具临时存放场所等规模化粮食生产所必需的配套设施用地
		1203	田坎	指梯田及梯状坡地耕地中,主要用于拦蓄水和护坡,南方宽度大于或等于1.0 m、北方宽度大于或等于2.0 m的地坎
		1204	盐碱地	指表层盐碱聚集,生长天然耐盐植物的土地
		1205	沙地	指表层为沙所覆盖,基本无植被的土地。不包括滩涂中的沙地
		1206	裸土地	指表层为土质,基本无植被覆盖的土地
		1207	裸岩石砾地	指表层为岩石或石砾,其覆盖面积大于或等于70%的土地

第 2 节 土地利用现状调查概述

土地利用现状调查也称土地利用调查、土地分类调查。土地利用现状调查工作是一项系统性的工作。《土地调查条例》要求十年进行一次全国土地调查，每年进行一次土地变更调查。为了确保调查成果符合《地籍调查规程》等技术标准的要求，必须按照各地区土地利用现状调查的工作特点，编制好地方技术设计书，按设计要求有条不紊地开展工作。

一、土地利用现状调查的目的

土地利用现状调查是调查土地利用的现状情况，是土地调查的主要工作之一。土地调查在我国已成为一项法定的重要制度，是全面查实查清土地资源的重要手段，是一项重大的国情国力调查。《第三次全国土地调查总体方案》指出，这次土地调查的目的是："在第二次全国土地调查成果基础上，全面细化和完善全国土地利用基础数据，国家直接掌握翔实准确的全国土地利用现状和土地资源变化情况……"开展第三次全国国土调查，对贯彻落实最严格的耕地保护制度和最严格的节约用地制度，具有重要意义。

1. 为制定国民经济计划和有关方针政策服务

国民经济各部门的发展都离不开土地。因此，通过土地利用现状调查获得的土地资料可以为编制国民经济和社会发展中长期规划、年度计划提供切实可靠的科学依据，同时也为国家制定各项政策方针、为重大土地问题的决策提供服务。

2. 为农业生产提供科学依据

农业是国民经济的基础，我国农业用地占全国土地总面积的比率最大。土地是农业的基本生产资料，耕地是最为宝贵的资源。我国人均耕地不到世界平均水平的1/2，中低产田约占72%，粮食生产保障能力不够稳定。因此，土地利用现状调查可为编制农业区划、土地利用总体规划和农业生产规划提供土地基础数据，为制定农业生产计划和农田基本建设等提供服务。

3. 为全面管理土地服务

通过土地利用现状调查，查清村与农场、林场、牧场、渔场，以及居民点外的厂矿、部队、学校等基层单位的用地情况（权属性质、用地面积和各地类面积等），可为地籍管理、土地利用管理、土地权属管理、建设用地管理和土地监察等工作提供基础资料。通过土地利用现状调查，查清各类土地的权属、界线、面积等，可为土地登记提供证明材料，为土地统计提供基础数据，从而为土地登记制度、土地统计制度服务。

二、土地利用现状调查的原则

为了保质保量地完成调查任务，必须遵守下列各项调查原则。

1. 实事求是的原则

国家为查实土地资源情况，要投入巨大的人力、物力和财力。因此，在调查过程中，一定要坚持实事求是的工作原则，防止来自任何方面的干扰。

2. 全面调查的原则

土地利用现状必须严格按《土地利用现状调查技术规程》的规定和精度要求进行，并实施严格的检查、验收制度。事实证明,各种类型的土地都有相对应的资源价值,全面调查有益于人们放开视野,把所有的土地资源都视为人们开发利用的对象。从调查工作的组织管理来看,全面调查既经济又科学。

3. 一查多用的原则

所谓一查多用,就是不仅为土地管理部门提供基础资料,而且为农业、林业、水利、城建、统计、计划、交通运输、民政、工业、能源、财政、税务、环保等部门提供基础资料。

4. 运用科学的方法

在调查中要遵循技术先进性和经济合理性的原则。为了保证和提高精度,应进一步采用现代测绘技术手段,如数字测量技术、全球定位系统(GPS)、遥感技术和地理信息系统(GIS)、大数据、云计算、"互联网+"等。

土地利用现状调查必须以测绘图件为基础。测绘图件的形成依靠严密的数学基础和规范化的测绘技术。测绘图件能精确、有效地反映土地资源、土地权属和行政管辖界线的空间分布。这是运用测绘图件进行调查的第一个优越性。运用测绘图件进行调查的第二个优越性在于土地面积的测量有统一的基准,即土地面积的量测可以将大量外业工作转移到内业进行,减少了工作量,降低了工作难度。

5. 以"地块"为单位进行调查

在土地所有权宗地内,以土地利用分类标准为依据划分出的一块地,称作土地利用分类地块(简称地块,也简称图斑)。地块是土地利用调查的基本土地单元,对每一块土地的利用类型都要调查清楚。

三、土地利用现状调查的程序

进行土地利用现状调查的工作程序可参见图3-1。

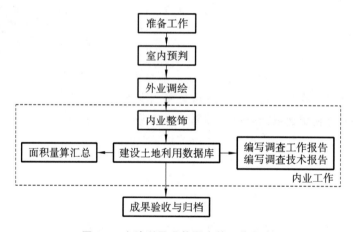

图3-1 土地利用现状调查的工作程序

1. 准备工作

准备工作的工作内容有组织准备、社会宣传、资料准备、技术培训等。在资料准备过程中要收集相关的地籍图、地形图、影像图(包括最新的已有工作底图)、技术规程文件等。

2. 室内预判

室内预判主要是指通过人机交互和目视判读方式,分析和提取土地利用地类界及地类属性、行政和权属界及线状地物等要素,进行相关矢量数字化和输入属性,为开展野外调查提供必要的工作底图和外业调查记录表。

3. 外业调绘

外业调绘的主要内容有境界与权属界线调绘、地类调绘、线状地物调绘、零星地物调绘、飞地调绘、新增地物调绘与补测、田坎系数测定、外业调查手簿填写等。

4. 内业工作

内业阶段的工作内容主要有内业整饰、土地利用数据库建设、图件输出、面积量算汇总、编写调查报告等。

四、土地利用现状调查的内容

土地利用现状调查分为农村土地利用现状调查和城镇村庄内部土地利用现状调查。

1. 农村土地利用现状调查

农村土地利用现状调查是以县（市、区）为基本单位，以国家统一提供的调查底图为基础，实地调查每块图斑的地类、位置、范围、面积等利用状况，查清耕地、园地、林地、草地等农用地的数量、分布及质量状况，查清城市、建制镇、村庄、独立工矿、水域及水利设施用地等各类土地的分布和利用状况。图3-2所示为一幅1∶10 000比例尺的农村土地利用现状标准分幅图。

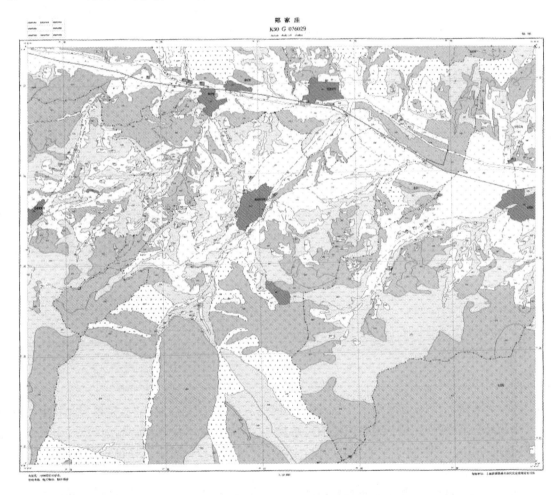

图3-2　农村土地利用现状标准分幅图

2. 城镇村庄内部土地利用现状调查

城镇村庄内部土地利用现状调查是指充分利用地籍调查和不动产登记成果，对城市、建制镇、村庄内的土地利用现状开展细化调查，查清城镇村庄内部商服、工业、仓储、住宅、公共管理与公共服务和特殊用地等地类的土地利用状况。城镇村庄内部土地利用现状调查按1∶2 000比例尺进行。条件好的经济发达地区可按更大的比例尺进行调查。

3. 土地利用现状调查具体工作内容

（1）查清村和农场、林场、牧场、渔场以及居民点的厂矿、机关、团体、学校等企事业单位的土地权属界线和村以上各级行政辖区范围界线。

（2）查清土地利用的类型及分布，量算地类面积。

（3）按土地权属单位及行政辖区范围统计汇总面积和各地类面积。

（4）编制分幅及县、乡两级的土地权属界线图和土地利用现状图。

（5）调查、总结土地权属及土地利用的经验和教训，提出合理利用土地的建议。

五、土地利用现状调查的工作方法

在进行土地利用现状调查时，航片外业调绘是获取野外资料的主要途径。外业调绘是在确定的调查范围内，携底图到实地对内业解译内容经实地核实确认，正确标绘在航片蒙片上，最后在航片上进行清绘。航片外业调绘时应注意设计调绘路线，选好站立点，确定好航片方位，抓住特征，远看近判、边走边绘，做到走到、看清、问明、记全和绘准。调查的具体工作列举如下。

1. 境界、土地权属的调查

境界是指国界及各级行政区界。行政境界线包括国界线、省（自治区、直辖市）界线、地（市）界线、县（市）界线、乡（镇）界线，如表 3-7 所示。土地权属界线是指行政村界线，以及居民地以外的厂矿、机关、团体、学校、部队等单位的土地所有权界线和使用权界线，如图 3-3（彩图 1）所示。进行权属调查时，要事先约定相邻土地单位的法人代表和群众代表到现场指界。双方指同一界，则为无争议界线，双方按规定格式填写"土地权属界线协议书"（一式三份，权属单位双方及国土管理部门各执一份）。双方指不同界，则两界之间的土地为有争议土地，将各自认定的界线同时标注在实地和外业调绘的图件上，并附以文字说明，双方填写"土地权属争议原由书"（一式三份）。对于有争议的土地界线的处理，必须依法有据，短时间内难以解决的可由上级土管部门暂做技术处理，其权属界线仅供量算面积时用，待确权后再调整面积。

表 3-7 行政境界线及其线型

行政境界线	线型
国界线	•—┤—┤—┤—┤—┤—
省（自治区、直辖市）界线	‥—‥—
地（市）界线	•—•—
县（市）界线	••—••—
乡（镇）界线	‥—‥—

境界线（权属界线）的标示要求如下：①以线状地物为界的，线状地物双线时，界线与线状地物的中心线相重合；线状地物单线时，在线状地物两侧隔段跳绘；②当界线以线状地物一侧为界时，应在线状地物相应的一侧移位 0.2 mm 标绘；③对于有争议的界线，按实地的线段标绘未定界符号。

2. 地类调绘

地类调绘是按最新的土地利用现状分类标准，在土地所有权宗地内，实地对照基础测绘图件逐一判读、调查、绘注。对调绘好的图斑进行编号，并将编号、地类、利用状况等载入外业调绘手簿中。地类调绘时，应认真掌握分类的含义，注意区分相接近的地类，结合实地询问确定地类；地类界应封闭，并以实线表示，可简化合并小于图上 1.5 mm 的弯曲界线，将地类按规定的图式符号注记在基础测绘图件上。土地利用现状图上**最小图斑上图面积的规定如下：居民地**，4 mm^2；**耕地、园地**，6 mm^2；**其他地类**，15 mm^2。对于小于最小图斑面积的分类地块，作零星地类处理，实地丈量其面积并记入零星地物，图上可省略不绘；

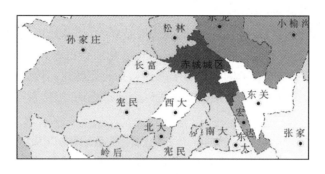

图 3-3 权属界线调绘示意图

村界线：•————•————•————；
争议界线：———— ———— ————

调绘的地类图斑以地块（村）为单位统一编号；多参考利用已有的土地调查成果（如更新调查成果等），以提高外业调查效率；对于点（零星地类）、线（线状地物）、面（图斑）的调查，应做到位置、长度、宽度准确，各种注记准确无误、清晰、规范。

常用的地类调绘方法有综合调绘法和全野外调绘法。

（1）综合调绘法。综合调绘法是内业解译（判读、判译、预判、判绘）和野外核实、补充调查相结合的调绘方法。综合调绘法分三步完成。

第一步：室内解译前可广泛收集与调查区域有关的资料，如以往土地调查图件资料、土地利用数据库、自然地理状况、交通图、水利图、河流湖泊分布图、农作物分布图、地名图等，以此作为室内判读的参考资料。

第二步：室内解译采用的方式有直接目视判读标绘、立体（具备立体像对时）判读标绘以及直接利用已有土地利用数据库与调查底图（数字正射影像图（DOM））套合解译及标绘。依据影像对界线进行调整标绘。通过室内解译，从影像中判读出地类和界线，并标绘在调查底图上。对于影像不够清晰或室内无法判读出的地类和界线，由野外补充调查确定。

第三步：外业实地核实、调查。到实地对内业注记的地类、界线等内容逐一核实、修正和补充调查，既要保证成果质量，又要突出重点，提高工作效率，发挥内业解译的作用。

（2）全野外调绘法。全野外调绘法是传统的调绘方法，即携带调查底图直接到实地，将影像所反映的地类信息与实地状况一一对照、识别，将各种地类的位置、界线用规定的线型、符号在调查底图上标绘出来，将地物属性标注在调查底图或填写在"土地调查记录手簿"上，最终获得能够反映调查区域内土地利用状况的原始调查图件和资料，作为内业数据库建设的依据。这种调绘方法主要作业都在外业实地进行，因此称为全野外调绘法。具体调绘也可按三步走。

第一步：设计调绘路线。在进行外业实地调查前，要在室内设计好调绘路线。调绘路线以既少走路又不至于漏掉要调绘的地物为原则，并做到走到、看到、问到、画到（四到）。这里走到是关键，只有走到才能看到、看清、看准地物的形状特征、地类、范围界线、与其他地物的关系等，才能将地类界线标绘在影像图的准确位置上。

第二步：确定站立点。为了提高调绘的质量和效率，要确定站立点在图上的位置。站立点一般选择在易判读的明显地物点上，地势要高，视野要广，看得要全，如路的交叉点、河流转弯处、小山顶、居民地制高点、明显地块处等。通过定向，使调查底图方向和实地方向保持一致。

第三步：核实、调查。核实调查应采取远看近判的方法。远看可以看清物体的总体情况及位置关系；近判可以确定具体物体的准确位置，将地物的界线、类别、属性等调查内容调绘准确。当解译的界线、线状地物、地类名称等与实地一致时，在图上进行标注确定；当翻译的界线、线状地物、地类名称等与实物不一致时，依据实地现状对解译的界线、线状地物或地类名称等进行修正确认。同时，将调查内容的属性标注在调查底图上或填写在"土地调查记录手簿"上。

在调查过程中应向当地群众多询问,以便及时发现隐蔽地物,如林地中被树木遮挡的道路、山顶上的地物、山沟深处的耕地、居民点等重要地物,核实注记地理名称或依据名称寻找适当位置,并确定工矿企业名称及各调查内容的国有或集体权属性质。为了保证调查的准确性,对询问的内容要反复验证。

对于调查人员来说,以上的调查方法、调查步骤可以交叉进行,并根据自己的习惯、经验综合应用。

3. 线状地物调绘

线状地物通常指实地宽度大于2 m的河流、铁路、公路、管道用地,以及固定的沟、渠、农村道路等(南方线状地物宽度大于1 m的线状地物,要进行调绘并实地丈量宽度,丈量精确到0.1 m)。线状地物调绘包括地类、界线和权属等内容。

线状地物宽度大于或等于图上2 mm时按图斑调查。对于宽度变化较大的线状地物,应分段丈量。实量与沟、渠、路、堤等并列的附属线状地物的宽度时,要查明附属线状地物的归属。要对调查的线状地物进行编号,并将实量宽度及归属填写在外业调查表中。线状地物按规定的图例符号注记在基础测绘图件上,不依比例尺符号的绘在中心,依比例尺符号的描绘边界。对于并列的附属线状地物,在确保主要线状地物的权属和数据准确的前提下适当综合取舍。下面是几种主要的线状地物宽度确定方法。

(1) 河流水面。由河流横截面看,对于河流,主要调查水面宽度边线,将常水位线调绘在调查底图上。在一般情况下,大部分河流的常水位线与近期影像基本一致,可按影像调绘;在特殊情况下,可参照近期地形图等资料标绘常水位线。河流滩涂(内陆滩涂)指的是河流的常水位线与一般年份的洪水位线(不是历史最高洪水位)之间的区域,调查时实地量测河流的宽度范围。

(2) 铁路、公路、农村道路。这三种道路类型相似,主要有三种表现形式,即与地面同高、高于地面、低于地面;从横断面结构看,主要为有无路基和有无道沟(主要用于护路的沟)之分。路基与道沟均计入路宽范围,如图3-4(a)所示。

图3-4 线状地物宽度确定示意图

(3) 沟渠。对于沟渠,一般量其上沿宽度,包括沟渠两边的绿化行树,如图3-4(b)所示。

4. 修补测

当地物、地貌变化不大时,宜进行野外修补测;当地物、地貌的变化范围超过三分之一时,需重测。通常,修补测选择在航片上或工作底图上进行,外业补测与外业调绘结合进行。补测的方法有坐标法和交会法等。

经外业调绘和外业补测的航片应及时清绘整饰,经检查验收合格后,才能转入内业工作阶段。

5. 内业工作

土地利用现状调查内业阶段的工作包括:整理外业调查原始图件、土地调查记录手簿等资料,航片转绘,面积量算,统计面积并汇总,编制土地利用现状图和土地权属界线图,数据入库,总结编写土地利用现状调查报告等。

其中,航片转绘是将航片外业调绘与补测的内容转绘到内业底图上的室内工作,其成果是编制土地利用现状图和土地权属界线图的原始工作底图。如果外业调绘用的是单张中心投影的未纠正航片,则由于这种航片存在倾斜误差、投影误差和比例尺变化,因此不能把调绘成果直接描绘到内业底图上,需要通过转绘来消除倾斜误差和限制投影误差,变中心投影为正射投影,并将航片比例尺归化到某一固定比例尺,以获得所需的工作底图。如果所用航片为正射像片,或用常规航测方法或数字摄影测量方法制作外业工作图,则可以免去此项工作。

有关面积量算、统计和编制土地利用现状图和土地权属界线图等内容见相关的章节。

6. 成果检查与验收

《第三次全国土地调查总体方案》指出:"各地要采取切实的保证措施,严格检查验收制度,确保土地调查的数据、图件与实地三者一致。"调查"采用分阶段成果检查制度,每一阶段成果需经检查合格后方转入下一阶段,避免将错误带入下阶段工作,以保证成果质量"。

第三次全国国土调查建立国家、省、地、县四级土地调查及专项数据库。实际工作中,承包单位首先进行自检和互检,然后县级检查组(监理单位)对作业单位进行成果复查,之后省级检查组检查验收,最后国家对各省检查验收的成果全面核查确认:"由国家统计局负责完成全国土地调查成果事后质量抽查工作。国家统一制定抽查方案,结合统计调查的抽样理论和方法,在全国范围内利用空间信息与抽样调查等技术,统筹利用正射遥感影像图、土地调查成果图斑,开展抽查样本的抽选、任务包制作、实地调查、内业审核、结果测算等工作,抽查耕地等地物类型的图斑地类属性、边界及范围的正确性,客观评价调查数据质量。"

检查验收的内容主要包括外业调绘与补测、航片转绘、面积量算、统计汇总、图件绘制、调查报告和数据入库、档案资料整理等各方面。

六、耕地坡度等级与田坎系数测算

1. 耕地坡度等级

耕地面积应按坡度级进行量算统计,因此在地类调查的同时,一般在地形图上对面状地类界范围实施坡度调查。农村土地调查将耕地分5个坡度级。坡度小于或等于2°的视为平地,其他分为梯田和坡地两类。耕地坡度分级(上含下不含)及其代码如表3-8所示。

表3-8 耕地坡度分级及其代码

坡度分级	≤2°	2°～6°	6°～15°	15°～25°	>25°
坡度级代码	1	2	3	4	5

在土地调查过程中,耕地坡度通过坡度尺、计算等高线的间距或由数字高程模型(DEM)生成坡度图等形式来量取坡度,并计算各坡度级范围内的耕地面积。当整个地块(村级权属单位)内的耕地图斑属同一坡度级时,扣除其他地类图斑(线状地物、零星地类、田坎)后的面积为耕地面积。当一个村(地块)的耕地图斑面积属两个或两个以上坡度级时,在地块内勾画出坡度级分界线,分别量算不同坡度级的耕地面积,并做相应的图斑面积扣除,进行控制配赋,从而求得各个坡度级耕地的面积。例如全国第二次土地调查统计的我国按坡度等级划分的耕地为:2°以下耕地7 735.6万公顷(116 034万亩),占57.1%;2°～6°耕地2 161.2万公顷(32 418万亩),占15.9%;6°～15°耕地2 026.5万公顷(30 397万亩),占15.0%;15°～25°耕地1 065.6万公顷(15 984万亩),占7.9%;25°以上的耕地(含陡坡耕地和梯田)549.6万公顷(8 244万亩),占4.1%。

2. 田坎系数测算

线状地物包括河流、铁路、林带,以及固定的沟、渠、路等。对于线状地物,当其宽度北方大于或等于2.0 m,南方大于或等于1.0 m时,应予调绘并实地段丈量宽度,丈量精确到0.1 m。因此,耕地中北方宽度小于2 m,南方宽度小于1 m的田坎不用单独调查表示。而为了得到净耕地面积,就要测量计算田坎系数,扣除田坎所占的面积。

田坎系数($K_{坎}$)指田坎面积($S_{坎}$)占扣除其他线状地物后耕地图斑面积(即毛耕地面积$S_{毛}$)的比例,计算公式如下:

$$K_{坎} = \frac{田坎面积(S_{坎})}{毛耕地面积(S_{毛})}$$

田坎系数按乡镇测算,田坎面积按各村统计。测算出本乡镇的田坎系数之后,本乡镇各村的净耕地面积按以下公式计算:

$$净耕地面积 = 毛耕地面积 \times (1 - K_{坎})$$

为了准确求取田坎系数和田坎面积,通常采用全面取样、实地测量的方法。田坎系数由各县统一组织测算,测算方案及结果上报。测算时按不同坡度级和坡地、梯田类型分组。样方选择要求如下:应均匀分布,每组数量不少于30个,单个样方不小于10亩。田坎系数的大小随着耕地所处位置(丘陵、山区)、类型(梯田、坡耕地)和利用方式(水田、旱地)的不同而不同,一般的规律是:耕地所在的地面坡度越大,田坎系数越大;旱地的田坎系数比水田的田坎系数大;坡地的田坎系数比梯田的田坎系数大;山区的田坎系数比丘陵的田坎系数大。耕地坡度小于或等于2°时,不测算田坎系数。

第3节 三调中的土地利用现状调查

2017年10月16日,国务院发布《国务院关于开展第三次全国土地调查的通知》(国发〔2017〕48号),宣布开展第三次全国土地调查。2017年11月1日,中华人民共和国国家质量监督检验检疫总局和中国国家标准化管理委员会联合发布《土地利用现状分类》(GB/T 21010—2017)。2018年1月11日,《第三次全国土地调查总体方案》发布。

归纳《第三次全国土地调查总体方案》,摘录部分相关信息资料如下。

一、目的和意义

我国人均耕地不到世界平均水平的1/2,中低产田约占72%,粮食生产保障能力不够稳定。随着人口持续增长,我国人均耕地还将下降,耕地资源紧约束态势仍将进一步加剧。开展第三次土地调查,全面掌握全国耕地的数量、质量、分布和构成,是实施耕地质量提升、土地整治,建设高标准农田,合理安排生态退耕和轮作休耕,严守18亿亩耕地红线的根本前提;是确保永久基本农田"划足、划优、划实",实现"落地块、明责任、建表册、入图库"的重要基础;是全面实施"藏粮于地"战略,加强耕地建设性保护、激励性保护和管控性保护,建立健全耕地保护长效机制的根本保障。

二、主要任务

(一)土地利用现状调查

土地利用现状调查包括农村土地利用现状调查和城市、建制镇、村庄(以下简称城镇村庄)内部土地利用现状调查。

(1)农村土地利用现状调查。以县(市、区)为基本单位,以国家统一提供的调查底图为基础,实地调查每块图斑的地类、位置、范围、面积等利用状况,查清全国耕地、园地、林地、草地等农用地的数量、分布及质量状况,查清城市、建制镇、村庄、独立工矿、水域及水利设施用地等各类土地的分布和利用状况。

(2)城镇村庄内部土地利用现状调查。充分利用地籍调查和不动产登记成果,对城市、建制镇、村庄内的土地利用现状开展细化调查,查清城镇村庄内部商服、工业、仓储、住宅、公共管理与公共服务和特殊用地等地类的土地利用状况。

(二)土地权属调查

结合全国农村集体资产清产核资工作,将城镇国有建设用地范围外已完成的集体土地所有权确权登记和国有土地使用权登记成果落实在土地调查成果中,对发生变化的开展补充调查。

（三）专项用地调查与评价

（1）耕地细化调查。重点对河道或湖区范围内的耕地、林区范围内的耕地、牧区范围内的耕地、沙荒耕地等开展细化调查，分类标注，摸清各类耕地资源家底状况，夯实耕地数量、质量、生态"三位一体"保护的基础。

（2）批准未建设的建设用地调查。将新增建设用地审批界线落实在土地调查成果上，查清批准用地范围内未建设土地的实际利用状况，为持续开展批后监管，促进土地节约集约利用提供基础。

（3）耕地质量等级调查评价和耕地分等定级调查评价。在耕地质量调查和评价的基础上，将最新的耕地质量等级调查评价和耕地分等定级评价成果落实到土地利用现状图上，对评价成果进行更新完善。

（四）各级土地利用数据库建设

（1）建立四级土地调查及专项数据库。

（2）建立各级土地调查数据及专项调查数据分析与共享服务平台。

（五）成果汇总。

（1）数据汇总。在土地调查数据库和专项数据库基础上，逐级汇总各级行政区划内的城镇和农村各类土地利用数据及专题数据。

（2）成果分析。根据第三次土地调查数据，并结合第二次全国土地调查及年度土地变更调查等相关数据，开展土地利用状况分析。根据土地调查及分析结果，各级国土资源管理部门编制第三次土地调查分析报告。

（3）数据成果制作与图件编制。基于第三次土地调查数据，制作系列数据成果，编制国家、省、地、县各级系列土地利用图件、图集和各种专题图、图集等，面向政府机关、科研机构和社会公众提供不同层级的数据服务，满足各行各业对第三次土地调查成果的需求，最大限度地发挥重大国情国力调查的综合效益。

三、技术路线与方法

1. 技术路线

采用高分辨率的航天航空遥感影像，充分利用现有土地调查、地籍调查、集体土地所有权登记、宅基地和集体建设用地使用权确权登记、地理国情普查、农村土地承包经营权确权登记颁证等工作的基础资料及调查成果，采取国家整体控制和地方细化调查相结合的方法，利用影像内业比对提取和3S一体化外业调查等技术，准确查清全国城乡每一块土地的利用类型、面积、权属和分布情况，采用"互联网＋"技术核实调查数据的真实性，充分运用大数据、云计算和互联网等新技术，建立土地调查数据库。经县、地、省、国家四级逐级完成质量检查合格后，统一建立国家级土地调查数据库及各类专项数据库。

2. 技术方法

（1）基于高分辨率遥感数据制作遥感正射影像图。农村土地调查全面采用优于1米分辨率的航天遥感数据；城镇土地利用现状调查采用现有优于0.2米的航空遥感数据。

（2）基于内业对比分析制作土地调查底图。

（3）基于3S一体化技术开展农村土地利用现状外业调查。地方根据国家下发的调查底图，结合日常国土资源管理相关资料，制作外业调查数据，采用3S一体化技术，逐图斑开展实地调查，细化调查图斑的地类、范围、权属等信息。对地方实地调查地类与国家内业预判地类不一致的图斑，地方需实地拍摄带定位坐标的举证照片。

（4）基于地籍调查成果开展城镇村庄内部土地利用现状调查。对已完成地籍调查的区域，利用现有地籍调查成果，获取城镇村庄内部每块土地的土地利用现状信息。对未完成地籍调查的区域，利用现有的航空正射影像图，实地开展城镇村庄内部土地利用现状调查。

（5）基于内外业一体化数据采集技术建设土地调查数据库。

（6）基于"互联网＋"技术开展内外业核查。

(7) 基于增量更新技术开展标准时点数据更新。将各级土地利用现状调查成果统一更新到 2019 年 12 月 31 日标准时点。

(8) 基于"独立、公正、客观"的原则,由国家统计局负责完成全国土地调查成果事后质量抽查工作。抽查耕地等地物类型的图斑地类属性、边界及范围的正确性,客观评价调查数据质量。

(9) 基于大数据技术开展土地调查成果多元服务与专项分析。形成第三次土地调查数据成果综合应用分析技术机制。

四、主要成果

第三次土地调查成果主要包括数据成果、图件成果、文字成果和数据库成果等。

(一) 数据成果

(1) 各级土地分类面积数据;
(2) 各级土地权属信息数据;
(3) 城镇村庄土地利用分类面积数据;
(4) 耕地坡度分级面积数据;
(5) 耕地细化调查、批准未建设的建设用地、耕地质量等级和耕地分等定级等专项调查数据。

(二) 图件成果

(1) 土地利用现状图件;
(2) 土地权属界线图件;
(3) 城镇村庄土地利用现状图件;
(4) 第三次土地调查图集;
(5) 耕地细化调查、批准未建设的建设用地、耕地质量等级和耕地分等定级等专项调查的专题图、图集。

(三) 文字成果

(1) 第三次土地调查工作报告;
(2) 第三次土地调查技术报告;
(3) 第三次土地调查成果分析报告;
(4) 各市县城镇村庄土地利用状况分析报告;
(5) 耕地细化调查、批准未建设的建设用地、耕地质量等级和耕地分等定级等专项调查成果报告。

(四) 数据库成果

形成集土地调查数据成果、图件成果和文字成果等内容为一体的各级土地调查数据库。主要包括:

(1) 各级土地利用数据库;
(2) 各级土地权属数据库;
(3) 各级多源、多分辨率遥感影像数据库;
(4) 各项专项数据库。

五、组织实施

(一) 进度安排

2017 年下半年,部署开展第三次土地调查的有关准备工作,完成总体方案编制、技术规范制定、经费预算编报、试点验收总结、全国工作部署、技术政策培训和动员宣传等工作,同步启动遥感数据采集。

2018 年,全面启动第三次土地调查,完成遥感数据采集、处理和全地类内业初步预判工作,完成土地调查统一底图制作并陆续下发各地开展调查。

2019 年,完成地方调查任务和国家级核查,各地对调查成果进行整理,并以 2019 年 12 月 31 日为调查标准时点,统一进行调查数据更新。2018 年度土地变更调查工作,充分利用第三次土地调查采集的遥感数据和工作底图,做好两项工作的统筹和衔接。国家统计局组织实施全国土地调查成果事后质量抽查工作。

2020年,完成统一时点数据汇总,形成第三次土地调查数据成果,经国务院审查同意后发布。开展第三次土地调查数据分析、成果集成、工作总结以及地方调查成果验收等工作。2019年度土地变更调查工作,全面利用第三次土地调查统一时点更新采集的遥感数据和工作底图,做好工作统筹和数据对接。

自2020年起,逐年开展新一轮年度土地变更调查工作;年度土地变更调查,以上年度12月31日统一试点的第三次土地调查数据为基础,查清年度内重点区域和重点地类的土地利用变化情况,维持好第三次土地调查数据的现势性。

(二) 实施计划

第三次全国土地调查工作按照"全国统一领导、部门分工协作、地方分级负责、各方共同参与"的形式组织实施,按照"国家整体控制、统一制作底图、内业判读地类,地方实地调查、地类在线举证,国家核查验收、统一分发成果"的流程推进。

国家负责第三次土地调查总体方案、技术规程、技术标准等的制定,负责全国的技术指导、省级调查技术培训和省级调查成果质量抽查,组织建设国家级土地基础数据库等。同时,国家统一负责遥感影像购置及正射影像图制作,为农村土地利用现状调查提供基础图件,并对土地调查成果进行全面内业检查和"互联网+"在线举证结果检查,对重点地区和重点地类开展外业实地核查,确保调查成果的统一性、真实性和准确性。

各省(区、市)负责本地区土地调查工作的组织实施。各省(区、市)按照国家统一要求,根据本地区的土地利用特点,编制地方土地调查实施方案,报国务院第三次全国土地调查领导小组办公室后施行。各省(区、市)在土地调查实施方案的基础上制订土地调查的实施细则,利用国家统一下发的基础底图,负责组织各地实地开展土地调查和数据库建设工作,主要包括农村土地利用现状调查和城镇村庄内部土地利用现状调查等。同时,各省(区、市)负责对各县(市)土地调查工作的质量检查和成果验收。此外,地方各县(市)收集并利用现有的航空摄影数据开展城镇村庄内部土地利用现状调查。

第三次全国土地调查可面向社会选择符合《土地调查条例》规定条件的专业调查队伍承担具体土地调查任务。各地要加强对承担调查任务的调查队伍的全程监管,以合同方式规范其调查行为;同时可积极发挥相关学会、协会等机构的智力支撑、中介服务和行业自律作用。

(三) 宣传培训

通过报纸、电视、广播、网络等媒体和自媒体等渠道,大力宣传土地调查对促进国民经济发展和社会进步,以及促进生态文明建设、资源节约利用、耕地和环境保护、社会和谐发展的重要意义。

各级应加强对调查人员的培训。其中:国家负责对省级土地调查技术人员的业务培训;省级负责对地、县级土地调查人员以及专业队伍的业务培训。培训需制定培训方案和培训计划,编制培训教材,统一培训调查技术、调查规程和调查政策等。经培训且考试合格取得全国统一土地调查员工作证的人员方可承担调查任务。

(四) 保障措施

1. 组织保障

第三次全国土地调查工作领导小组办公室负责调查工作的具体业务和日常管理事务。同时,抽调部分地籍管理和土地调查领域的专家,组成技术专家组,对调查中遇到的重大技术问题进行研究解决。另外,邀请部分土地管理领域的老专家、老领导,组成专家咨询委员会,通过巡查、咨询、考察及时掌握各地工作动态和调查进度,及时发现和研究重大政策问题。

各地成立相应的土地调查工作领导小组及办公室,加强对调查工作的组织领导。领导小组组长由各级政府领导担任,办公室设在国土资源部门,办公室成员由管理人员和技术人员组成并邀请相关职能部门派员实质参与进来,共同负责本地区土地调查工作。下设耕地质量调查评价和耕地分等定级联合工作组(由农业部门、国土资源部门管理人员和技术人员组成)。

2. 政策保障

(1) 编制第三次全国土地调查系列规程规范和技术标准,包括编制调查技术规程、完善土地调查数据库标准、制定调查成果检查验收办法等。

(2) 土地调查数据是核定各地实际耕地保有量、新增建设用地数量和建设用地审批、土地利用总体规划修编、耕地质量提升、土地整治等各项土地管理工作的重要依据。第三次土地调查工作完成之后,农用地转用、土地征收、不动产登记、土地规划、土地整治、土地出让等土地管理工作,均应以第三次土地调查成果为依据。

(3) 充实调查工作人员和技术队伍,保证调查经费,并加强经费监督审计。各地及时将调查数据报国家汇总,保证国家调查数据全面、准确、客观、现势。

3. 技术保障

国家制定调查技术标准、操作规范等,加强技术指导,明确各流程环节的技术要求以及操作程序和检查办法,分阶段分级进行调查质量检查。

4. 机制保障

(1) 引入竞争机制。依据《中华人民共和国政府采购法》和政府购买服务的相关要求,按照"公平、公正、公开"的竞争原则,择优选择技术强、信誉好、质量高的调查单位和项目监理单位,以合同方式约定双方职责、项目任务、成果质量,以及项目进展要求、经费支付方式等。同时,推行项目监理管理,土地调查项目实施全流程监管,落实质量责任终身追究制度,明确当事人和责任人,在后期应用阶段或国土资源管理其他业务工作中发现问题,继续追究相关单位及当事人责任。

(2) 建立检查验收制度。各地要采取切实的保证措施,严格检查验收制度,确保土地调查的数据、图件与实地三者一致。第三次全国土地调查,采用分阶段成果检查制度,每一阶段成果需经检查合格后方转入下一阶段,避免将错误带入下阶段工作,保证成果质量。

5. 经费保障

三次土地调查经费按照《土地调查条例》和《国务院关于开展第三次全国土地调查的通知》的要求,由中央和地方各级人民政府共同负担,按分级保障原则,由同级财政予以保障。根据土地调查任务和计划安排,列入相应年度的财政预算,按时拨付,确保足额到位,保障第三次全国土地调查工作的顺利进行。

6. 共享应用

第三次土地调查进程中形成的调查成果,可随时与各部门共享并用于宏观调控和各项管理。第三次全国土地调查基本数据,经国务院批准后,向社会公布。土地调查相关成果由各部门共享,充分发挥土地调查成果在服务经济发展和社会管理、支撑宏观调控和科学决策中的基础作用。同时,通过成果集成,满足科学研究、社会公众等对土地调查成果资料的需求,实现调查成果广泛应用。

1. 详细介绍第三次全国国土调查中的土地分类情况,并与第二次全国土地调查分类标准和2002年的三大类土地分类标准进行比较,列表指出其中的相同处与不同处。

2. (多选)下列说法中错误的有_____

下列土地确认为耕地:①种植农作物的土地;②新增耕地;③不同耕作制度,种植和收获农作物为主的土地;④被长期占用的耕地;⑤受灾且耕作层被破坏的耕地;⑥撂荒耕作制度地区,已撂荒的耕地;⑦路、渠、堤、堰等种植农作物的边坡、斜坡地;⑧在耕地上,建造保护设施,工厂化种植农作物等的土地;⑨农民庭院中种植的蔬菜地;⑩由于工程需要、改善生存环境等因素,移民造成荒芜的耕地。

3. 何谓土地利用现状调查?海水水域进行土地利用现状调查吗?为什么?

4. 我国的行政境界线包括哪些？请绘图描述。
5. 国道、省道、县道和乡道的含义是什么？请举例说明。
6. 名词解释：疏林地、未成林地、迹地、苗圃、休闲地、轮歇地、轮作地。
7. 田坎系数如何测算？样方应如何选择？
8. 地类调绘的方法有哪些？调绘中应注意哪些问题？
9. 线状地物与境界线重合该如何处理？
10. 耕地坡度等级如何划分？
11. 单项选择题。

(1) 非建设用地的土地利用现状调查，基本地块单元是（　　）。
  A. 地类图斑　　　　B. 宗地　　　　C. 行政村　　　　D. 户
(2) 城、镇、村庄内部建设用地的土地利用现状调查，基本地块单元是（　　）。
  A. 地类图斑　　　　B. 宗地　　　　C. 行政村　　　　D. 户
(3) 土地利用现状调查的基本行政单位是（　　）。
  A. 乡、镇　　　　B. 县或县级区　　　　C. 村　　　　D. 市
(4) 第二次全国土地调查、第三次全国国土调查中，地类图斑的编号分别是（　　）阿拉伯数字。
  A. 2位、3位　　　　B. 3位、2位　　　　C. 4位、3位　　　　D. 3位、4位
(5) 全国第二次土地调查统计的我国按坡度等级划分的耕地为（　　）。
  A. 2°以下耕地 7 735.6 万公顷(11.6 亿亩)，占 57.1%
  B. 2°～6°耕地 2 161.2 万公顷(3.5 亿亩)，占 15.9%
  C. 6°～15°耕地 2 026.5 万公顷(3.6 亿亩)，占 15.0%
  D. 15°～25°耕地 1 065.6 万公顷(1.8 亿亩)，占 7.9%
  E. 25°以上的耕地 649.6 万公顷(0.8 亿亩)，占 4.1%

实训 2 "土地利用现状调查"实训（2 学时）

20　　年　　月　　日　　午　天气　　　　　　专业班级　　　　　　第　　小组		
姓名：　　　　　学号：　　　　　其他成员：		
实训要求及注意事项		1. 熟悉课文内容,学习掌握国家《不动产权籍调查技术方案(试行)》工作程序。 2. 在完成实训1的基础上,以学校权属界线为范围,开展城镇村庄内部土地利用现状调查。对校内的土地利用现状开展细化调查,查清学校内部的线状地物(道路、沟渠等),以及可能出现的01耕地、02园地、0301乔木林地、0305灌木林地、0307其他林地、0404其他草地、0503餐饮用地、0701城镇住宅用地、0803教育用地、0808体育用地、0810公园与绿地、1004城镇村道路用地、1201空闲地、1206裸土地等地类的土地利用状况。 3. 土地分类野外调查在最新影像图上进行(无人机拍摄影像、Google影像等,可以与实训1共用影像图),影像图用A3纸以彩色打印,每两人一张。界址点编号及地类图斑顺序号编写办法遵循《第三次全国土地调查调查技术规程》(TD/T 1055—2019)、《地籍调查规程》(TD/T 1001—2012)、《土地利用现状分类》(GB/T 21010—2017)。 4. 野外调查中注意人身安全及工具设备和数据资料安全。 5. 所需工具有皮尺、小钢尺、油漆笔、三角尺、文件夹板、影像图书写笔等。
调查草图绘制（位置不够可另附页）		
心得体会建议		
实训成绩		

第4章

土地质量调查

> **内容简介**
>
> 本章介绍土地质量与性状的定义、土地性状调查的基本知识;结合国家土地分等定级的技术规程,分别介绍城镇土地和农用地分等定级的过程与方法。

土地质量调查亦称土地等级调查，主要包括土地性状调查、土地条件调查。农用地的等级调查指给农用地进行分等定级。城镇土地分等定级是对城镇土地利用适宜性的评定，是对城镇土地资产价值进行科学评估的工作。

第1节 概述

一、土地的质量与性状

土地作为资源被人们利用，不同质量水平的土地被人们利用的程度是不一样的。认识土地的质量，客观上是人们利用土地资源的基础。

土地质量是土地相对于特定用途所表现出的效果优良程度。土地质量总是与土地用途相关联的，而土地用途又受土地本身的性状和环境条件的影响。

土地性状是指土地在自然、社会和经济等方面的性质与状态，是判断土地质量水平的依据。土地的性状指标包括土地的自然属性和土地的社会经济属性。土地的自然属性包括土壤、地形地貌、水文、植被、气候等；土地的社会经济属性包括土地利用的现状、地理位置、交通条件、单位面积产量、城市设施、环境优劣度等。

对土地的评价，如对土地开发和利用的评价、对土地生产潜力的评价、对土地等级的评价，都必须以土地性状为基础。

二、土地等级评价

土地等级是反映土地质量与价值的重要标志。土地等级评价工作是指在特定的目的下，对土地的自然属性和社会经济属性进行综合鉴定并使鉴定结果等级化的工作。土地用途不同，衡量土地等级的指标也不同。土地分等定级是地籍管理工作的一个重要组成部分，是以土地质量状况为具体工作对象的，并且必须以土地利用现状调查和土地性状调查为基础。

按城乡土地特点的不同，土地分等定级可以分为城镇土地分等定级和农用地分等定级两种类型。城镇土地分等定级是对城镇土地利用适宜性的评定，是对城镇土地资产价值进行科学评估的工作，揭示了不同区位条件下的土地价值规律。农用地分等定级是对农用地质量进行鉴定，是对农用地生产力大小的评定，是通过对农业生产条件的综合分析，对农用地生产潜力差异程度的评估工作。农用地分等定级成果直接为指导农用地利用和农业生产服务。

第2节 土地性状调查

土地性状调查是指对土地性状指标的调查，包括对土地自然属性的调查和对土地社会经济属性的调查。

一、对土地自然属性的调查

1. 农业气候调查

农业气候调查的主要内容为光照强度、热量、降水量等要素。

光照强度只在个别地区才会有过大或过小的情况。光照的显著差异,通常是小气候的特征之一,在考察小气候条件时有必要调查各方面的资料。

热量对农作物发育有着十分重要的影响。对于热量的调查,常用指标有农业界限温度的通过日期和持续日数、活动积温(大多作物均以大于10 ℃的活动积温为指标)、霜冻特征等。

对于降水量,需调查各年度、各季节、各月份的降水量。

2. 地形特征、坡度、坡向、海拔高程、高差调查

(1) 地形特征。地形即地面的形状。地形特征指地形的起伏大小。地形总体可划分为山地(见图4-1(彩图2))、丘陵、平原。有时为了更为细致地考察土地性状,从地形特征的角度还可将地形再细分,如分为平地、山脊、山谷等。

(2) 坡度。坡度是指地面两点间高差与水平距离的比值。坡度对土地的性状影响很大,且与土壤的厚度、质地、水分及肥力都直接相关,制约着土壤中水分、养分、盐分的运动规律,是衡量各类农业生产用地适宜性的重要指标。

(3) 坡向。坡向即坡地的朝向,是坡地接受太阳辐射的基本条件,对地面气温、土温、土壤水分状况都有直接的影响,对某些农业生产(果树病害、作物适宜性)尤为重要,对居民住房建设也有很大的影响。坡向可从地形图上判读或在实地测量。

(4) 海拔高程。海拔高程又称绝对高程、绝对高度、海拔高度。地面的海拔高度通常是农业生产,尤其是一些农作物适宜种植的临界指标,对农、林、牧分布也极为重要。我国的海拔高度起始面为黄海平均海水面,水准原点在青岛的观象山(见图4-2(彩图3))。我国以前使用1956年黄海高程系,现在使用1985国家高程基准。根据地形图上的高程点注记及等高线,可直接从地形图上查得任意位置土地的海拔高程。

图4-1 高山地区

图4-2 中国水准原点

(5) 高差。高差表示地面上两点间在高程上的差值。高差可以从地形图上推算而知。高差可以用来区分地形特征,为考虑灌排条件和农业技术的运用提供依据。

3. 土壤性状调查

土壤性状是土地质量的重要组成部分。特别是对于农业土地利用来讲,土地的生产能力取决于土壤肥力,以及土壤供给和调节作物所需水分、养料、空气和热量的能力。因此,土壤性状调查的目的主要就是反映土地的肥力水平。调查的项目主要有土壤质地、土层厚度及构造、土壤养分、土壤酸碱度和土壤侵

蚀等。

4. 水资源调查

水资源调查即水分条件调查。水分条件对作物的生长尤其是作物的生产率影响很大。过多或过少的水分都会抑制作物的生命活动。水资源调查包括地表水、地下水、水质三项内容。地表水主要指河流水、湖泊水、水库水、坑塘水等；地下水有包气带水、潜水、层间水（承压水）；水质主要指水体的盐碱度、适合水生作物生长的程度等。

进行水资源调查时，要仔细调查当地的年降水量、干燥指数等，尤其是农作物生长需水季节的降水量。有条件时最好统计降水量高于或低于某作物需水值的累计总频率，即降水保证率。对于空气中的水分，可通过测定空气相对湿度、测算湿润指数（或干燥指数）来调查。

5. 植被调查

植被分为人工植被与自然植被。人工植被有农作物、园地、草场、人造林、城市绿地等，自然植被包括原生植被、次生植被等。植被调查主要查清植被群落、覆盖度、草层高度、产草量、草被质量以及利用程度等。

植被群落通常以优势植被命名，盖度则以植被的垂直投影面积与占地面积的百分比来表示。它们共同反映了当地对植物生长的适宜程度及适宜种类，是土地质量多种因素的综合反映指标。

草地调查在荒地及草原等地区尤为重要。草层高度是指草种的生长高度，是草层生长能力的重要指标。按植株的生长高度、健壮程度等，可将草被的生长力按强、中、弱加以区别。对于草被质量，主要是调查可被食用的草的数量和营养价值，以及其中有毒、有害植物的种类和分布。

二、对土地社会经济属性的调查

土地利用不仅受到自然规律的制约，而且在很大程度上受到社会经济因素的制约。社会经济因素也是衡量各类农业生产用地适宜性的重要指标。各地在农业利用上划分坡度级的标准很不一致，特别是南北方之间，目前除考虑到适应规划耕地利用的需要外，划分土地坡度级时还考虑对水土流失的防治，尤其是土地垦植的临界坡度。

1. 地理位置与交通条件调查

地理位置与交通条件是决定土地利用方向、集约利用程度和土地生产力的重要因素。一般通过实地调查和地图分析，查清土地与城镇的相对位置，土地与行政、经济中心的相关位置，土地与河流、主要交通道路的相对关系。对于城市用地，位置优势往往是衡量土地质量的主要因素。对于农业利用来说，虽然位置的作用与城市有所不同，但它依然十分重要。交通条件调查除对道路分布、等级、宽度、路面质量及车站和码头等进行必要的调查外，还需要进行对当地物流关系的调查，因为调查当地的物流关系对开发产品、疏通流通环节、充分发挥土地资源优势都十分重要。

2. 人口和劳动力调查

人口和劳动力是提高土地利用集约化水平的重要因素。应当查清人口、劳动力的数量和构成情况，尤其应当调查统计人均土地、劳均耕地等直接关系到土地利用集约程度的指标。此外，人口增长率、人口流动趋势可以作为调查的附属指标。

3. 农业生产及环境条件调查

农、林、牧、湖、渔的生产结构与布局反映了当地土地利用的方向，应当加以查明。对于作物品种、布局、轮作制度、复种指数，农产品成本、用工量、投肥量，单产、总产、产值、纯收入，林木积蓄、载畜量、出栏率、牲畜品种、鱼种类等，可根据研究土地资料的目的，有选择性地进行调查。农业生产条件，如水利（灌溉、排水）条件，包括水源、渠系、水利工程、机电设备等，往往是对土地的质量水平有关键作用的因素，应加以调查。此外，与农业机构有关的机械设备、机械作业经济效益等指标在机械化作业地区也很重要。

4. 土地利用水平调查

除上述各项以外，与土地利用水平有关的指标主要还有土地开发与土地组织利用的水平程度。在土地开发利用方面，可以对反映当地土地质量水平的指标，如土地垦殖率、土地农业利用率、森林覆盖率、田土比、稳产高产农田比重、水面养殖利用率等做调查；在土地组织利用方面，主要对农、林、牧用地组织结构和地段形态特征进行调查。

5. 地段形态特征调查

在机械化作业的地区，地段形态特征是很重要的调查项目。它是指一定范围内土地的外形及内部利用上的破碎情况，是影响土地高效利用的因素。调查具体项目指标按需要选取，小到每一个地块的耕作长度和外部形状，大到一定范围内土地的破碎情况，甚至一个土地使用单位的相连成片的土地的规整程度。土地的规整程度可用规整系数、紧凑系数或伸长系数来衡量。

三、土地性状调查的方法

土地性状调查的方法很多，通常有应用遥感技术进行调查的方法、直接观察法、收集法、采访法（自填法、派员法）、通信法等。实际中应根据具体情况对各方法进行选择或有机结合地运用。

四、土地性状调查的工作程序

土地性状调查的工作程序可参见图4-3。

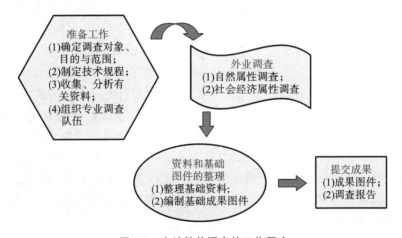

图4-3 土地性状调查的工作程序

第3节 土地的分等定级

为正确反映土地质量的差异，土地质量采用等和级两个层次的划分体系。土地等级是反映土地质量与价值的重要标志，是地籍管理的重要组成部分。

土地等级调查也称土地等级评价，又称土地分等定级，即划分出土地的等别与级别。土地分等定级分为城镇土地分等定级和农用地分等定级两种类型。城镇土地分等定级是对城镇土地利用适宜性的评定。农用地分等定级是对农用地质量,或是对农用地生产力大小的评定。农用地分等定级成果直接为指导农用地利用和农业生产服务。

一、城镇土地分等定级

城镇土地等反映全国或省、地级行政区域内城镇之间土地利用效益的地域差异,土地等别的顺序在全国或省、地级行政区域内统一排列。城镇土地级反映城镇内部土地区位条件和利用效益的差异,土地级别的顺序在各城镇内部统一排列。

城镇土地定级的对象是城镇总体规划确定的规划建设用地范围内的所有土地及城镇附近的独立工矿区用地。

1. 城镇土地等级体系

城镇土地**等别**涉及不同的城市或城市的分区分片,用于反映不同城镇区位之间的土地等级差异。它是将各城镇看作一个点,研究整个城镇在各种社会经济、自然、区位条件影响下,从整体上表现出的土地质量差异。城镇土地等别在全国范围内具有可比性。

城镇土地**级别**反映城镇内部土地质量差异。一般通过分析投资与土地上的资本量、自然条件及经济活动程度获得收益的差异,并据此划分出土地的级别高低。土地级别的顺序是在各城镇内部统一排列的。对于土地级别的数目,根据城镇的性质、规模及地域组合的复杂程度,一般规定为:大城市,5~10级;中等城市,4~7级;小城市、城镇,3~5级。

2. 城镇土地分等定级的方法

城镇土地分等定级方法目前主要有三种,即多因素综合评定法、级差收益测算评定法和地价分区定级法。

(1) 多因素综合评定法。多因素综合评定法是通过对影响城镇土地质量的自然、经济、社会等多种因素的综合分析,揭示土地的使用价值或质量及其在空间分布的差异性,并以此划分土地级别的方法。该法的指导思想是从影响土地的使用价值或质量的原因着手,采用由原因到结果,由投入到产出的思维方法,即通过系统、综合地分析各类因素和因子对土地的作用强度,推论土地的优劣差异在空间上的分布。《城镇土地分等定级规程》中规定的定级因素有:①繁华程度(商服繁华影响度);②交通条件(道路通达度、公交便捷度、对外交通便利度);③基础设施(基础设施完善度、公用设施完备度);④环境条件(环境质量优劣度、绿地覆盖度、自然条件优越度、景观条件优劣度);⑤人口状况(人口密度)。

假定土地定级中选取 m 个因素(如全选,则 $m=5$),每个因素包括 n 个因子,土地评价单元内某因素的评价值等于各因子分值的累加之和,即

$$p_i = \sum_{j=1}^{n} f_{ij} w_{ij} \tag{4-1}$$

式中:p_i——i 因素的作用分值;

f_{ij}——i 因素第 j 个因子的作用分值;

w_{ij}——i 因素第 j 个因子的作用指数(权重)。

设 P 为土地某个评价单元的总评分值,w_i 为第 i 个因素的权重值,则该土地评价单元的总分值由各因素分值累加求得,即

$$P = \sum_{i=1}^{m} p_i w_i \tag{4-2}$$

(2) 级差收益测算评定法。该方法是通过级差收益确定土地级别的方法。它的指导思想是从土地的产出(企业利润)入手,认为土地级别由土地的级差收益体现,级差收益又是企业利润的一部分,所以由土地的区位差异所产生的土地级差收益完全可以通过企业利润反映出来。级差收益测算评定法主要对

发挥土地最大使用效益的商业企业利润进行分析,从中提出非土地因素(如资金、劳力等)带来的影响,建立适合的经济模型,测算土地的级差收益,从而划分土地级别。

(3) 地价分区定级法。它的指导思想是直接从土地收益的还原量(地价)出发,根据地价水平高低在地域空间上划分地价区块,制定地价区间,从而划分土地级别。

上述三种方法各有优缺点,在实际土地定级工作中,可根据实际情况将各种方法结合起来综合运用。

3. 城镇土地分等定级的工作程序

分等与定级工作程序相似,这里以定级工作程序进行说明。

(1) 定级因素选择。要选择覆盖面广、指标值有较大变化且指标值的变化对土地级别有较显著影响的因素。

(2) 定级因素权重的确定。权重值与对土地质量影响的大小成正比,权重值在0和1之间。因素权重的确定方法有特尔斐测定法(一种用书面形式广泛征询专家意见的方法)、因素成对比较法(通过因素间成对比较来确定权重)和层次分析法(多层次、多指标排序定权)。

(3) 定级单元的划分。定级单元是评定土地级别的基本空间单位和定级因素分值计算的基础,是土地内部特性和区位条件相对均一的地块。定级单元划分的方法有主导因素判定法和格网法。

(4) 定级因素分值的计算。定级因素分值分两种情况按其数学模型进行计算。一种是定级因素对土地质量的影响仅与因素指标值有关;另一种是定级因素对土地质量的影响既与因素涉及的结点、现状分布的设施规模有关,又与土地和设施的相对距离有关。

(5) 初步划分土地级别。用因素分值加权求和计算单元总分值,然后可采用总分数轴法、总分频率曲线法或总分剖面图法初步划分土地级别。

(6) 级差收益测算。通过级差收益测算,检验土地级别初步划分是否合理。如果不合理,则需要重新调整初步划分的级别,直至合理。

(7) 级别边界落实、成果整理、验收。土地级别的边界要落实到图上。土地级别边界落实后,要编制土地级别图,进行面积量算、成果检查、验收归档。

二、农用地等级划分

自2003年起,我国开始在全国范围内进行农用地分等定级工作,先后制定有土地行业标准《农用地分等规程》(TD/T 1004—2003)、《农用地定级规程》(TD/T 1005—2003),以及国家标准《农用地质量分等规程》(GB/T 28407—2012)、《农用地定级规程》(GB/T 28405—2012)。根据这些规程要求,农用地分等定级的工作对象为农用地(包括耕地、林地、草地、农田水利用地、养殖水面)和宜农未利用地,不包括自然保护区和土地利用总规划中的永久性林地、永久性牧草地和永久性水域。

1. 农用地等级体系

我国对农用地质量也是采用等和级两个层次进行划分。农用地等别的划分是依据构成土地质量稳定的自然条件和经济条件,在全国范围内进行的农用地质量综合评定。农用地分等成果在全国范围内具有可比性。

农用地等别反映农用地潜在的(或理论的)区域自然质量、平均利用水平和平均效益水平的不同所引起的农用地生产力水平差异。农用地级别反映因农用地可能实现的区域自然质量、利用水平和效益水平不同所引起的农用地生产力水平差异。

2. 农用地分等定级的方法

农用地分等的方法主要有因素法和样地法,定级的方法主要有因素法、样地法和修正法。

因素法是通过设置构成土地质量的自然因素和社会经济因素,并对其进行综合分析,确定因素因子体系及影响权重,计算单元因素分值和最后总分值,以此为依据评定农用地等级的方法。

样地法是以选定的标准样地为参考,建立特征属性计分规则,通过比较计算各单元地块的特征属性分值,从而评定出各地块的土地等级。

修正法是在农用地分等指数的基础上,根据定级目的,选择区位条件、耕地便利度等因素修正系数,对分等定级成果进行修正,评定出农用地级别的方法。

目前,在农用地分等中采用较多的是因素法。因为农用地定级工作往往是在农用地分等的基础上进行的,所以可以在农用地定级中采用修正法。

3. 农用地分等的工作程序

下面以因素法为例简要介绍农用地分等的工作程序。

(1) 确定标准耕作制度、基准作物和指定作物。目前,我国现阶段标准耕作制度主要是指种植制度。种植制度是一个地区或生产单位作物组成、配置、熟制与种植方式的总称。基准作物是指全国比较普遍的粮食作物,如小麦、玉米、水稻。按照不同区域生长季节的不同,小麦、玉米、水稻又进一步区分为春小麦、冬小麦、春玉米、夏玉米、一季稻、早稻和晚稻等7种粮食作物。基准作物是理论标准粮食的折算基准。指定作物是《农用地分等规程》所给定的,行政区所属耕作区标准制度中涉及的作物。

(2) 划分分等单元。分等单元的划分可采用叠置法、地块法、网格法、多边形法。一般采用地块法,以土地利用现状图的图斑为分等单元,分等单元不打破村界限。

(3) 分等指标因素及权重的确定。各县可以在《农用地分等规程》附录中查到本县所在分区,查到本县农用地分等评价指标体系所包括的必选评价指标,以及这些评价指标的分级、所对应的指标分值和指标权重。如果各地实际情况与附录中给出的评价指标、指标分级、指标分值及指标权重有较大的出入,可参考附录中区域性土壤指标分级、指标分值、指标权重中给出的全国性评价指标、指标分级、指标分值及指标权重,来确定本地区的评价指标、指标分级、指标分值及指标权重。

(4) 计算农用地自然质量分。按指定作物用几何平均算法或加权平均算法计算分等因素质量分,综合计算该分等单元的农用地自然质量分。

(5) 计算农用地分等自然质量等指数。从《农用地分等规程》附录中查找光温生产潜力指数,根据标准耕作制度,对各指定作物的光温生产潜力指数逐一进行自然质量修改,再获得分等单元的自然质量等指数。

(6) 初步划分农用地等。分指定作物,计算土地利用系数,编制等值区图。对农用地自然质量等进行利用水平修正,得利用指数。分指定作物,计算土地经济系数,编制等值区图。对农用地利用等进行水平修正,得分等指数,依据分等指数初步划分农用地等。

(7) 对初步划分的农用地等进行检验、校核和调整,确定农用地等别。在所有分等单元中随机抽取不超过总数5%的分等单元进行野外实测,将实测结果与分等结果进行比较。如果差异小于5%,则认为初步分等结果总体上合格,对于发现不合格的初步分等结果应进行调整;如果差异大于5%,则对初步分等成果进行全面调整。

(8) 进行成果资料整理及全面调整。

4. 农用地定级的工作程序

下面以修正法为例简要介绍农用地定级的工作程序。

(1) 确定修正因素。修正因素是指在县域范围内具有明显差异,对农用地级别有显著影响的因素,包括必选因素和参选因素。必选因素有土地区位因素和耕作便利因素。

(2) 外业补充调查。农用地定级的外业调查宜结合分等调查同时进行,共享一套外业调查资料。与分等外业调查的侧重点不同,农用地定级的外业调查更详细,需要根据定级参数的计算需要,补充相应定级评价因素的调查。

(3) 编制修正因素分值图。根据现有资料整理出定级修正因素分值,并标注在与定级单元图相同比例尺的底图上;再将外业补充调查资料获得的定级修正因素分值,标注在底图上;最后综合成定级修正因素分值图。

(4) 划分定级单元。定级单元以农用地评价单元图进行划分,定级单元的边界应满足定级目的的要求。定级单元划分可采用地块法和网格法。

(5) 计算单元修正因素质量分。呈点、线状分布的修正因素分值,由相应因素对单位中心点的作用分值,按相应衰减公式直接计算。面状因素分值为中心点所在指标区域的作用分值。

(6) 计算修正系数。主要计算土地区位修正系数、耕作便利修正系数、参选修正因素修正系数。各因素的修正系数等于本定级单元的因素分值除以区域内的平均因素分值。

(7) 计算定级指数。根据定级单元所对应的自然质量等指数和修正系数,采用乘积法逐步修正光温生产潜力指数,得到农用地定级指数。

(8) 初步划分农用地级别。根据单元定级指数,采用数轴法、总分频率曲线法进行农用地级别的初步划定。

(9) 级别校验、调整和确定。

(10) 进行成果资料的整理与检查验收。

1. 农用地分等定级的技术标准有哪些?请概略介绍各标准的内容。
2. 简述土地等级调查的含义和目的。
3. 土地等级调查的主要内容有哪些?
4. 土地的自然属性主要包括哪些?
5. 土地性状与土地质量有何区别?请举例说明。
6. 什么是坡度?坡度对土地的性状有何影响?
7. 简述城镇土地分等定级的方法及其适用条件。
8. 简述城镇土地定级的基本程序。
9. 简述多因素综合评定法在城镇土地分等定级中的实质与过程。
10. 简述农用地定级的基本程序。

第5章 地籍调查与管理

内容简介

本章主要介绍地籍、地籍调查、地籍管理的相关知识,包括地籍的概念、地籍的历史、地籍的分类、地籍的功能用途,以及初始地籍调查和变更地籍调查的工作内容等,并对地籍管理的概念与工作内容进行简单介绍。

国家 2015 年 3 月发布的《不动产权籍调查技术方案(试行)》在"调查程序"中对"新设界址与界址发生变化的不动产权属调查"做如下规定。

根据不动产现状确认的结果,针对新设界址与界址发生变化的情形,依不动产的类型,其权属调查方法为:

(1) 房屋的权属调查方法按照《房产测量规范 第 1 单元:房产测量规定》(GB/T 17986.1)执行,并填写新的不动产权籍调查表。

(2) 耕地的权属调查方法按照《农村土地承包经营权调查规程》(NY/T 2537)执行,并填写新的不动产权籍调查表。

(3) 海域的权属调查方法按照《海籍调查规范》(HY/T 124)执行,并填写新的不动产权籍调查表。

(4) 其他土地的权属调查方法按照《地籍调查规程》(TD/T 1001)执行,并填写新的不动产权籍调查表。

这里"其他土地"广泛指除房屋、耕地、海域之外的所有土地,如交通用地、水利用地、特殊用地、空闲地等。因此,可以说,《地籍调查规程》在不动产权属调查中仍发挥着很重要的作用。

第 1 节 地籍

地籍指土地的籍贯(户籍)。土地权属是地籍的核心。地籍是人们认识和利用土地的自然属性、社会属性和经济属性的产物,是组织社会生产的客观需要。地籍随着社会生产力和生产关系的发展而不断发展和完善。

一、地籍的概念

地即土地,为地球表面的陆地部分,包括海洋滩涂和内陆水域。籍有簿册、清册、登记之说。地籍是指国家为一定目的,记载土地的权属、界址、数量、质量(等级)和用途(地类)等基本状况(地籍五大要素)的图簿册。"地籍"一词在我国古代就已沿用,是中国历代王朝(政府)登记田亩地产作为征收赋税的根据。

"地籍"一词在国外最早的出处有两种观点:一种观点认为来自拉丁文"caput"和"capitastrum",即"课税对象"和"课税对象登记簿册";另一种观点认为源于希腊文"katastikhon",即"征税登记簿册"。在英、法、德、俄等文中,地籍为土地编目册、不动产登记簿册或按地亩征税课目而设的簿册。在美国,地籍是指关于一宗地的位置、四至、类型、所有权、估价和法律状况的公开记录。日本认为地籍是对每笔土地的位置、地号、地类、面积、所有者的调查与确认的结果加以记载的簿册。国际上有关地籍与土地登记的组织提出的地籍含义是:在中央政府控制下根据地籍测量而得的宗地登记图册。

地籍最初是为征税而建立的一种田赋清册或簿册,它的主要内容是应纳课税的土地面积、土壤质量及土地税额。随着社会的发展,地籍的概念内容有了很大的发展。现代地籍已不仅是课税对象的登记清册,还包括土地产权、土地分类面积和土地等级、地价等内容的登记簿册。可见,地籍的作用从最初的以课税为目的扩大到产权登记和土地合理利用的范畴。地籍除采用簿册登记之外,还采用编绘地籍图采用图册并用的手段。现代地籍又从图册向基于信息技术的地籍信息系统数字化方向发展。

二、地籍的历史

一般认为,古代土地测量技术的产生与发展在公元前 4000 多年便已经开始。公元前 3000 年左右,在古埃及皇家登记的税收记录中,有一部分是以土地测量为基础的,在一些发掘的古墓中也发现了土地测量者正在工作的图画。公元前21世纪尼罗河洪水泛滥时,古埃及人就曾以测绳为工具进行测量并恢复被冲毁的耕地界线,这个耕地界线便是世界最古老的地籍界址线。

1086年,一个著名的土地记录——汤姆时代在英格兰创立,完成了大体覆盖整个英格兰的地籍。

1628年,瑞典基于税收目的对土地进行测量和评价(内容包括英亩数和生产能力),并绘制成地籍图。

1807年,法国为征收土地税收开展地籍测量而建立起地籍档案;1808年,拿破仑一世颁布了全国土地法令。这项工作最引人注目的是布设了三角控制网作为地籍测量的基础,并采用了统一的地图投影,在1∶2 500或1∶2 250比例尺的地籍图上定出每一街坊中地块的编号,这样在这个国家中所有的土地都做到了唯一划分。这时的法国已建立起了一整套较完善的地籍测量理论、技术和方法。现在许多国家仍在沿用拿破仑时代的地籍测量思想及其所形成的理论和技术。

作为世界四大文明古国之一,中国的土地测量也出现得很早。从出土的商代甲骨文中可以看出,耕地被划分成"井"字形的田块,此时已用"规""矩""弓"等测量工具进行土地测量,具有了地籍测量技术和地籍管理的雏形。

另据古籍记载,在我国,早在春秋战国时期(公元前770—前221年),地籍图就作为一个地图品种应运而生。《周礼·地官司徒》中记载:"大司徒之职,掌建邦之土地之图与其人民之数,以佐王安抚邦国。""小司徒之职,……。凡民讼,以地比正之。地讼,以图正之。"这说明了中国在公元前就已经有了国家地图和作为调解土地纠纷的地籍图了。

1387年,中国明朝开展全国范围内的地籍测量,编制鱼鳞图册(又称鱼鳞图籍,见图5-1(彩图4))。鱼鳞图册以田地为主,绘有田地图形,分别详列鱼鳞图籍面积、地形、土质以及业主姓名,作为征收田赋的依据。到1393年,完成全国地籍测量并进行土地登记,清查全国田地总计为8 507 523顷(1顷=100亩)。

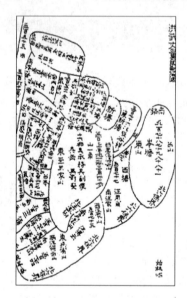 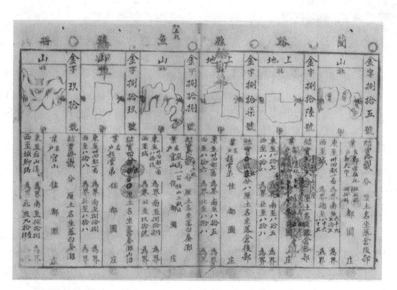

图5-1 鱼鳞图册

现藏于西安碑林的《潼关图》,刻石于清朝道光二十四年(公元1844年)二月二十五日,是内容完善、幅面较大、记载详尽的灾后地籍图,在国内并不多见。《潼关图》反映了以下内容。

(1)地界。地界以单实线表示,地界之间的土地均注明了长、阔地域限隔尺寸,以"步"(古代度量制度,1步=0.6丈,0.3丈=3尺=1米)为单位,数字具体明确,是通过丈量后注出的,作为日后备查之根据。此外,除上述小面积土地注出长、阔尺寸外,对远距离主要界点也单独注明距离,如"自大斜阡中行至教场滩东界共五千七百七十八步三尺""自教场滩南界至河边阔一千三百步"等。

(2) 县城及村名。图上反映了大量村庄名称,村庄名称注在所表示的村庄位置,外围绘出村庄概略范围框线。《潼关图》上的村庄主要有潼关城、长兴堡、城隍庙、寺南寨子、田家庄、田村等。

(3) 地界名。在每块地界之间均注有地界名,以便记忆和备查。地界名的载负量很大,但这是必不可少的名称注记,如街头阡、咸水井、田家井、柳家园、上子湾等。

(4) 水系名。图中黄河、渭河等大河流均以双线绘出真实宽度,并注有名称;水渠以直线双线绘出,沙滩采用点状符号表示,外围框绘范围线;桥梁、路口均表示得非常详细,注有专有名称及符号。图中符号形状及表示方法大体与现代地图相似或一致。

民国时期之后,由于历史的原因,我国于20世纪80年代中期才开展大规模的地籍调查测量工作。为适应我国经济发展和改革开放的形势,国家于1986年成立国家土地管理局,并颁布了《中华人民共和国土地管理法》。至此,地籍调查测量成为我国土地管理工作的重要组成部分。我国相继制定了《土地利用现状调查技术规程》(1984年)、《城镇地籍调查规程》(1993年)、《土地利用现状分类》(2007年)、《地籍调查规程》(2012年)等技术标准,开展了大规模的土地利用调查、城镇地籍调查、房产调查和行政勘界工作,同时进行了土地利用监测,理顺了土地权属关系,解决了大量的边界纠纷,达到了和睦邻里关系和稳定社会秩序的目的。

自20世纪中叶以来,随着计算机技术、航空摄影测量与遥感技术、全球卫星导航技术与地理信息系统技术的迅速发展,地籍理论技术得到快速发展。

三、地籍的特点

作为土地的户籍,地籍具有不同于户籍的特点,如空间性、法律性、精确性和连续性。

1. 地籍的空间性

地籍的空间性由土地的空间特点所决定。土地的坐落和表述必须与其空间位置、界线相联系。在一定的空间范围内,地界的变动必然带来土地使用面积、各种地类界线以及各地类面积的变化。所以,地籍的内容不仅记载在簿册上,还要标绘在图纸上,力求做到图与簿册的一致性。

2. 地籍的法律性

地籍的法律性体现了地籍图册资料的可靠性,如地籍图上界址点、界址线的位置,地籍簿上权属、面积的登记等都应有法律依据,相关的法律凭证是地籍的必要组成部分。

3. 地籍的精确性

地籍的精确性是指地籍的原始和变更资料一般要通过实地测量调查取得,并运用先进的测绘和计算科学技术手段,保证地籍数据的准确性。

4. 地籍的连续性

地籍的连续性说明地籍信息不是静态的,社会经济的发展和城镇化进程、土地利用与权属的频繁变更,都使得地籍要经常更新,以保持资料记载和数据统计的连续性,否则难以反映地籍信息的现势性。

四、地籍的分类

随着社会的发展,地籍使用范围不断扩大,地籍的内涵也更加宽泛,类别的划分也更趋于合理。地籍可按以下几种方式分类。

1. 按地籍的历史发展阶段划分

按地籍的历史发展阶段,可将地籍划分为税收地籍、产权地籍、多用途地籍三大类。

税收地籍是国家早期建立的以课税服务为目的的登记簿册。税收地籍是指地籍仅仅具有为税收服务的功能。所以,税收地籍记载的主要内容是土地纳税人的姓名、土地坐落、土地面积以及为确定税率所需的土地等级等。税收地籍主要丈量地块面积和按土壤质量、土地出产物及收入评定土地等级。限于技术条件,税收地籍的测量方法简单、实用可行。

随着社会经济发展,土地买卖日益频繁和公开化,这促使税收地籍向产权地籍发展。产权地籍亦称法律地籍,是国家为维护土地合法权利、允许土地交易和保护土地买卖双方的权益而建立的土地产权登记的簿册。凡经登记的土地,其产权证明具有法律效力。产权地籍最重要的任务是保护土地产权人的合法权益。产权地籍必须以反映宗地的界线和界址点的精确位置,以及产权登记的准确面积为主要内容。为了使土地界线、界址点能随时、实地、准确地复原和保证土地面积计算的精度要求,产权地籍一般采用解析法或解析法与图解法相结合的地籍测量方法。

多用途地籍亦称现代地籍,是税收地籍和产权地籍的进一步发展,其目的不仅是为课税及产权登记服务,更重要的是为各项土地利用和土地保护工作提供科学依据,为全面科学地管理土地提供信息服务。随着信息科学技术的发展,地籍的内容及其应用范围也大为扩展,远远突破了税收地籍和产权地籍的局限,并逐步向技术、经济、法律综合的方面发展。多用途地籍的获取手段也逐步被光电技术、遥感技术、电子计算机技术和信息技术代替。

2. 按地籍获取的时间与特点划分

按地籍获取的时间与特点划分,可将地籍分为初始地籍和变更地籍。

土地的数量、质量、权属及其空间分布、利用状态等都是动态的,地籍必须始终保持现势性。根据土地特性和地籍连续性的特点,为了经常保持地籍资料的现势性,国家必须建立初始地籍和变更地籍。

初始地籍是指在某一个时期内,以县级行政辖区为单位,进行全面土地调查后,最初建立的一整套地籍图册资料。初始地籍并不是指历史上的第一本地籍簿册。变更地籍又称日常地籍,是针对土地数量、质量、权属及其分布和利用、使用情况的变化,以初始地籍为基础,进行修正、补充和更新的地籍。初始地籍和变更地籍构成地籍不可分割的完整体系。初始地籍是基础,变更地籍是对初始地籍的补充与更新。如果只有初始地籍而没有变更地籍,地籍将逐步陈旧,变为历史资料,失去现势性和使用价值。相反,如果没有初始地籍,变更地籍就没有依据和基础,工作无法进行。

3. 按行政管理层次划分

按行政管理层次划分,可将地籍分为国家地籍和基层地籍。

习惯上将县级以上各级土地管理部门所从事的地籍工作称为国家地籍工作;基层地籍工作是指县级以下的乡(镇)土地管理所和村级生产单位(国营农牧渔场的生产队),以及其他非农业建设单位所从事的地籍工作。

国家地籍管理的土地有两类,一类是具有集体土地所有权的土地,另一类是国有土地的一级土地使用权单位的土地。基层地籍管理的土地也有两类,一类是集体土地使用者的土地,另一类是国有土地的二级使用者的土地。为了强化国家对各项非农建设用地的控制管理,也将农村宅基地及乡、镇、村企业建设用地等方面的地籍,划属国家地籍。就地籍的作用而言,基层地籍主要服务于对土地利用或使用的指导和监督;国家地籍则主要服务于土地权属的国家统一管理;它们相互衔接、互为补充,构成地籍的一个完整体系。

4. 按城镇土地和农村土地的职能、特点和权属的区别划分

根据城镇土地和农村土地的职能、特点和权属的区别,可将地籍分为城镇地籍和农村地籍两种类型。

城镇地籍的对象是城市和建制镇的建成区土地,以及独立于城镇以外的工矿企业、铁路、交通等用地。农村地籍的对象是城镇郊区及农村集体所有的土地,国有农场使用的国有土地和农村居民点用地等。由于城镇土地利用率、集约化程度高、建(构)筑物密集,土地价值高,土地的位置和交通条件所形成的级差收益悬殊,因此,城镇地籍需要采用较大比例尺(1∶500或1∶1 000)的图纸,土地的界址线与面积的获取要求采用精度较高的测量方法。在地籍的内容、方法、权属处理及其成果整理、图册编制等方

面,城镇地籍的工作都要比农村地籍复杂很多,技术要求也更高。农村居民点(村镇)地籍与城镇地籍有许多相同的地方。所以,在实践中农村居民点地籍可以按城镇地籍的相近要求建立,并统称为城镇村庄地籍。

五、地籍的功能

目前,我国的地籍已由税收地籍、产权地籍,发展为包括产权登记、土地利用服务等在内的多用途地籍。多用途地籍具有多方面的功能和作用。

1. 为土地权属服务

地籍的核心是权属。地籍是记载土地权属界线、界址点位置,土地权属来源及其变更情况等信息资料的图册。所以,它是调处土地争执、复原界址、确认土地产权最有力的依据;是建立和完善土地市场、保护土地所有者和土地使用者的合法权益,最具有公信力的基础资料。

2. 为课税制度服务

土地历来是国家财政收入的重要组成部分,是课税的对象。地籍资料能提供土地所有者、使用者的准确信息,提供土地产权法律登记的准确内容,为国家税收提供基础资料和依据。地籍提供土地数量、质量、等级等信息,为开征城镇土地使用税、土地增值税、耕地占用税等起到指导和监督作用。

3. 为生产建设服务

完整准确的地籍图册和统计表册,是国家制定相关经济政策、编制国民经济计划和各项土地利用规划的基本依据,是组织工农业生产和各项建设的基础。地籍是提供土地资源的自然状况、社会经济状况,以及土地的数量、质量及其分布状况的基本资料,掌握和科学地运用这些基本资料,可以很好地指导各项工农业建设生产。

4. 为城镇房地产交易服务

城镇房地产交易以房产的买卖和租赁为主。土地和土地上的房屋都属于不动产。对于房产的认定、买卖、租赁及其他形式的转让活动,地籍都是必不可少的依据。同时,地籍还为建立和健全房产档案,解决房产争执和处理房产交易过程中出现的某些不公平现象提供参考依据。

5. 为其他土地管理服务

地籍是土地管理的基础,是提供有关土地的空间位置、数量、质量和法律状况的基本资料,是调整土地关系、合理组织土地利用的基本依据,是进行土地分配与再分配,土地出让、转让和征用、划拨工作的重要依据。土地数量、质量及其分布和变化规律是组织土地利用、编制土地利用总体规划的基础资料。在信息化时代的今天,地籍资料的准确性、现势性、完整性,对全面、科学、深入管理好土地发挥着重要的作用。

第 2 节 地籍调查

地籍调查是指依照国家规定,结合地籍测量查清土地的权属、界址线、面积、用途和位置等情况,形成表册、图件、文字等数据信息资料,为土地注册登记、核发证书提供依据。地籍调查分初始地籍调查和变更地籍调查。初始地籍调查在初始土地登记前进行,变更地籍调查在变更土地登记前进行。地籍调查测量必须建立地块标识系统,且划分的空间层次与行政管理系统相一致,以利于土地利用规划、统计汇总管理,以及土地资料的信息化、自动化、系统化管理。

一、地籍调查概述

1. 地籍调查的主要内容

地籍调查的主要内容可以分为权属调查与地籍测量两大部分。

(1) 权属调查。当前我国实行的土地登记制度,要求对每宗土地的登记应反映登记对象质和量方面的要素,包括土地权利主体、土地权利客体、土地权属性质和来源及与这三方面直接相关的其他内容。

土地权利主体是指土地权利人,包括集体土地所有权人、国有土地使用权人、集体土地使用权人和土地他项权利人。地籍调查时具体调查填写权利人的地址、单位名称、法人代表或个人姓名、个人身份证明等。

土地权利客体指土地的界址、面积、坐落、用途(地类)、使用条件、等级和价格等,是土地权利、义务共同所指的对象。

土地权属性质和来源的调查内容包括土地各项权利的性质和来源证明等。其他相关内容的调查包括地上建筑物、附着物的现状及权属状况等。

(2) 地籍测量。地籍测量就是测绘地籍图和宗地图。地籍图即地籍分幅图,城镇地籍分幅图一般为1:500比例尺地籍图。宗地图测绘通常在完成地籍分幅图的基础上进行。地籍测量的内容包括地籍控制测量和地籍细部测量。地籍细部测量又分为测定界址点位置、测绘地籍图、宗地面积量算、宗地图绘制等。

权属调查和地籍测量有着密切的联系,但也存在着质的区别。权属调查主要是遵循规定的法律程序,根据有关政策,利用行政手段,调查核实土地权利状况,确定界址点和权属界线的行政性工作。权属调查工作主要是定性的工作。地籍测量主要是测量、计算地籍要素的技术性工作,地籍测量工作主要是定量的工作。初始地籍调查测量时,调查工作(如填写调查表、不动产拍照等)可与外业测图同时进行。

2. 地籍调查的意义

地籍调查是依照法律程序和技术程序,采用科学方法进行的。地籍调查成果对于维护法律尊严、树立国土资源行政主管部门的管理权威和信誉具有重要作用。地籍调查成果经土地登记后具有法律效力。

我国实行的是土地产权登记制度,登记之前须对登记材料进行实质审查,对需要登记的土地开展地籍调查,查清和核实每宗地的地籍要素,目的是保护土地权利人的合法权益。地籍调查获取了每一宗地的界线位置、权利归属、面积大小、用途等级等基本信息,为土地登记提供数据资料。

地籍调查成果是地籍管理的依据和基础。初始地籍调查起到了地籍管理基础建设的作用。随着变更地籍调查的开展,地籍管理信息库建设越来越丰富,不仅奠定了地籍管理的基础,也为进行土地管理科学研究、建设科学的土地管理制度积累了丰富必要的资料。总之,地籍调查可以为土地登记提供必要的基础资料,为制定土地税费标准、土地利用规划、城市规划、区域性规划和有关政策提供科学依据。

3. 地籍调查的分类

与地籍的分类相类似,地籍调查也可按地籍获得的时间与特点分为初始地籍调查和变更地籍调查。初始地籍调查是初始土地登记前的区域性普遍调查。变更地籍调查是在变更土地登记或设定土地登记时利用初始地籍调查成果对变更宗地的调查,是地籍管理的日常性工作。

地籍调查还可按区域范围分为城镇地籍调查和村庄地籍调查。城镇地籍调查是指对城市、建制镇以及城镇以外的工矿、企事业单位所进行的权属调查和地籍测量。由于城镇土地利用率高、建筑物密集、土地价值高等,对城镇地籍测量的精度要求也比较高,城镇地籍图的比例尺一般为1:500或1:1 000。村庄地籍调查是指对农村居民点用地按城镇地籍要求进行的地籍调查,对村庄地籍测量的精度要求较城镇地籍测量低,村庄地籍图的比例尺一般为1:1 000或1:2 000。在城乡地籍一体化的今天,许多地区已实现农村、城镇的统一地籍调查与测量。

4. 地籍调查的工作程序

地籍调查的工作程序为准备工作→权属调查→地籍测量→文字总结→资料整理→检查验收,如图5-2所示。

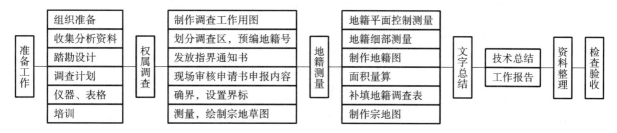

图 5-2 地籍调查的工作程序

准备工作的内容有组织准备、宣传工作、试点工作、技术培训、资料收集与踏勘、制定技术设计和方案等;权属调查的工作内容包括宗地权属状况调查、界址调查、绘制宗地草图、填写地籍调查表(调查表格式参见本书第2章附录C);地籍测量的工作内容主要包括地籍控制测量、测绘地籍图、测定界址点、制作宗地图、面积量算等;文字总结主要指编写地籍调查的工作报告和技术报告。

二、初始地籍调查

初始地籍调查是土地初始登记前的区域性普遍调查,是土地管理的一项极其重要的基础工作。初始地籍调查一般在无地籍资料或地籍资料比较散乱,严重缺乏、陈旧的状况下开展。这项工作涉及土地、房产、规划、农林、司法、税务、财政等多方面,规模大,范围广,内容浩繁而复杂,费用巨大。

初始地籍调查的成果为产权管理、地政管理、税收、统计、规划及建立地籍信息系统提供基础资料,因此要求初始地籍调查成果必须具有完整性、可靠性和精确性。初始地籍调查既是一项政策性、法律性和社会性很强的具体工作,又是一项具有科学性、技术性、严密性的基础工作。

1. 初始地籍调查的目的

初始地籍调查就是在某一时期内,依照有关法律程序对县以上某一行政辖区内申请登记的全部宗地进行全面现场调查,以核实宗地的权属和确认宗地界址的实地位置并掌握土地利用情况,通过地籍测绘获得宗地界址点的平面位置、宗地形状及其面积的准确数据,把它们记载于地籍调查表(调查表格式参见本书第2章附录C)和地籍图上,建立一套准确、完整的地籍卡、册、图,并建立地籍档案,从而为土地登记、核发土地使用证书做好技术准备,满足地政管理、税费征收、城乡规划、农田保护、房地产市场管理、土地动态监测以及其他国民经济各部门的需要。从根本上讲,初始地籍调查的目的是为维护国家土地管理制度、保护土地权利人的合法权益服务,为制定土地政策提供基础资料。

2. 初始地籍调查的内容

初始地籍调查的内容主要包括权属调查和地籍测量,具体包括:查清行政辖区内全部宗地的平面位置、界址点、宗地形状、面积,绘制地籍图和宗地图,建立地籍档案数据库系统、地籍管理系统等。

3. 初始地籍调查的对象

初始地籍调查包括城镇初始地籍调查和村庄初始地籍调查。城镇初始地籍调查的对象是城市、建制镇和独立工矿用地范围。村庄初始地籍调查的对象是城镇郊区,集镇,村庄,国有农场、林场、牧场、渔场,以及农民集体经济组织使用的非农业建设用地。

4. 初始地籍调查的基本条件

初始地籍调查是一项政策性、技术性都很强的工作,开展这项工作必须具备以下条件。

(1)组织保证:成立以县级行政区主要领导为组长,各有关部门负责人参加的调查工作领导小组,或由当地政府授予自然资源行政主管部门负责,设立办公室负责具体组织实施。

(2) 经费保证:所需经费可从当地财政的土地收益中拨付,或从土地登记费中扣除。

(3) 技术保证:要具备一定的技术力量和仪器设备;承担地籍测量的作业单位,应有测绘许可证。

5. 初始地籍调查的准备工作

初始地籍调查是土地初始登记前的区域性普遍调查,是一项综合性的系统工程。在开展初始地籍调查前,应做好充分的准备工作,以确保初始地籍调查的顺利进行。

(1) 组织准备:初始地籍调查工作由当地政府组织成立专门的领导机构,并责成辖区内各级自然资源行政主管部门成立相应的工作机构,负责本辖区内初始地籍调查工作的实施,组织中标的调查队伍进行技术交底与任务指导,调查过程中进行工作协调,在调查各阶段组织检查核对,在工作收尾阶段组织检查验收。各级组织机构要选定负责人,职责明确,分工有序,使调查工作按质按量完成,具有管理上的保证。工作开展之前必须制定组织方案。组织方案中包括调查的区域范围、时间、经费、方法、程序、人员组织等。人员组织中调查队伍是关键。调查队伍应由土地行政管理人员和专业技术人员组成,人员包括土地管理、法律、测量、计算机等方面的专业人员。

(2) 宣传准备:初始地籍调查工作牵涉千家万户,需要土地权利人的密切配合。为了得到广大群众对这项工作的理解和支持,要大量张贴海报,充分利用新闻媒体进行宣传报道。各级政府组织召开本辖区内的调查动员大会,要求各村、各用地单位派专人协助调查工作。

(3) 试点准备:应进行调查工作试点,为全面开展调查工作做好充足准备。通过试点,发现本地区的特殊情况,制定适合当地情况的初始地籍调查规定。试点的调查工作应严格按照《地籍调查规程》及技术设计书的有关要求实施,严把质量关。在试点获得一定经验并通过验收后,方可全面开展工作。同时应制定相关调查规定,并对之前的技术设计进行相应的修改完善。可选择一个街道、一个村的范围作试点进行调查,试点内的地类应比较丰富,能全面反映当地的用地特点。

(4) 培训准备:在调查工作全面开展之前,对调查人员、技术人员进行业务培训,使其熟悉有关法律、法规和政策,熟悉地籍调查的技术规程和程序,熟练掌握初始地籍调查技术和方法,能正确应对作业过程中出现的各种特殊情况。培训应将理论与实际相结合,使理论学习与实地作业穿插进行,以便调查人员和技术人员理解和掌握相关技术方法。培训可从上到下逐级开展。培训学习的内容主要有《中华人民共和国土地管理法》《中华人民共和国土地管理法实施条例》《地籍调查规程》《土地利用现状分类》、技术设计、调查规定,有关确权的文件、通知,地籍调查程序、内容和方法,以及仪器的操作技能和作业要求等。

(5) 资料收集:收集与初始地籍调查有关的政府文件、技术规程和规定;收集能用于初始地籍调查工作的图件,如土地利用现状图、地形图、房屋普查图、航空摄影及卫星遥感资料等;收集调查区域内的控制网点资料(控制点坐标、坐标系统各项改正数、坐标系统投影带、投影面等资料);收集调查区域内的各种用地资料和建筑物、构筑物的产权资料等。对于相关资料,不同部门应分别收集。

(6) 野外踏勘:根据调查区域范围,实地了解调查区域内的基本情况及控制点的完好情况,使制定的调查技术方案更趋合理化。

(7) 制定技术工作方案:初始地籍调查技术工作方案规定调查的工作程序以及怎样开展调查。初始地籍调查技术工作方案一定要认真编写,经有关部门批准后才能实施。初始地籍调查技术工作方案一般由承担调查任务的实施单位负责编写。初始地籍调查技术工作方案的提纲包括调查区域的基本情况、权属调查方案、地籍测量技术设计、权属调查和地籍测量的分工和衔接、质量检查、应提交的成果资料等。

①基本情况包括调查区域的地理位置、范围、行政隶属、用地概况,技术工作方案编写的依据,以及地籍调查工作程序、人员组成、经费安排、时间计划等。

②权属调查方案包括确权的规定(依据)、工作用图、调查区域的划分、地籍编号的要求、调查指界方法和要求、界标设置要求、宗地草图勘丈方法及要求。

③地籍测量技术设计包括已有控制点及其成果资料的分析和利用、控制网采用的坐标系统、控制网

的布设方案、控制点的埋设要求、各项技术参数的改正、观测方法、计算方法、采用的数据采集软件、界址点的观测方法和精度要求、地籍图的成图方法、地籍图的比例尺、面积量算方法和精度要求等。

其余分工衔接、质量检查、成果资料等内容,根据地籍测量技术设计进行编写。

地籍测量技术设计、技术工作方案需由上级审批通过之后才能实施。在实施过程中,有重大的变动、修改时,还须上报原审批部门批准。

三、变更地籍调查

初始地籍建立后,随着社会经济的发展,土地权属状况会发生变化,如建设用地增加,土地分割合并,地上建筑物数量增加、用途改变,房地产的继承、转让、抵押等。当发生这些情况时,就要求进行地籍变更调查,或不动产的权籍变更调查,进行不动产权籍的变更登记。变更地籍调查又称日常地籍调查,是指在完成初始地籍调查之后,为满足变更土地登记和设定登记的要求,进行的土地及其附着物的权属、位置、数量、质量和土地利用现状的调查。**初始土地登记后,对一宗新设定确认的土地所有权、使用权和土地他项权利进行的登记称为设定登记**。变更地籍调查的工作程序与初始地籍调查的工作程序相似,变更地籍调查的面积要远远小于初始地籍调查,工作程序相对简单。变更地籍调查的主要内容也包括权属调查和地籍测量。

1. 变更地籍调查的作用

变更地籍调查除为满足变更土地登记和设定登记的要求而进行正常的地籍调查外,必须不断地消除初始地籍调查资料中的错误,这也是初始地籍建立后一段时间内地籍变更工作的一部分,因此变更地籍调查是保持地籍资料现势性的重要手段。总而言之,变更地籍调查有以下作用。

(1) 核实、更新、补充相关地籍资料。

(2) 检查、补充、修正实地界址点位。

(3) 逐步消除初始地籍中可能存在的差错。

(4) 逐步提高地籍测量成果的质量。随着土地权利的变更,要用高精度的变更测量成果替代原有精度较低的初始成果,满足新的工作要求。

2. 变更地籍调查的特点

除具有初始地籍调查的特点外,变更地籍调查还具有下列特点。

(1) 变更分散,发生频繁,调查范围小。

(2) 政策性强,精度要求高。

(3) 变更同步,手续连续。进行了变更测量后,与本宗地有关的表、卡、册、证、图均需进行变更。

(4) 任务紧急。土地权利人提出变更申请后,需立即进行变更调查、变更测量,才能满足土地权利人的要求。

由此可见,变更地籍调查是地籍管理的一项日常性工作。变更权属调查和变更地籍测量通常由同一个外业组一次性完成。

3. 地籍变更的内容

地籍变更的内容主要是宗地信息的变更,包括界址发生变化的变更和界址未发生变化的变更。

(1) 界址变化:①征收或征用土地;②城镇改造拆迁;③划拨、出让、转让国有土地使用权或海域使用权;④权属界址调整后的宗地或宗海,土地整理后的宗地重划;⑤宗地或宗海的界址因自然力作用而发生变化;⑥由于各种原因引起的宗地或宗海分割和合并。

(2) 界址未变化:土地的权利主体发生了变更,但土地的坐落、界址信息未发生变更,而土地的面积、用途、使用条件、等级、价格、建筑物、构筑物、他项权利等有可能发生变更,也有可能未发生变更。这类情况通常有:①转移、抵押、继承、交换、收回土地使用权或海域使用权;②违法不动产经处理后发生变更;③

宗地或宗海内地物地貌发生改变，如新建建筑物、拆除建筑物、改变建筑物的用途，以及房屋的翻新、加层、扩建、修缮等；④精确测量界址点的坐标和不动产单元的面积；⑤权利人名称、不动产位置名称、不动产用途等发生变更；⑥不动产所属行政管理区出现区划变动，即县市区、街道、街坊、乡镇等边界和名称变动；⑦权利取得方式、权利性质或权利类型发生变化。

4. 变更地籍调查的准备工作

变更地籍调查的工作程序、技术方法与初始地籍调查基本相同。在开展变更地籍调查工作之前，除了要做好各种资料的准备工作之外，还应检查和核实其变更的合理性。

（1）资料准备：准备变更地籍调查通知书、变更土地登记申请书、本宗地的原有地籍图及宗地图的复印件、本宗地及相邻宗地的地籍档案复印件、有关的界址点坐标、必要的变更技术数据（如分割放样元素的计算）、变更宗地附近测量控制点成果（坐标、点之记或点位说明、控制点网图）等。

（2）表格准备：准备变更地籍调查表等。

（3）其他准备：准备变更调查所用的工具、文具、仪器等。

第3节 地籍管理

一、地籍管理的概念及任务

土地科学是包括地籍管理在内的一系列土地学科的集合体，涉及自然、经济、技术、制度与管理等多种因素和多种学科。土地科学是跨自然科学和社会科学的综合性很强的交叉学科。地籍管理是土地科学研究人地关系的基础学科之一。

1. 地籍管理的概念

对于地籍管理，有的国家称之为地籍工作、地籍业务；有的则是指它的某项工作，如地籍调查工作、地籍测量工作、土地登记工作、土地分等定级工作和土地统计工作等。

地籍是土地的基础，地籍管理工作是土地管理的基础工作。地籍管理最基本的工作内容是规范技术标准，组织和开展调查，划分土地等级，进行土地统计，制定法律标准，严格实行土地登记制度等。通过这一系列的工作来获取土地权属及有关的土地管理所需的地籍资料。

获取地籍资料不是目的，地籍资料被充分应用才能体现其价值。因此，地籍管理不仅要有调查、统计、登记的制度，而且还要在原调查记载的基础上不断更新，拓展信息面的深度和广度，提高地籍信息的及时性和准确性。只有从管理学的原理出发，构建地籍资料不断充实、更新、优化的机制，才能确保地籍管理处于较高水平。

在我国，按法律规定，土地属于国家和农民集体所有，单位或个人可依法取得国有土地的使用权，农村集体经济组织成员可依法获得集体土地使用权。我国地籍管理的根本任务是为巩固和发展社会主义公有制、维护土地所有者和使用者的合法权益服务。

地籍管理是国家为建立地籍档案和研究土地的自然状况、经济状况，而采取的以地籍调查、土地登记、土地统计和土地分等定级为主要内容的一系列工作措施的总称。简言之，地籍管理是地籍工作体系的总称。地籍管理工作体系主要包括土地调查系统、土地登记系统、土地统计系统、地籍信息系统等。地籍管理是针对地籍的建立、建设和提供应用所开展的一系列工作（管理）措施。

总而言之，对地籍管理可以总结如下。

(1) 地籍管理是一系列有序的工作。
(2) 地籍管理必须有制度作为保障。
(3) 地籍管理在不同时期有着不同的技术基础。
(4) 地籍管理有明确的发展方向和应用目的。

2. 地籍管理的任务

地籍管理的总任务是全面、具体掌握地籍信息，不断更新地籍信息，及时、准确、系统地提供服务，并不懈地改革创新，建设功能齐全、制度健全、业务规范、手段先进、数据完整的地籍管理工作体系。

现阶段地籍管理工作的任务主要包括以下几个方面。

(1) 继续广泛深入地掌握土地资源和土地资产家底。

从数量和分布向质量甚至更全面的方面掌握我国土地资源家底，形成一体化的系列土地资源家底资料。城镇土地资产家底尚不够全面清楚，农村土地资产也不够全面细致。在我国当前城乡建设不断变化的阶段，需继续依法深入地开展土地调查、统计、登记及分等定级工作，不断深入细致掌握全国城乡土地数据资料。

(2) 土地资源和资产的分配现状、流转管理及态势分析是地籍管理的重要方面。

目前，我们对城市土地的权属分配状况了解比较多，流转管理也步入正轨，但是农村土地尚未全面纳入科学的、规范管理的轨道，还需加大地籍管理力度，为农村土地流转制度和土地市场的建立、健全创造基础条件，为城乡土地使用制度的一体化改革提供基础环境条件。

(3) 不断完善地籍变更调查管理工作。

在土地利用现状调查和城镇地籍调查已有成果的基础上，使地籍变更工作紧紧跟上，更新和充实调查资料，继续开展土地利用动态监测，推动地籍管理工作向规范化、制度化、现代化方向发展，不断提高地籍管理的社会公信度和公示性，提高地籍资料的应用价值和社会经济效益，并且从土地分类到调查手段、调查技术等方面，向城乡一体化方向逐步发展，为实行土地城乡一体化而努力。

(4) 土地调查向更深、更广方向发展。

使土地自然性状、土地社会经济状况及土地利用其他环境条件与土地自身的基本调查融为一体；对土地流失、土地灾害、土地污染、土地开发、土地治理、土地保持、土地病害和土地利用工程开展状况，组织深入细致的专项调查，为土地利用决策和规划提供基础；使土地调查技术向多用途地籍需要的方向发展，开展地面、地下乃至地上空间土地利用的多维调查、统计、登记工作。

(5) 加强地籍管理工作现代化手段的应用。

从调查到整理、分析、建库乃至查询、维护、提供使用，逐步扩大网络高新技术的应用，促使地籍管理向商业化、普及化、数字化、网络化方向发展。

二、地籍管理的内容

地籍管理必须与一定的社会生产方式相适应。地籍管理的内容一方面取决于社会生产水平及与其相适应的生产关系的变革，另一方面与一个国家土地制度演变的历史有关。在一定的社会方式生产条件下，地籍管理是一项国家的地政措施，有特定的内容体系。

在我国几千年的封建社会中，地籍管理的内容主要是为制定各种与封建土地占有密切相关的税收、劳役和租赋制度而进行的土地清查、分类和登记。在封建社会末期，为巩固封建土地所有、推行契据制度而开始加重土地登记的内容。到了民国时期，随着西方文化的传入和中国沦为半殖民地半封建社会，地籍测量和土地登记成为地籍管理的主要内容，但是直到这一时期地籍管理工作也仅仅在一些地区有所开展，尚未覆盖全国范围。中华人民共和国成立初期，地籍管理的主要内容是结合土改分地，进行土地清丈、划界、定桩和土地登记、发证等。之后，地籍管理逐步从以地权登记为主转向为以开展土壤普查、土地评价和建立农业税面积台账为主。随着我国社会主义现代化建设的发展,地籍管理的内容不断地加深、扩展,技术手段不断提高,土地利用现状调查、地籍调查和全国城镇土地使用权申报登记工作全面展开,并迅速转为城镇土地登记和土地定级工作,建立起了土地统计报表制度及地籍档案管理制度等,地籍管理向着全方位、规范化、制度化方向发展。

根据我国基本国情与建设的需要,现阶段地籍管理基本由**土地调查**、**土地分等定级**、**土地登记**、**土地统计**、**地籍信息管理**五个部分组成。但是地籍管理的基本内容并不是一成不变的,由上述我国地籍管理的一段简要发展历史可以看出,各个历史时期的地籍管理工作内容不仅侧重点不同,而且多寡不一,但是地籍管理的内容之间不是孤立的,而是相互联系、紧密相关的。

土地调查和土地分等定级是地籍管理工作中最为基础的工作。土地统计和土地登记是土地调查的后续工作。土地登记与土地统计对于同一土地对象来讲在大量指标上是一致的,但是在法律性上它们之间是断然有别的,这两项工作的先后次序并无严格的规定。从内在关系来讲,土地登记和土地统计都以调查和分等定级为基础,这样可以保证统计、登记的准确、可靠,也有益于统计、登记成果的稳定、真实。地籍管理的以上这些工作成果是地籍档案的基本来源,地籍档案的进一步应用是整个地籍管理工作的最终目的。

1. 土地调查

土地调查是以查清土地的存在、土地权属、土地利用状况而进行的调查。为了圆满完成土地调查的目标任务,必要时需进行相应的地籍图测量技术工作。土地的存在包括土地的数量、质量、分布等,土地权属包括土地的分配、占有、归属、权利等,土地利用包括土地开发、利用、保护、整治等状况。所有这些与土地有关的状况都是土地调查的内容,它们在土地管理、巩固社会制度、巩固国家政权、社会经济生活中都是重要的基础信息。根据土地调查内容的侧重点不同,土地调查可分为土地权属调查、土地利用现状调查和土地条件调查三种。

(1) 土地权属调查。

土地权属调查是指查清土地的权属、位置、界址、用途和面积等,为土地登记提供基础数据。土地权属调查十分重视对土地资产的归属、定位、定量做实地调查,但它不是就土地的归属、数量、位置做简单记载,而是要求调查工作有一定的测量精度,能满足土地流转、土地权属变更管理的要求。地籍调查以县为单位开展,以宗地为基本调查单元。

(2) 土地利用现状调查。

20 世纪 80 年代初到 90 年代中期,在全国范围开展的土地利用现状调查由县人民政府统一领导,以村为基本单位,调查各类土地面积,查清土地的数量、分布、归属、用途和利用现状。之后又进行了第二次全国土地调查,现在又进行了第三次全国国土调查。通过调查不仅可以查清我国土地资源总量、分类面积和土地利用现状实况,还可以为土地资源的全面管理和土地资源开发利用提供详尽的资料。土地调查中的土地利用现状调查是地籍管理的一部分,它为了获取某一时点的土地资源家底,按调查工作的必然规律和调查应用成果的需要而设计了不断更新、充实、提高的广阔空间和技术缺口,保证了调查成果具有较高的现势性和连续性。

(3) 土地条件调查。

土地条件调查是指对土地存在环境和条件的调查,是深入认识土地利用环境条件的调查。对农用地条件的调查,包括对土壤、地貌、植被、气象、水文、地质,以及土地的投入、产出、收益、区位、交通等土地所处自然条件和社会经济条件的调查。城镇土地条件调查反映城镇土地的区位条件和利用效益的差异,是对城镇土地利用适宜性的评定,也是对城镇土地资产价值进行科学评估的一项工作。土地条件调查能加深我们对土地质量的认识,能帮助我们深入分析土地利用的环境条件,为土地分等定级、土地适宜性评价、土地潜力分析提供相关的基础数据。

土地条件调查有较强的专业特性。土壤、地貌等调查不仅有学科的特殊性,而且相互之间有较强的独立性。它们在地籍管理中明确地为地籍管理服务。各地在开展土地条件调查时,调查的深度和广度可以有较大的差异,可依其目的和具体条件而定。

上述三项调查可以分别进行,也可以综合进行,近几十年来我国在农村的地籍调查是结合土地利用现状调查而进行的,在城镇主要开展的是土地权属调查。土地条件调查往往结合一些土地管理工作的需要而进行,如结合土地分等定级、土地利用规划进行。

2. 土地分等定级

土地分等定级是评价土地质量的一种方式,也是地籍管理的工作内容之一。它是以土地利用分类和土地条件调查为基础,对土地质量指标的综合分析,是对土地质量水平的相对评价。土地分等定级为科学合理征收土地税(费)提供依据,为有区别地确定土地补偿标准提供依据,也为因地制宜地合理组织土地利用、制定土地经济政策等提供科学依据。

根据土地的城乡用途差别,土地分等定级分为城镇土地分等定级和农用地分等定级。它们均首先在全国范围内划分出土地等,然后在土地等的控制下,划分出土地级。土地分等定级是土地估价的基础,为深化土地使用制度的改革、规范地产市场奠定了基础。其中,城镇土地分等定级是对城镇土地利用适宜性的评定,城镇土地等级揭示了城镇不同区位条件下土地价值的差异规律。农用地分等定级是对农用地质量或其生产力大小的评定,是通过对农业生产条件的综合分析,对农用地生产潜力差异程度的评估工作。

3. 土地登记

土地登记是指将法律认可的土地权属状况登载于专用的簿册上,是国家用以确认土地所有权、土地使用权及其他土地权利的一项法律措施。由法律确认的土地权利是合法的权利,受到法律的保护,可以免受侵犯。

土地登记由专职机关和人员进行,有设定登记、变更登记及注销登记等多种种类。完整的土地登记规范着土地权利的取得、流转、变更、灭失等行为,并对这些行为实施有效的管理。其中,设定登记是指土地登记机关对一宗土地上新设定的土地所有权、土地使用权、土地他项权利进行登记。变更登记有土地权属变化的变更登记和土地面积及地址变化的变更登记。注销登记指经登记的土地权利因法定或约定原因消失,或者因自然及人为原因使土地灭失,从而使土地权利失去效力,由土地权利人向土地登记机关申请注销该权利的登记。

土地登记是地籍管理最基本的工作内容之一,也是地籍管理中出现最早的一项工作。这项工作在初期仅仅为土地赋税服务,随着地籍管理工作的深入和土地管理工作的全面发展,土地登记转而以确认合法土地权利为其主要功能,同时也为土地征税和土地利用管理服务。土地登记可以促进土地的合理配置,促进生产力布局的有效改善,有利于社会安定和经济繁荣。

4. 土地统计

土地统计是国家对土地的数量、质量、分布、利用和权属状况进行统计调查、汇总、统计分析和提供土地统计资料的工作制度。与其他统计相比,土地统计有着极强的专业特点:作为统计对象的土地在数量上是总量恒定的;统计图件是统计结果的反映形式,而且是统计的基础数据;土地统计中地类的增减均以界线的推移实现。通过土地统计,澄清和更新人们对土地资源、土地资产和土地利用状况的认识,揭示土地分配、利用的变化规律,为制定土地管理政策提供科学依据。

5. 地籍信息管理

地籍信息管理以常规的管理方式,即地籍档案管理为主。现代化地籍信息管理正向建立地籍信息系统方向发展。**地籍档案管理是以地籍管理的历史记录、文件、图册为对象所进行的收集、整理、鉴定、保管、统计、提供使用和编研等工作的总称**。地籍档案管理是地籍管理的终端,也是地籍为社会提供服务的桥梁。地籍档案管理是专业档案的管理,是根据地籍管理工作的内容,有秩序地进行收集、整理、存档,在进行系统管理的同时开展编研和提供服务。

地籍管理的内容在不同历史时期有所变化,而且各项内容也不是相互孤立存在的,它们相互联系、彼此衔接。地籍管理工作具有一定的工作顺序。一般在土地调查的基础上进行土地登记、土地统计。但有时又需要几项工作同时展开,甚至在顺序上有所倒置。例如,先进行土地的登记工作,后开展地籍调查或者土地利用现状调查,这时土地的登记工作在土地权利人申报的基础上进行,称为申报登记或陈报登记。

1. 简述地籍调查和土地调查的含义和内容。
2. 简述地籍的历史与分类。
3. 变更地籍调查有哪些变更?它的工作内容与初始地籍调查有何区别?
4. 土地权属的确认方式有哪几种?
5. 什么叫土地的设定登记?它与土地变更登记有何区别?
6. 土地权属调查、土地分类调查、土地质量调查三项调查中哪一项最需要有一定的测量精度?为什么?
7. 简述地籍管理、地籍档案管理的概念。
8. 在变更地籍调查工作中有时会碰到土地分割的问题。例如在题图 5-1 所示的四边形地块中,各点坐标为 $A(41,31)$,$B(20,35)$,$C(15,55)$,$D(45,50)$,现要从该地块的南面分割出一块相当于总面积五分之二的地块,要求分割线经过 CD 边的中点 E,另一点 F 在多边形 AB 边上,求 E、F 点的坐标。

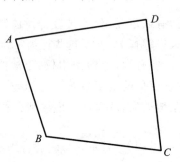

题图 5-1　第 5 章第 8 题图

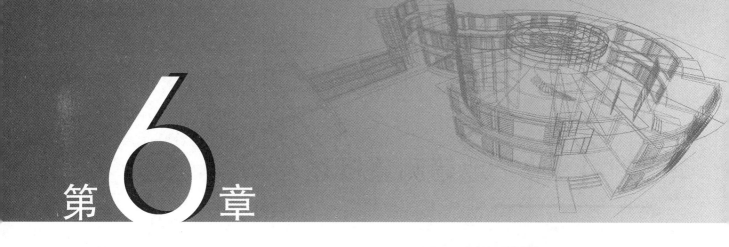

第6章

地籍测量

■ 内容简介

本章主要介绍地籍测量的工作内容,包括控制测量基础知识、地籍控制测量方法与要求、地籍图测绘的工作与内容、界址点测量的技术精度要求与测量方法,并分别对宗地界址线及行政区域勘界、土地勘测定界、地理国情监测、土地利用调查等界线测量工作进行介绍,专门对 GNSS 控制测量及 RTK 工作过程进行介绍。

第 1 节 地籍测量概述

一、地籍测量的内容

地籍测量是为了管理和利用土地所进行的外业测绘工作,以前又称土地测量或户地测量,现在属于不动产测量。地籍测量绘制的图称为地籍图或户地图,现在主要有地籍分幅图和宗地图两种。其中地籍分幅图通常又简称地籍图。地籍测量要求高精度地准确测量地块的边界,对于房屋建筑以外的地物,尤其是次要地物可以根据实际情况进行选择性测量,或降低精度测量。与普通地形图测量相比,地籍测量可以较少测量高程点,对于困难地带可以不测高程或等高线。通常,地籍图按宗地编号,直接在图上量算面积,并连同业主姓名注记在图上。

地籍图是土地主管部门在办理土地登记和发证时,了解地块坐落、宗地面积、界址线边长以及四至关系、使用状况等的依据,旧时也是建立耕地档案必不可少的资料。现代地籍测量工作已由单纯地为了税收保障、保护土地所有者的权益,发展成为多用途的地籍测量,直接为不动产登记与管理服务,为制定国民经济建设计划服务,为土地利用规划、国土整治、土地整理提供科学依据。

因此,地籍测量是为获取和表达地籍信息所进行的测绘工作,基本内容是测定土地及其附着物的权属、位置、数量、质量和利用状况等。地籍测量的具体内容主要如下。

(1) 地籍控制测量:测量地籍基本控制点和地籍图根控制点。

(2) 界线测量:测定行政区划界线和土地权属界线的界址点坐标。

(3) 地籍图测绘:测绘分幅地籍图、宗地图、土地利用现状图、地籍房产图等。

(4) 面积测算:测算地块和宗地的面积,进行面积的平差计算与统计。

(5) 进行土地信息的动态监测,进行地籍变更测量,包括地籍图的修测、重测和地籍簿册的修编,以保证地籍成果资料的现势性与正确性。

(6) 根据土地整理、开发与规划的要求,进行有关的地籍测量工作。

同其他测量工作一样,地籍测量也遵循一般的测量原则,即先控制后碎部、由高级到低级、从整体到局部的原则。

二、地籍测量的特点

与大比例尺地形图测绘类似,地籍测量也是一项技术性很强的专业工作。因此,地籍测量与地形测图之间的密切关系,可以简单地归纳为以下几点。

(1) 它们都属于国土基础信息的采集工作,为国家提供相应的测绘保障,是国家测绘事业重要的组成部分。

(2) 它们都需要谋求信息采集的面覆盖(或区域性面覆盖)。

(3) 它们施测的几何技术基础完全一样,依靠的技术力量主体基本相同。

(4) 由于我国经济建设的飞速发展,这两方面的工作目前都面临着跟不上经济发展需要的问题,都有加快工作进程的迫切要求。

(5) 它们都要依靠国家财政的支持。虽然基础测绘信息要走有偿服务的道路,国土使用要征收土地使用费,但这些费用都应视为国家财政收入,它的支配从根本上说是受国家政策和国民经济计划统一安排的。

然而,地籍测量与基础测绘和专业测量又有着明显的不同,普通测量一般只注重技术手段和测量精度,而地籍测量是测量技术与土地法学的综合利用,涉及土地及其附着物的权利。地籍测量具有以下几个显著的特点。

(1) 地籍测量是一项基础性的具有政府行为的测绘工作,是政府行使土地行政管理职能的具有法律意义的行政技术行为。

(2) 地籍测量与地籍调查分工合作、相互依赖、联合进行,实际中根据现场情况来选择不同的测量技术方法,如全站仪测图、RTK 测图、遥感影像测量等。

(3) 地籍测量具有勘验取证的法律特征。无论是产权的初始登记,还是变更登记或他项权利登记,地籍测量都是利用测量技术手段对权属主提出的权利申请进行现场勘测验证,为土地权利的法律认定提供准确、可靠的物权证明材料。

(4) 地籍测量的技术标准既要符合测量规范的规定,又要反映土地法律的要求。

(5) 地籍测量工作有非常强的现势性。由于社会发展和经济活动使土地的利用和权利经常发生变化,必须对地籍测量成果进行适时更新,因此地籍测量工作比一般基础测绘工作更具有经常性,需及时准确地反映实际变化情况。地籍测量始终贯穿于建立、变更、终止土地利用和权利关系的动态变化之中,并且是维持地籍资料现势性的主要技术之一。

(6) 地籍测量技术和方法是对当今测绘技术和方法的应用集成。地籍测量技术是普通测量、数字测量、摄影测量与遥感、面积测算、误差理论和平差、大地测量、空间定位技术等技术的集成式应用。一般根据土地管理和房地产管理对图形、数据和表册的综合要求,组合不同的测绘技术和方法。

(7) 从事地籍测量的技术人员不但应具备丰富的测绘知识,还应具有不动产法律知识和地籍管理知识。

另外,地籍控制测量还具有以下一些特点。

(1) 地籍平面控制测量精度要求高,以保证界址点和图面地籍元素的精度要求。

(2) 城镇地籍测量由于城区街巷纵横交错、房屋密集、视野不开阔,故一般采用导线测量,并建立图根平面控制网。

(3) 为了保证实地勘丈的需要,基本控制点和图根控制点必须有足够的密度,以便满足界址点及地籍图细部测量要求。

(4) 地籍测量规范中规定了界址点的中误差为±5 cm,因此,高斯投影的长度变形可以忽略不计。当城市位于3°带的边缘时,可按城市测量规范采取适当的措施(重新划定投影带)。

(5) 地形测量中,图根控制点的精度一般用地形图的比例尺精度来要求(图根控制点的最弱点相对于起算点的点位中误差为 $0.1 \text{ mm} \times$ 比例尺分母 M)。在地籍测量中,界址点的坐标精度通常以实地数值来标定,而与地籍图的比例尺精度无关。一般情况下,在地籍测量中,界址点的坐标精度要等于或高于地籍图的比例尺精度。

第 2 节 地籍控制测量概论

地籍控制测量指地籍测量工作中所发生的控制测量,不仅包括测量大面积地籍图、房产图时要进行的控制测量,也包括进行权属界线测量、行政区域界线测绘、土地勘测定界等专项地籍测量中的控制测量。从广义上讲,地籍控制测量与其他控制测量没有什么区别,都是为了满足碎部点测量的要求而进行的较高等级的测量工作,测量的原则也是从高级到低级、从整体到局部。

一、测量坐标系

一般测量中使用两种坐标,一种是球面坐标,另一种是平面坐标。

1. 球面坐标系

球面坐标就是直接在椭球体面上测量和定位的坐标,如大地坐标中的经纬度和地理坐标中的经纬度均属于球面坐标。

大地坐标以参考椭球体为原型,用大地经度 L、大地纬度 B 表示(见图 6-1)。地球上一点 P 的大地坐标(大地经度 L_P、大地纬度 B_P),是由参考椭球体(参数 a、b、e)、起始子午面、P 点子午线、赤道平面、P 点法线(在该点与椭圆体面垂直的线)确定的。这种以参考椭球体、子午线、法线为依据建立起来的坐标系称为大地坐标系。以此确定的大地经度 L 和大地纬度 B,称为地面点的大地坐标。

地理坐标用天文仪器实测得到天文经度 λ 与天文纬度 ϕ。天文经度也称地理经度,可通过实测地方时计算时差得到。天文纬度又称地理纬度,可按图 6-2 在夜晚观测北极星,测量得纬度为 $\phi_1 = \phi_2$。用天文仪器观测时,是以仪器的竖轴与铅垂线相重合,即以大地水准面(与该点的铅垂线正交)为基础的。这样,在处理天文测量数据时,便以大地水准面和铅垂线为依据,由此建立的坐标系统,称为**天文坐标系**或**地理坐标系**。

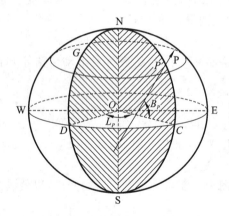

图 6-1 球面坐标系中的大地坐标 L、B

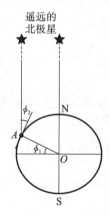

图 6-2 地理纬度的测定

2. 平面坐标系

在球面体(地球仪)上用球面坐标表示当然会比较清晰直观,在小比例尺地图上用经纬度表示也会体现出很大的优越性。但如果在一张较大比例尺的平面地图上,仅标注有经纬度的地理坐标是不够的,因为地理坐标无法准确量距,这就会让人工作起来很不方便。因此,人们就越来越需要具有一定精度、较好准确性、适用于各种用途的平面地图、地形图、地籍图。也就是说,如果要确定一个小区域范围内各点坐标的相对位置,用平面坐标进行描述会显得比较直观明确。这样,就需要建立一定的测量平面坐标系统,以此来确定一定区域范围内的各点平面坐标位置。在进行一定区域范围内的地籍调查测量时,一般都首选平面坐标系。对于平面坐标系的建立,通常的做法是采用高斯投影将球面坐标系转换成高斯平面坐标系。高斯投影的方法过程参见相关的基础测量教材。

3. 几种国家坐标系简介

自成立以来,我国经历采用了几种坐标系,统计如下。

1) 1954 北京坐标系

自成立以后,我国大地测量进入了全面发展时期,为满足国家建设的需要,我国采用了苏联的克拉索夫斯基椭球参数(长半轴 $a=6\ 378\ 245$ m,扁率 $e=1/298.3$),并与苏联 1942 普尔科沃大地坐标系进行联测,通过计算建立了我国大地坐标系,定名为 1954 北京坐标系。1954 北京坐标系为参心坐标系,其大地原点在苏联的普尔科沃。与苏联 1942 普尔科沃大地坐标系所不同的是,1954 北京坐标系的高程异常是以苏联 1955 年大地水准面差距重新平差的结果为起算值,且以 1956 年青岛验潮站求出的黄海平均海水面为基准面,按我国的天文水准路线传算出来的。

2) 1980 西安坐标系

由于 1954 北京坐标系大地原点距我国甚远,在我国范围内该参考椭球面与大地水准面存在明显的差距,在东部地区最大达 68 m 之多,因此,1978 年 4 月,我国在西安召开全国天文大地网平差会议,决定重新定位,建立我国新的坐标系。为此,有了 1980 西安坐标系。1980 西安坐标系采用地球椭球数值为 1975 年国际大地测量学与地球物理学联合会第十六届大会推荐的数据:长半轴 $a=6\ 378\ 140$ m;扁率 $e=1/298.257$;地心引力常数(含大气层) $GM=3.986\ 005\times10^{14}\ \text{m}^3/\text{s}^2$;地球重力场二阶带谐系数 $J_2=1.082\ 63\times10^{-3}$;地球自转角速度 $\omega=7.292\ 115\times10^{-5}$ rad/s。

该坐标系也是一种参心坐标系,其大地原点设在我国中部的陕西省泾阳县永乐镇,位于西安市西北方向约 60 km;基准面采用青岛验潮站 1952—1979 年确定的黄海平均海水面(即 1985 国家高程基准)。

3) 2000 国家大地坐标系

随着社会的进步、科技的发展,参心坐标系已不适合建立全球统一坐标系,不便于阐明地球上各种地理和物理现象,特别是空间物体的运动。现在利用空间技术所得到的定位和影像成果都是以地心坐标系为参照系,迫切需要采用大地原点位于地球质量中心的地心坐标系作为国家大地坐标系。为此,国家测绘局公布自 2008 年 7 月 1 日起启用 2000 国家大地坐标系。2000 国家大地坐标系是全球地心坐标系在我国的具体体现,其大地原点为包括海洋和大气的整个地球的质量中心。2000 国家大地坐标系采用的地球椭球参数为 1980 年国际大地测量学与地球物理学联合会提出的,具体如下:长半轴 $a=6\ 378\ 137$ m;扁率 $e=1/298.257\ 222\ 101$;地心引力常数 $GM=3.986\ 004\ 418\times10^{14}\ \text{m}^3/\text{s}^2$;地球自转角速度 $\omega=7.292\ 115\times10^{-5}$ rad/s。

4) WGS-84 坐标系(world geodetic system-1984 coordinate system)

WGS-84 坐标系是一种国际上采用的地心坐标系,是由美国国防部研制确定的,是一种协议地球坐标系。WGS-84 坐标系的几何定义是:坐标系的原点是地球的质心,Z 轴指向 BIH(国际时间局)1984.0 定义的协议地球极(CTP)方向,X 轴指向 BIH1984.0 的零子午面和 CTP 赤道的交点,Y 轴和 Z、X 轴构成右手坐标系。

WGS-84 椭球采用国际大地测量学与地球物理学联合会第 17 届大会大地测量常数推荐值,采用的基本参数如下:长半轴 $a=6\ 378\ 137$ m;扁率 $e=1/298.257\ 223\ 563$;地心引力常数(含大地层) $GM=3\ 986\ 005\times10^8\ \text{m}^3/\text{s}^2$;正常化二阶带谐系数 $C_{2,0}=-484.166\ 85\times10^{-6}$;地球自转角速度 $\omega=7\ 292\ 115\times10^{-11}$ rad/s。

地籍测量工作中应首先尽可能采用国家统一坐标系,测区远离中央子午线或横跨两个投影带时,或由于测区平均高程较大,而导致长度投影变形较大,难于满足精度要求时,采用国家坐标系会带来许多不便,实际工作中往往会建立适合本测区的地方独立坐标系。这时可以选择测区中央某一子午线作为投影带的中央子午线,由此建立任意投影带的独立坐标系。这既可使长度投影变形减小,又可使整个测区处于同一坐标系内,无论对提高地籍图的精度,还是对拼接和使用都是有利的。当投影变形值小于 2.5 cm/km 时,可不经投影直接建立独立的平面坐标系,并可采用以下几种方法。

(1) 用国家控制网中的某一点坐标为原点,某条边的坐标方位角作为起始方位角。

(2) 从中、小比例尺地形图上用图解法量取国家控制网中一点的坐标或一明显地物点的坐标作为原点坐标,量取某条边的坐标方位角作为起始方位角。

(3) 假设原点的坐标,将一条边的坐标方位角作为起始方位角。

二、控制测量的工作程序

平面控制测量、高程控制测量、平面与高程同时兼顾的控制测量虽然具体的工作方式、方法与注意事项各不相同,但主要工作程序与步骤是相似的。一项专门的控制测量工程基本的工作过程通常是:资料收集;选点、踏勘;技术设计;建立标志;野外观测;平差计算与数据管理、编写技术总结报告等。

1. 资料收集

需要向委托方、当地相关部门、上级测绘行政主管部门等单位收集测区内的各种比例尺地(形)图,各种规格、级别的控制点成果及相关资料(如平差过程、技术报告、成果说明等)。收集的控制点还需在野外踏勘核实。

2. 选点、踏勘

对于较大型的控制测量工程,可先利用已有地形图在室内进行图上选点,然后在野外实地确定,这项工作往往需要几个回合才能最终完成。选好的控制点通常应满足的基本要求如下。

(1) 点位互相通视(水准点无须考虑此项要求),便于工作。点与点之间能观察到相应的目标,视线上没有障碍物。同时,应注意视线沿线的建筑物离开视线有一定的距离,避免旁折光对测量的影响。

(2) 控制点数量足够,点位分布均匀。控制点的数量能满足进行地形测图或下一等级控制测量的要求,符合工程建设测量的需要。

(3) 精心选点,便于保存。选在城镇地面上的点需考虑通视方向稍多、能控制较大的观测范围、方便继续发展下级控制的交叉路口;在乡村野外选点需考虑交通方便、土质坚实、稳定可靠。对原有控制点应尽量采用原来的点位和点名。

(4) 周围视野开阔,利于加密。通常尽量利用当地的山头、单位楼顶等制高点来布设建造控制点,这样做有利于控制点的逐级扩展和加密。

(5) 对于卫星定位测量控制网的选点,另有一些特殊要求,请参见相关规范要求,如国家标准《全球定位系统(GPS)测量规范》(GB/T 18314—2009)。而对于三角测量的选点,也有些图形结构方面的严格规定,均可查阅咨询国家相关控制测量规范。

3. 技术设计

对于较大型的控制测量工程,需进行详细的技术设计。技术设计的内容主要包括:工程来源、概况;测区地理位置、交通、环境、民俗等工作条件情况;已有资料收集、分析评估情况;控制网的设计优化、选点、精度估算情况;技术要求、技术标准的选择;工作程序布置、工期的大致安排,工作进度保障、技术质量保证(技术人员组成、仪器设备质量等)、工作安全保障(人员安全、仪器设备安全、数据资料安全),工作量的统计与成果提交,达到的效果和目的等。

4. 建立标志

针对选点图,在选定的点位上埋设固定标石和建立标架,即所谓的建标埋石。建标指建立高达数米的寻常三角标、双锥标等,用于观测瞄准。建标的工作通常针对控制点等级较高,且地形地貌难以瞄准的情况(如荒漠戈壁地区、有灌木的山头等)。

埋石是用钢筋混凝土或花岗岩等坚硬的石材制成有中心标志的标石,在选定的地点位置进行埋设。有时控制点是设在坚固构造物上的中心标志,或是一种打入泥地里的带有中心标志的固定木桩。一般不同级别的控制点埋设不同的标志,而且根据实际情况选择是否建立觇标和确定觇标的材料与规格大小,控制点规格与觇标建造均可参阅相应的规范要求。图6-3、图6-4所示分别是一些控制点标志与觇标(花杆(又称标杆)、寻常标、双锥标)的样式,较大标石的顶面标志中心附近注有控制点的点号、建造单位及建造时间等。标石应稳定地埋设在冻土线以下的土层里,在点位附近设立指示标志,同时绘图照相、做好点位埋设记录(点之记)。对于重要控制点,应委托当地测绘行政主管部门落实保管措施。

5. 野外观测

根据控制测量要求的内容，野外观测的内容主要有水准测量、全站仪测角量边、GPS 数据采集等，有时还需进行大气压、温度、湿度测量。野外作业基本工作要求有：做好仪器工具的检校，掌握仪器的性能；了解现场实际情况，做好观测组织安排；落实技术措施，采集和保管野外观测数据。

6. 平差计算与数据整理

进行平差计算与数据整理时，主要是通过一定的手段（表格、计算器、计算机、软件等）求取控制点的点位坐标与高程。平差计算与数据整理的工作内容与要求为：根据控制测量的实施方法和确定的平差原则拟定计算方案；检查原始观

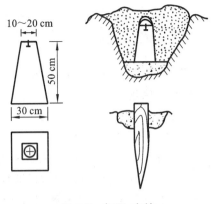

图 6-3　标石、木桩

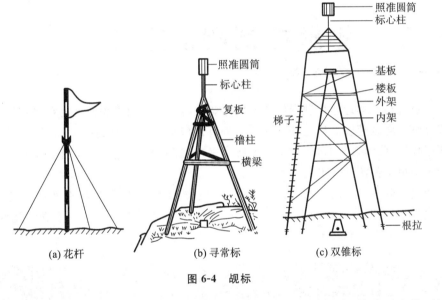

图 6-4　觇标

测记录，核对野外观测成果及已知数据，必要时对野外观测数据进行高程投影平面改化；总体平差、评定精度，计算过程和结果输出要求清晰完整。

7. 编写技术总结报告

技术总结是对控制测量的整个工作过程进行如实反映。技术总结报告的内容除了包含技术设计书中的主要内容外，应主要反映出野外作业过程、方法要求，列表统计各项控制测量成果（如控制点的坐标、高程、边长、方位角等），按有关技术要求进行成果精度方面的相关说明。编写技术总结报告时，也应进行一些实际经验的总结，指出工作中存在的失误与缺憾。

三、地籍控制测量的精度

地籍平面控制测量在精度上除了要满足测图的要求之外，更重要的是要满足测量宗地界址点坐标的精度要求。

《地籍测绘规范》(CH 5002—1994)第 3.4.1 条规定："地籍平面控制点相对于起算点的点位中误差不超过±0.05 m。"《地籍调查规程》(TD/T 1001—2012)第 5.3.1.1 条规定，地籍平面控制网的基本精度应符合下面规定：①四等网或 E 级网中最弱边相对中误差不得超过 1/45 000；②四等网或 E 级以下网最弱点相对于起算点的点位中误差不得超过±5 cm。

四、地籍控制点的密度要求

地籍控制点的密度必须首先满足界址点测量的要求,其次满足测图比例尺的要求。通常情况下,地籍控制网点的密度可按如下参考。

(1) 城镇建城区:按 100～200 m 布设相当三级精度的地籍控制网点。
(2) 城镇稀疏建筑区:200～400 m 布设相当二级精度的地籍控制网点。
(3) 城镇郊区:400～500 m 布设相当一级精度的地籍控制网点。

在老旧城区的居民区内,巷道错综复杂,建筑物密集杂乱,界址点也很多。在这种情况下,应适当地增加控制点和埋石点的密度和数目,以满足界址点测量与测图的要求。

第3节 地籍控制测量方法

地籍控制测量包括基本地籍控制测量和图根地籍控制测量。前者为测区的首级控制测量,精度等级较高且全面覆盖整个测区范围。后者是分区分片进行的较低精度等级的控制测量。首级控制与图根控制共同构成测区控制网。传统的地籍控制测量通常采用三角形网测量、导线测量等方法,现代地籍控制测量主要增加了卫星定位测量(GPS测量)。

地籍控制测量也分平面与高程两部分。高程控制主要有水准高程控制、三角高程控制、GPS 高程控制等。相对于地籍平面控制而言,地籍高程控制的精度要求有所降低。这里主要介绍几种经常应用的地籍平面控制测量的原理方法和技术精度要求。

一、三角形网测量

近三十年来,由于测距仪、全站仪不断推陈出新,传统的三角形网测量基本上已由新式的边角测量代替,特别是在测距边长适合的情况下,用全站仪同时测角、测边,会大大提高三角形网测量的效率与精度。新式的三角形网测量是在地面上选定一系列的控制点,构成相互连接的若干个三角形,组成各种网(锁)状图形。通过观测三角形的内角与边长,并根据网中的已知点坐标,经计算机平差软件(如南方平差易、清华山维等)平差计算求出各未知点的坐标。

中华人民共和国国家标准《工程测量规范》(GB 50026—2020)3.4.1 条款规定了各等级三角形网测量的主要技术要求,如表 6-1 所示。

表 6-1 各等级三角形网测量的主要技术要求

等级	平均边长/km	测角中误差/(")	测边相对中误差	最弱边边长相对中误差	测回数				三角形最大闭合差/(")
					0.5″级仪器	1″级仪器	2″级仪器	6″级仪器	
二等	9	1	≤1/250 000	≤1/120 000	9	12	—	—	3.5
三等	4.5	1.8	≤1/150 000	≤1/70 000	4	6	9	—	7
四等	2	2.5	≤1/100 000	≤1/40 000	2	4	6	—	9

续表

等级	平均边长/km	测角中误差/(″)	测边相对中误差	最弱边边长相对中误差	测回数				三角形最大闭合差/(″)
					0.5″级仪器	1″级仪器	2″级仪器	6″级仪器	
一级	1	5	≤1/40 000	≤1/20 000	—	—	2	4	15
二级	0.5	10	≤1/20 000	≤1/10 000	—	—	1	2	30

注：测区测图的最大比例尺为1∶1 000时，一、二级网的平均边长可放长，但不应大于表中规定长度的2倍。

三角形网测量的具体测量工作程序、测量技术方法、测站技术限差要求等，均可参见相关规范要求，如《工程测量规范》(GB 50026—2020)、《城市测量规范》(CJJ/T 8—2011)、《国家三角测量规范》(GB/T 17942—2000)等。

二、导线测量

导线测量是一种以测角量边逐点传递确定地面点平面位置的控制测量，由此布设的折线状导线形式可以不受地带狭窄、地面四周通视比较困难的条件限制，比较适合居民建筑区、林木繁茂的隐蔽地区和线形工程建设的测量需要。在城镇建成区的地籍测量中，经常用导线测量进行图根控制测量。

导线的布设形式主要有下面几种。

1. 附合导线

附合导线的典型布设形式如图6-5(a)所示。导线的布设从已知控制点(图中用△表示)出发，连续经过若干条导线边之后附合到另一已知控制点结束，而导线两端的已知控制点具有各自的已知方向。图6-5(a)中的 A、B、C、D 均为已知控制点，1、2、3是未知待求的导线点，图中的观测值有2个连接角 φ_1、φ_2 和3个转折角 β_1、β_2、β_3 以及4条导线边长 D_1、D_2、D_3、D_4，共9个观测值。附合导线中有3个未知点6个未知数，于是产生3个多余观测，亦即形成3个条件检核(1个方位角检核条件和2个坐标增量检核条件(也即边长检核条件))。

实际工作中，上述附合导线通常是导线形式的首选，这一方面是因为附合导线具有自始至终的边长与方位角条件检核，可以将测量误差比较均匀地分配在沿线各导线点上，另一方面是因为通过附合导线可以间接检查和了解测区范围内已知控制点的可靠性。

2. 闭合导线

闭合导线是指从已知控制点出发，经过若干导线边的传递之后又回到原已知控制点。图6-5(b)中 A 是已知控制点，AB 是已知方向，1、2、3、4是未知的待测导线点。图中的观测值有连接角 φ 和5个转折角 β_1、β_2、β_3、β_4、β_5 以及5条导线边长 D_1、D_2、D_3、D_4、D_5，共11个观测值，4个未知点8个未知数同样产生3个多余观测，形成3个条件检核。

闭合导线与附合导线具有相同的边长检核条件和方位角检核条件，但闭合导线只利用到两个已知控制点，从已知控制点的利用方面来考虑，与附合导线相比稍逊一筹，所以实际中还须对已知控制点的边长进行检查核对。另外，起始连接角 φ 测量误差如果过大甚至包含粗差，将会引起整个导线发生旋转位移。所以实际工作中采用闭合导线时，要求对起始连接角 φ 比对其他观测角进行较高精度的观测计算。

3. 支导线

如图6-5(c)所示，从已知控制点出发，经几条导线边的传递直接在未知导线点结束，这样既不回到起始控制点，也无法附合到另一已知控制点的导线，称为支导线。图6-5(c)中 A 是已知控制点，AB 是已知方向，1、2是未知待求的导线点。观测值有连接角 φ 和1个转折角 β_1 以及2条导线边长 D_1、D_2，共4个

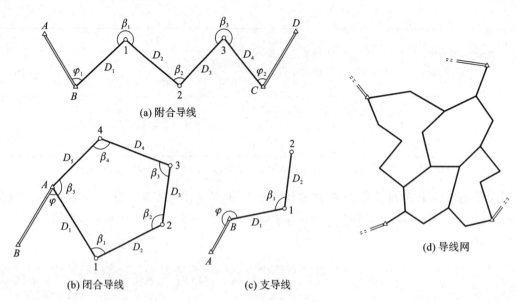

图 6-5 导线测量布设示意图

观测值,不产生多余观测。

与附合导线和闭合导线相比,支导线的图形强度最差,无任何条件检核,实际工作中需谨慎对待。通常支导线控制测量采取往返测量的方法进行,往测时测量前进方向的左角,返回时测量另一个角,再计算取平均值。如果是在地形测图过程中临时支点,为了节省时间不进行返测,尤需特别小心,一定要盘左盘右测角、对向测距,防止出现粗差,同时连续支点不要超过 3 次。

实际上,地籍测图中用全站仪测量碎部点,以及对界址点的测定,实质上都是属于简单的支导线测量,且支导线是只含有一条未知边、一个未知点、一个测站的最简单的支导线。

4. 导线网

导线网是由若干条闭合导线和附合导线构成的网形,如图 6-5(d)所示。有些教材中将结点导线单独列为一种,其实结点导线也可划入导线网中,只不过它是一种最简单的导线网。图 6-6 所示便是一种结点导线的示意图。

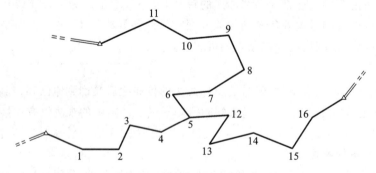

图 6-6 结点导线示意图

结点导线适用于已知控制点相距较远、导线布设较长的情况。结点导线由于受到几个方向的已知控制点的控制,增加了多余观测,因此在控制精度上可以获得满意的结果,而且有时也可减小导线的总长,从而节省许多野外观测工作量。例如,图 6-6 中有 16 个未知点,只需 32 个观测值,但如果观测了 20 个角和 18 条边,则产生 6 个多余观测,形成了 6 个可以用于检查与平差计算的条件,使导线精度有所保障。

《工程测量规范》(GB 50026—2020)3.3.1 规定了各等级导线测量的主要技术要求,如表 6-2 所示。

表 6-2　各等级导线测量的主要技术要求

等级	导线长度/km	平均边长/km	测角中误差/(″)	测距中误差/mm	测距相对中误差	测回数 0.5″级仪器	测回数 1″级仪器	测回数 2″级仪器	测回数 6″级仪器	方位角闭合差/(″)	导线全长相对闭合差
三等	14	3	1.8	20	1/150 000	4	6	10	—	$3.6\sqrt{n}$	≤1/55 000
四等	9	1.5	2.5	18	1/80 000	2	4	6	—	$5\sqrt{n}$	≤1/35 000
一级	4	0.5	5	15	1/30 000	—	—	2	4	$10\sqrt{n}$	≤1/15 000
二级	2.4	0.25	8	15	1/14 000	—	—	1	3	$16\sqrt{n}$	≤1/10 000
三级	1.2	0.1	12	15	1/7 000	—	—	1	2	$24\sqrt{n}$	≤1/5 000

注：(1) n 为测站数；

(2) 当测区测图的最大比例尺为 1∶1 000 时，一、二、三级导线的导线长度、平均边长可放长，但最大长度不应大于表中规定相应长度的 2 倍。

导线测量的具体测量方法、测站限差要求等，亦可参见相关规范要求，如《工程测量规范》(GB 50026—2020)、《城市测量规范》(CJJ/T 8—2011)等。内业计算同样可采用上述专业平差软件进行。

三、卫星定位测量（GPS 测量）

自 20 世纪八九十年代美国 GPS 技术大量涌进我国民用领域之后，全球卫星导航定位技术不断迅速发展，地面用户的卫星接收设备日新月异，使得 GPS 测量成为当今稍大测区范围控制测量方法的首选。GPS 测量具有布点灵活、全天候观测、观测及计算速度快、点位精度高等优点。实际中 GPS 测量一般有以下工作内容。

1．收集资料、野外踏勘

收集测区已有地形图及控制测量成果，主要包括控制点的坐标和等级、中央子午线的位置、采用的坐标系统等。野外踏勘的目的是了解测区的范围、地质气象情况、交通环境、通视条件等。踏勘时最好用测区影像图。

2．技术方案设计

GPS 测量技术方案设计是根据《全球定位系统(GPS)测量规范》(GB/T 18314—2009)或相关测量规范，针对本测区地籍测量工作要求与 GPS 网的精度等级和收集到的测区内已有资料，来进行控制网的各项技术设计工作。

国家将 GPS 网分为 A、B、C、D、E 五级，A 级网是国家卫星定位连续运行基准站，B、C、D 级网主要为建立的国家二、三、四等大地控制网，E 级网为测图控制网。技术方案设计时主要根据测区的范围大小来考虑 GPS 测量的首级控制网等级。设计时需要考虑的主要内容如下。

1) GPS 网野外观测与图形构成

(1) 观测时段：各测站同时开始接收卫星信号到观测停止连续工作的时间。

(2) 数据采样间隔：观测时两次读数间隔时间。

(3) 同步观测：两台或两台以上 GPS 接收机对同一组卫星同时进行观测。

(4) 同步观测环：三台或三台以上 GPS 接收机同步观测获得的基线向量所构成的闭合环。如果 n 为设计观测点数，m 为同步仪器总数，则同步环个数为 $(n-1)/(m-1)$ 的最小整数。

(5) 独立观测环：由独立观测获得的基线向量所构成的闭合环。

(6) 异步观测环：在构成多边形环路的所有基线向量中，只要有非同步观测基线向量，该多边形环路就称为异步观测环。

(7) 独立基线:对于 N 台 GPS 接收机构成的同步观测环,有 $J=N(N-1)/2$ 条同步观测基线,其中独立基线数为 $N-1$。

(8) 非独立基线:除独立基线外的其他基线称非独立基线,总基线数与独立基线数之差即为非独立基线数。

2) GPS 网的技术要求

GPS 网一般采用载波相位测量相对定位的方法,计算得到同步观测相邻点之间的三维坐标差即基线向量,以此作为观测量,故通常以相邻点之间距离的中误差 m_D 作为控制网的精度指标:

$$m_D = a + b \times 10^{-6} D \tag{6-1}$$

式中:a——距离固定误差(mm);

b——比例误差系数;

D——相邻点间的距离(km)。

按照《全球定位系统(GPS)测量规范》(GB/T 18314—2009)规定,B、C、D、E 级的精度应不低于表 6-3 中的要求。

表6-3　B、C、D、E 级 GPS 网精度要求

等级	相邻点基线分量中误差		相邻点间平均距离 /km	相对精度	闭合环(异步观测环)或附合路线的最多边数 /条
	水平分量 /mm	垂直分量 /mm			
B	5	10	50	1×10^{-7}	6
C	10	20	20	1×10^{-6}	6
D	20	40	5	1×10^{-5}	8
E	20	40	3		10

3) GPS 网的图形设计

为了确保观测效果的可靠性,有效地发现观测成果中的粗差,必须使 GPS 网中的独立边构成一定的几何图形。这种几何图形一般是由数条 GPS 独立边构成的非同步多边形(亦称非同步闭合环),如三边形、四边形、五边形等。当 GPS 网中有若干个起算点时,这种几何图形也可以是由起算点之间的数条 GPS 独立边构成的附合路线。GPS 网的图形设计就是根据用户对 GPS 网的精度要求、经费、时间、人力、可以投入的 GPS 接收机台数及野外作业条件等因素,设计出由 GPS 独立边构成的多边形网(亦称环形网)。

GPS 网常用的网形有点连式(见图 6-7(a))、边连式(见图 6-7(b))、点边混合连接式(见图 6-7(c))及网连式等基本类型。

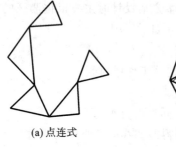
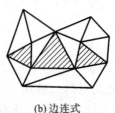

(a) 点连式　　(b) 边连式　　(c) 点边混合连接式

图 6-7　GPS 网常用的网形

(1) 点连式:相邻同步图形之间仅有一个公共点连接,非同步图形之间缺少闭合条件,可靠性很差,一般不单独使用。

(2) 边连式:同步图形之间由一条公共基线连接,有较多的复测边和非同步图形闭合条件,可靠性较高,但当仪器台数相同时,观测时段将较点连式大为增加。

(3) 点边混合连接式:系上述两种连接方式的有机结合,既能保证网的图形强度,提高可靠性,又能减少外业工作量、降低成本,是较为理想的布网方法。

(4) 网连式:相邻同步图形之间由两个以上的公共点相连接,图形密集,几何强度和可靠性都很高,但至少需要四台以上的 GPS 接收机,所需的费用和时间较多,一般仅适用于精度要求较高的控制测量。

4) GPS 网与常规控制网的联测

为了使 GPS 网和地面常规控制网建立必要的联系,应考虑 GPS 网至少和三个以上高等级的常规控制点进行联测,如果需测定 GPS 点的高程,还应与国家等级水准点进行联测,联测点不应太少且分布均匀。

3. 选点与埋石

由于 GPS 测量同步观测不需要站点之间互相通视,图形结构比较灵活,也不需要建立高标,但为了和常规控制网进行联测和加密,每个 GPS 点应有一个以上的通视方向。GPS 点应选在交通便利、视野开阔、点位较高、易于安置接收设备的地方,应尽量避开对电磁波有强烈吸收、反射等干扰影响的金属构件或其他障碍物,如高压线、电视发射台及大面积水域等。

各级 GPS 点均应埋设固定的标石或标志,标石类型分为天线墩、基本标石和普通标石。B 级 GPS 点应埋设天线墩;C、D、E 级 GPS 点在满足标石稳定、易于长期保存的前提下,可根据具体情况选用。埋设天线墩、基本标石时,应现场浇灌混凝土。新埋标石应视情况办理测量标志委托保管书。

选点埋石结束后应上交的资料包括:GPS 点之记(格式按相应规范要求)、环视图(含周边相片);GPS 网选点分布图;测量标志委托保管书;标石建造拍摄的照片;选点埋石工作总结等。

4. 作业模式选择

GPS 定位方法有多种,按定位原理可分为伪距定位(测量时间,精度低)和载波相位定位(测相位差,精度高),按 GPS 接收机状态可分为动态定位(用于车船等,精度低)和静态定位(GPS 接收机静止测量,精度高),按定位方式可分为绝对定位(单点定位,普通导航,精度低)和相对定位(两台及更多台 GPS 接收机,定位精度可达 $D \times 10^{-6}$ 级,D 为相邻两台 GPS 接收机间的距离)。GPS 测量中采用的是载波相位的静态相对定位模式。

在进行图根控制测量时,可以使用一种相对比较简单快捷的控制测量方法——GPS 实时差分技术,这种实时差分技术也属于相对定位方法,其基本原理就是将一台 GPS 接收机安置在**基准站**上进行观测,计算出基准站到卫星的距离改正数,并由基准站实时地将这一改正数发送给其他同步观测的一台或多台用户接收机(**移动站**),用于对它们的观测结果加以实时改正,进而实时地解算并显示移动站的三维坐标及其精度。

5. 仪器准备

外业工作前必须对仪器进行充分检查准备。作业所使用的 GPS 接收机及天线必须送国家计量部门认可的仪器检定单位检定,检定合格后在有效期限内使用。B、C、D、E 级 GPS 网测量采用的 GPS 接收机的选用按表 6-4 执行。

表 6-4 GPS 接收机的选用

级别	B	C	D、E
单频/双频	双频	双频	双频或单频
观测量至少有	L1、L2 载波相位	L1、L2 载波相位	L1 载波相位
同步观测 GPS 接收机数目	≥4	≥3	≥2

6. 拟定观测计划

运用卫星预报软件,输入测区中心点的概略坐标、作业日期和时间,根据卫星星历文件,编制 GPS 卫星的可见性预报图;对观测区域进行合理划分;选择最佳的观测时段,编制出观测时段、测站和GPS接收机的作业调度表,考虑好观测转站用的交通指挥等。

7. 野外观测

1) 天线安置

天线应固连在三脚架上,通过对中、整平,架设在点位上方,离地面高度应在1 m以上。天线定向标志线应指向正北,其定向误差一般不应超过±(3°～5°)。天线架设好后,在圆盘天线间隔120°的三个方向分别量取天线高,其较差不应超过3 mm,取三次结果的平均值记入手簿。然后在离开天线的适当位置安放GPS接收机,并将天线电缆与GPS接收机进行连接。

2) 开机观测

仪器开机通过自检后,GPS接收机将会追踪锁定卫星(显示器有指示)。观测员便按照GPS接收机操作手册进行测站和时段控制等有关信息的输入和观测操作。观测操作的主要工作是接收GPS卫星信号,并对其进行跟踪处理,以获得所需要的观测数据和定位信息。

观测时接收的卫星信息主要包括GPS卫星星历及卫星钟差参数、载波相位观测值及相应的历元时刻、同一历元的伪距观测值、GPS实时定位结果等。这些卫星信息连同GPS接收机的工作状态等信息一道,由GPS接收机自动进行记录和存储于电子手簿。除此之外,观测员还应将测站信息、接收时间、出现的问题和处理情况等及时填写于观测手簿(手簿格式见相应规范)。

如果使用RTK GPS接收系统进行实时动态测量,开机后基准站和移动站之间的数据通信和卫星的搜索、锁定等操作均由数据传输电台和软件自动完成,可以通过单击"查看卫星图"命令,观看当前接收到的卫星状态。在接收到4颗以上卫星的信号后,即可在显示屏上显示移动站的三维坐标。RTK GPS接收系统数据的接收、下载与解算亦由电子手簿自动完成,并可通过执行有关命令,将所测坐标换算为用户所需坐标系的坐标。

3) 测站要求

GPS静态测量一般至少用2台或2台以上GPS接收机进行同步观测,根据国家标准《全球定位系统(GPS)测量规范》(GB/T 18314—2009)规定,各等级GPS网静态测量作业的测站主要技术要求如表6-5所示。

表6-5 各等级GPS网静态测量作业技术要求

项目	级别			
	B	C	D	E
卫星截止高度角/(°)	10	15	15	15
同时观测有效卫星数	≥4	≥4	≥4	≥4
有效观测卫星总数	≥20	≥6	≥4	≥4
观测时段数	≥3	≥2	≥1.6	≥1.6
时段长度	≥23 h	≥4 h	≥1 h	≥40 min
采样间隔/s	30	10～30	5～15	5～15

8. 内业数据处理

GPS测量数据处理也可称为GPS网平差,步骤为:数据预处理;基线向量提取;三维无约束平差;约束平差和联合平差。外业结束后,将观测数据传输至计算机。在完成读入GPS观测值数据后,就需要对观测数据进行必要的检查,检查的项目包括测站名、点号、测站坐标、天线高等。对这些项目进行检查的目的是避免外业操作时的误操作。运行后处理软件,C、D、E级GPS网基线解算可采用随GPS接收机配备的商用软件进行以下数据处理。

1) 数据预处理

解算基线向量,计算所有同步观测相邻点之间的三维坐标差(即独立基线向量),检核重复边,即同一基线在不同时间段测得的基线边长的较差,以及由基线向量构成的各种同步环和异步环的闭合差是否满足相应等级的限差要求。该过程一般是自动进行的,无需过多的人工干预。对观测数据进行检验,剔除粗差,将各种数据文件加工成标准化文件。

(1) 数据剔除率。同一时段内观测值的数据剔除率不应超过10%。

(2) 复测基线的长度差。B级GPS网外业预处理与C、D、E级GPS网基线处理后,若某基线向量被多次重复,则任意两条基线长度之差 d_S 应满足下式:

$$d_S \leqslant 2\sqrt{2}\sigma \tag{6-2}$$

式中:σ——相应级别规定的基线测量中误差,计算时边长按实际平均边长计算。

(3) 同步观测环闭合差。三边同步环中只有两个同步边成果可以视为独立的成果,第三边成果应为其余两条边的代数和。由于模型误差和处理软件的内在缺陷,第三边处理结果与前两边的代数和常不为零,其差值应小于下列数值:

$$\begin{cases} \omega_X \leqslant \sqrt{\dfrac{3}{5}}\sigma \\ \omega_Y \leqslant \sqrt{\dfrac{3}{5}}\sigma \\ \omega_Z \leqslant \sqrt{\dfrac{3}{5}}\sigma \end{cases} \tag{6-3}$$

式中:σ——相应级别规定的基线测量中误差,计算时边长按实际平均边长计算。

(4) 独立环闭合差及附合路线坐标闭合差。B、C、D、E级GPS网外业基线预处理后,其独立环闭合差或附合路线坐标闭合差应满足下式:

$$\begin{cases} \omega_X \leqslant 3\sqrt{n}\sigma \\ \omega_Y \leqslant 3\sqrt{n}\sigma \\ \omega_Z \leqslant 3\sqrt{n}\sigma \end{cases} \tag{6-4}$$

式中:n——闭合边数;

σ——相应级别规定的基线测量中误差。

2) 基线向量提取

进行GPS网平差,首先要提取基线向量,构建GPS基线向量网。构建GPS基线向量网时需遵循以下原则。

(1) 必须选取相对独立的基线,否则平差结果会与真实的情况不相符合。

(2) 所选取的基线应构成闭合的几何图形。

(3) 选取质量好的基线向量。基线质量的好坏可以依据RMS、RDOP、RATIO、同步环闭合差、异步环闭合差及重复基线较差来判定。

(4) 选取能构成边数较少的异步环的基线向量。

(5) 选取边长较短的基线向量。

3) 三维无约束平差

以解算好的基线向量作为观测值,对GPS网进行无约束平差,从而得到各GPS点之间的相对坐标差值,再以基准点在WGS-84坐标系的坐标值为起始数据,即得各GPS点的WGS-84坐标,以及所有基线的边长和相应的精度。

根据无约束平差结果,判别在所构成的GPS网中是否有粗差基线,如果发现含有粗差的基线,必须进行处理,以使构网的所有基线向量均满足质量要求。

4) GPS网约束平差

根据GPS网和国家或城市控制网联测的结果,将联测的高级点的坐标、边长、方位角或高程作为强制约束条件,对GPS网进行二维或三维约束平差和坐标转换,使所有GPS点获得与国家或城市控制网相一致的二维或三维坐标值。GPS网约束平差的具体步骤如下。

(1) 确定平差的基准和坐标系统。

(2) 指定起算数据。

(3) 检验约束条件的质量。

(4) 进行平差解算。

5) 质量分析与控制

进行GPS网质量的评定,一般采用以下指标。

(1) 基线向量改正数。根据基线向量改正数的大小,可以判断出基线向量中是否含有粗差。

(2) 相邻点的中误差和相对中误差。

9. 成果提交

提交的成果包括技术设计说明书、卫星可见性预报表和观测计划、GPS网分布图、GPS观测数据、GPS网基线解算结果、GPS点的WGS-84坐标、GPS点在国家坐标系中的坐标或在地方坐标系中的坐标。

四、地籍高程控制测量

我国现在使用的是以黄海平均海水面为高程起算面的1985国家高程基准,起算点在青岛海边的一座小山上,称国家水准原点,精确测量其高程为 $H=72.2604 \text{ m}$。

以前,地籍测量的地籍要素是以二维坐标表示的,不必测量高程。但我们已进入多用途地籍时代,在测量地籍分幅图时,会要求在平坦地区测绘一定密度的高程注记点,在丘林地区和山区测量表示等高线,以便使地籍成果能更好地为土地管理和经济建设服务。高程控制测量一般采用水准测量、三角高程测量和卫生定位高程测量的方法进行。图根点或碎部点的高程亦可用GPS-RTK测量方法获得。

1. 水准测量

城市高程控制测量一般分为二、三、四等。根据城市范围的大小,城市基本高程控制网可以用来布设测量用的图根水准网。地籍测量时,对于小区域范围的高程控制测量,可以在国家和城市高等级水准点的基础上,进行四等水准网或四等水准路线的高程控制测量,然后在水准测量基础上,用三角高程或GPS-RTK获得大量图根点的高程。国家《工程测量规范》(GB 50026—2020)规定了各等级水准测量的主要技术要求,如表6-6~表6-8所示。

表6-6 水准测量的主要技术要求

等级	每千米高差全中误差/mm	路线长度/km	水准仪级别	水准尺	观测次数		往返较差、附合导线或环线闭合差	
					与已知点联测	附合导线或环线	平地/mm	山地/mm
二等	2	—	DS1、DSZ1	条码式因瓦、线条式因瓦	往返各一次	往返各一次	$4\sqrt{L}$	—
三等	6	≤50	DS1、DSZ1	条码式因瓦、线条式因瓦	往返各一次	往一次	$12\sqrt{L}$	$4\sqrt{n}$
			DS3、DSZ3	条码式玻璃钢、双面		往返各一次		
四等	10	≤16	DS3、DSZ3	条码式玻璃钢、双面	往返各一次	往一次	$20\sqrt{L}$	$6\sqrt{n}$

续表

等级	每千米高差全中误差/mm	路线长度/km	水准仪级别	水准尺	观测次数		往返较差、附合导线或环线闭合差	
					与已知点联测	附合导线或环线	平地/mm	山地/mm
五等	15	—	DS3、DSZ3	条码式玻璃钢、单面	往返各一次	往一次	$30\sqrt{L}$	—

注:(1) 结点之间或结点与高级点之间的路线长度不应大于表中规定的70%。
(2) L 为往返测段,附合导线或环线的水准路线长度(km),n 为测站数。
(3) 数字水准测量和同等级的光学水准测量精度要求相同,作业方法在没有特指的情况下均称为水准测量。
(4) DSZ1级数字水准仪若与条码式玻璃钢水准尺配套,精度降低为DSZ3级。
(5) 条码式因瓦水准尺和线条式因瓦水准尺在没有特指的情况下均称为因瓦水准尺。

表 6-7　数字水准仪观测的主要技术要求

等级	水准仪级别	水准尺类别	视线长度/m	前后视的距离较差/m	前后视的距离较差累积/m	视线离地面最低高度/m	测站两次观测的高差较差/m	数字水准仪重复测量次数
二等	DSZ1	条码式因瓦水准尺	50	1.5	3.0	0.55	0.7	2
三等	DSZ1	条码式因瓦水准尺	100	2.0	5.0	0.45	1.5	2
四等	DSZ1	条码式因瓦水准尺	100	3.0	10.0	0.35	3.0	2
四等	DSZ1	条码式玻璃钢水准尺	100	3.0	10.0	0.35	5.0	2
五等	DSZ3	条码式玻璃钢水准尺	100	近似相等	—	—	—	—

注:(1) 二等数字水准测量观测顺序,奇数站应为后—前—前—后,偶数站应为前—后—后—前。
(2) 三等数字水准测量观测顺序应为后—前—前—后;四等数字水准测量观测顺序应为后—后—前—前。
(3) 水准观测时,若受地面振动影响,应停止测量。

表 6-8　光学水准仪观测的主要技术要求

等级	水准仪级别	视线长度/m	前后视距差/m	任一测站上前后视距差累积/m	视线离地面最低高度/m	基、辅分划或黑、红面读数较差/mm	基、辅分划或黑、红面所测高差较差/mm
二等	DS1、DSZ1	50	1.0	3.0	0.5	0.5	0.7
三等	DS1、DSZ1	100	3.0	6.0	0.3	1.0	1.5
三等	DS3、DSZ3	75	3.0	6.0	0.3	2.0	3.0
四等	DS3、DSZ3	100	5.0	10.0	0.2	3.0	5.0
五等	DS3、DSZ3	100	近似相等	—	—	—	—

注:(1) 二等光学水准测量观测顺序,往测时,奇数站应为后—前—前—后,偶数站应为前—后—后—前;返测时,奇数站应为前—后—后—前,偶数站应为后—前—前—后。
(2) 三等光学水准测量观测顺序应为后—前—前—后;四等光学水准测量观测顺序应为后—后—前—前。
(3) 二等水准视线长度小于20 m时,视线高度不应低于0.3 m。
(4) 三、四等水准采用变动仪器高度观测单面水准尺时,所测两次高差较差,应与黑面、红面所测高差之差的要求相同。

2. 三角高程测量

三角高程测量是通过测量竖直角和距离来计算两点间高差的一种高程测量方法。它具有测量速度快、操作简便灵活、不受地形条件限制等优点,特别是在地形高差较大、水准测量困难、GPS 信号也较弱的地区,具有很大的优越性。

现在的三角高程测量一般与全站仪三角形网测量,或导线测量同步进行,也就是在平面控制和高程控制的基础上布设光电测距三维控制网,把测水平角、竖直角和测距同步进行,一次性完成平面和高程控制。《工程测量规范》(GB 50026—2020)规定了四等、五等三角高程控制测量的主要技术要求,如表 6-9、表 6-10 所示。

表 6-9 电磁波测距三角高程测量的主要技术要求

等级	每千米高差全中误差 /mm	边长 /km	观测方式	对向观测高差较差 /mm	附合或环形闭合差 /mm
四等	10	≤1	对向观测	$40\sqrt{D}$	$20\sqrt{\sum D}$
五等	15	≤1	对向观测	$60\sqrt{D}$	$30\sqrt{\sum D}$

注:(1) D 为测距边的长度(km)。
(2) 起讫点的精度等级,四等应起讫于不低于三等水准的高程点上,五等应起讫于不低于四等的高程点上。
(3) 路线长度不应超过相应等级水准路线的总长度。

表 6-10 电磁波测距三角高程观测的主要技术要求

等级	垂直角观测				边长测量	
	仪器	测回数	指标差较差	测回较差	仪器	观测次数
四等	2″级仪器	3	≤7″	≤7″	10 mm 级仪器	往返各一次
五等	2″级仪器	2	≤10″	≤10″	10 mm 级仪器	往一次

3. 卫生定位高程测量

卫生定位高程测量宜与平面控制测量同时进行的。卫星定位高程测量可适用于五等高程测量。若需采用卫星定位技术进行更高等级的高程测量,特别是较大区域范围的高程测量或跨河高程传递,则应进行专项设计与论证,并应符合高程精度的相关要求。

第 4 节 地籍图测绘

一、地籍图基本知识

1. 地籍图的概念

地籍图也是地图的一种,属于专题地图的范围。因此,我们可以这样定义:地籍图是使用特定的投影方法、比例关系和专用符号把地籍要素及有关的地形地貌地物测绘成图的图形。地籍图是地籍管理的基础资料之一,是制作宗地图的基础图件。

地籍图既要反映包括行政界线、地籍街坊界线、界址点、界址线、宗地号、地类、面积、坐落、土地使用者或所有者及土地等级等地籍要素,又要反映与地籍密切相关的地物与文字注记等。图面尽可能简洁明晰,便于用户根据图上的基本要素去增补新的内容,加工成满足用户需要的其他各种专题地图。

2. 地籍图的种类

地籍图按使用的性质与目的可分为基本地籍图和专题地籍图,按城乡地域可分为农村地籍图和城镇地籍图,按图的表达方式可分为模拟地籍图和数字地籍图,按用途可分为税收地籍图、产权地籍图和多用途地籍图,按图幅的形式分为分幅地籍图和地籍岛图。

我国现在主要测绘制作的地籍图有城镇地籍图、宗地图、农村居民地地籍图、土地利用现状图、土地权属界线图等。近年来,我国又进行了农村土地承包经营权的确权登记,测绘出村民小组地块图,为农户颁发土地承包经营权证书,证书上附有"农户承包地块示意图"(宗地图)。

目前我国城镇地籍调查需测绘的地籍图主要有以下几种。

(1) 基本地籍图。基本地籍图是依照规范、规程规定,进行地籍测量所获得的基本成果之一,是土地管理的专题地图。一般按矩形或正方形分幅,故又称分幅地籍图。

(2) 宗地图。宗地图是以宗地为单位在地籍图的基础上编绘而成的,是描述宗地位置、界址点、界址线和相邻宗地关系的实地记录,是不动产权证书和宗地档案的附图。

(3) 宗地草图。宗地草图是描述宗地位置和界址点、界址线及宗地相邻关系的实地草编记录图,在土地权属调查时由调查人员现场绘制,由各方当事人现场签名。宗地草图是地籍管理中最重要的野外原始记录资料。

3. 地籍图的比例尺

地籍图比例尺的选择应满足地籍管理(不动产权籍管理)的需要。地籍图需准确清晰地表达出土地的权属界址及土地附着物(建筑物、构筑物、植被)的位置。地籍测量的成果资料需要提供给多个部门使用,故地籍图应尽量选用较大的比例尺。由于城乡土地经济价值的差别,农村地区的比例尺一般较城镇地区小。即使在同一地区,也可视具体情况及需要采用不同的地籍图比例尺。

地籍测量规范或相关规程对地籍图比例尺的选择确定了一般原则和范围。但对具体的区域而言,应选择多大的地籍图比例尺,还须根据以下的原则来考虑。

(1) 繁华程度和土地价值。对于商业繁华程度高、土地价值高的地区,地籍图要非常准确和详细地表示出地籍要素及地物要素,因此必须选择较大的比例尺测图,如1∶500、1∶1 000。反之,可适当缩小比例尺。

(2) 建设密度和细部程度。一般来说,建筑物密度大,选择的比例尺可大一些,以便使地籍要素能清晰地表达出来。建筑物密度小,选择的比例尺可小一些。另外,表示房屋细部的详细程度也与比例尺有关。如果比例尺过小,则细小的部分无法表示,会影响房产管理的准确性。

(3) 地籍图的测量方法。地籍图的测绘可以采用数字地籍测量和传统模拟测图两种方法。当采用数字地籍测量时,测出的界址点及地物点的精度较高,在不影响土地管理的前提下,为了节省经费,比例尺可适当小一些。当采用传统模拟测图时,测出的界址点及地物点的精度相对较低,为了满足土地管理的需要,比例尺应适当大一些。

目前,世界上各国地籍图的比例尺,最大的为1∶250,最小的为1∶50 000。例如,日本规定城镇地区为1∶250~1∶500,农村地区为1∶1 000~1∶5 000;德国规定城镇地区为1∶500~1∶1 000,农村地区为1∶2 000~1∶50 000。

我国《地籍调查规程》(TD/T 1001—2012)第4.6条关于地籍图的比例尺提出以下要求。

(1) 地籍图可采用1∶500、1∶1 000、1∶2 000、1∶5 000、1∶10 000和1∶50 000等比例尺。

(2) 集体土地所有权调查,其地籍图基本比例尺为1∶10 000。有条件的地区或城镇周边的区域可采用1∶500、1∶1 000、1∶2 000或1∶5 000比例尺。在人口密度很低的荒漠、沙漠、高原、牧区等地区可采用1∶50 000比例尺。

(3) 土地使用权调查,其地籍图基本比例尺为1∶500。对村庄用地、采矿用地、风景名胜设施用地、特殊用地、铁路用地、公路用地等区域可采用1∶1 000和1∶2 000比例尺。

因此,我国地籍图比例尺系列一般规定为:城镇地区(指大、中、小城市及建制镇以上地区)地籍图的比例尺可选用1∶500、1∶1 000、1∶2 000;农村地区地籍图(含土地利用现状图和土地所有权属图)的比例尺可选用1∶1 000、1∶2 000、1∶2 500、1∶5 000、1∶10 000等。宗地图的比例尺依实际面积大小而定。

为了满足权属管理的需要,农村居民地(或称宅基地)及乡村集镇可测绘农村居民地地籍图。农村居民地地籍图的比例尺可选用1∶1 000或1∶2 000。急用图时,也可编制任意比例尺的农村居民地地籍图,以能准确表示地籍要素为准。

值得提出的是,随着我国城乡一体化加快发展,许多地区也不断建立起具有相同测图比例尺的城乡一体化的地籍管理系统。

4. 地籍图的分幅与编号

地籍图的分幅与编号方法与相应比例尺的地形图的分幅与编号方法相同,即 1∶5 000 和 1∶10 000、1∶50 000 比例尺的地籍图,按国际分幅划分图幅编号;1∶500、1∶1 000、1∶2 000 比例尺的地籍图,一般采用长方形或正方形分幅编号;城镇地籍图通常采用 50 cm×50 cm 正方形分幅和 50 cm×40 cm 矩形分幅。

当1∶500、1∶1 000、1∶2 000 比例尺地籍图采用正方形分幅时,图幅大小均为 50 cm×50 cm,图幅编号按图廓西南角坐标公里数编号,X 坐标在前,Y 坐标在后,中间用短横线连接。正方形分幅示例如图6-8所示,各比例尺的图幅编号如下。

1∶2 000 比例尺地籍图的图幅编号为:689.0-593.0。

1∶1 000 比例尺地籍图的图幅编号为:689.5-593.0。

1∶500 比例尺地籍图的图幅编号为:689.75-593.50。

当1∶500、1∶1 000、1∶2 000 比例尺地籍图采用矩形分幅时,图幅大小均为 50 cm×40 cm,图幅编号方法与正方形分幅相同。图 6-9 所示矩形分幅的图幅编号如下。

1∶2 000 比例尺地籍图的图幅编号为:689.0-593.0。

1∶1 000 比例尺地籍图的图幅编号为:689.4-593.0。

1∶500 比例尺地籍图的图幅编号为:689.60-593.50。

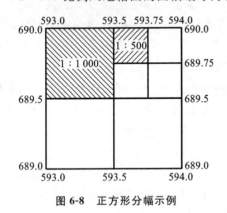

图 6-8 正方形分幅示例　　　　图 6-9 矩形分幅示例

若测区已有相应比例尺的地形图,地籍图的分幅与编号可沿用原有地形图的分幅与编号,并于编号后加注图名,图名按图幅内较大单位名称或著名地理名称命名。

二、地籍图的基本内容

地籍图的基本内容主要包括地籍要素、地物要素和数学要素。城镇地籍图样图如图 6-10 所示,农村地籍图样图如图 6-11 所示。

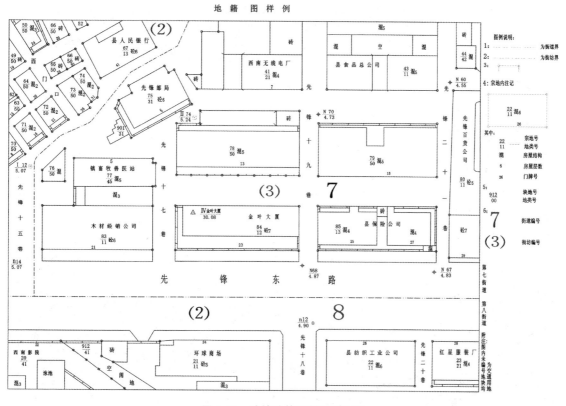

图 6-10 城镇地籍图样图(部分)

1. 地籍要素

(1) 各级行政境界线。地籍图上的行政境界线主要包括国界线,省、自治区、直辖市界线,地区、盟、自治州、地级市界线,县、旗、县级市、区界线,乡、镇、街道、国有农场、国有林场、国有牧场、国有渔场界线。不同等级的行政境界线相重合时只表示高等级行政境界线。行政境界线在拐角处不得间断,应在转角处绘出点或线。

(2) 界址要素。地籍图上的界址要素主要包括宗地的界址点、界址线,地籍区、地籍子区、地籍街坊界线与名称,城乡接合部的集体土地所有权界线(村界线)等。在地籍图上界址点用直径为 0.8 mm 的红色小圆圈表示,界址线用 0.3 mm 粗的红线表示;当宗地界址线与地籍区(街道)或地籍子区(街坊)界重合时,应结合线状地物符号突出表示权属界址线,行政界线可移位表示。

(3) 地籍编号。宗地的编号按不动产单元编码考虑,由县级行政区划代码、地籍区代码、地籍子区代码、宗地特征码、宗地顺序号组成。每宗地、每个不动产单元都应具有唯一代码。不动产单元代码采用 7 层 28 位层次码结构,由宗地代码与定着物代码构成。其中:宗地代码为 5 层 19 位层次码,宗地特征码和宗地顺序号组成宗地号;定着物代码为 2 层 9 位层次码,分别表示定着物特征码、定着物单元编号。宗地、不动产具体编码规则参见本书第 2 章附录 A。

地籍图上只注记街道号(地籍区)、街坊号(地籍子区)及宗地号。街道号、街坊号注记在图幅内有关街道、街坊区域的适当显眼位置,宗地顺序号注在宗地内。在地籍图上宗地号和地类号的注记以分式表示,分子表示宗地号,分母表示地类号。对于跨越图幅的宗地,在不同图幅的各部分都须注记宗地号。如果某街道、某街坊或某宗地只有比较小区域在本图幅内,相应的编号可以注记在本图幅的内图廓线外。如果宗地面积太小,在地籍图上可以用标识线在宗地外空白处注记宗地号,也可以不注记宗地号。

(4) 地类。按最新的《土地利用现状分类》规定的土地利用分类编码,在地籍图上应注记地类的二级分类。对于宗地较小的住宅用地,可以省略不注记,其他各类用地一律不得省略。

(5) 土地坐落。土地坐落由行政区名、街道名(或地名)及门牌号组成,门牌号除在街道首尾及拐弯

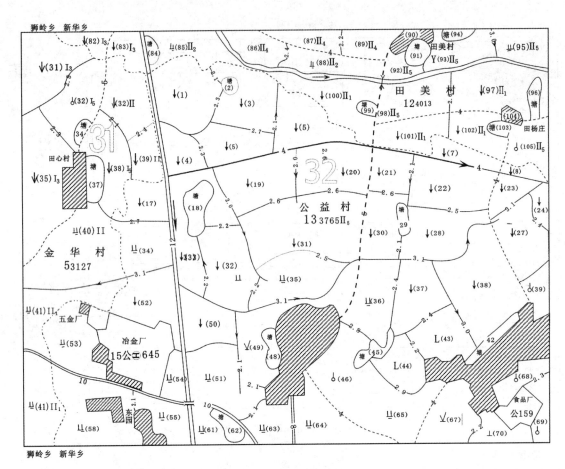

图 6-11 农村地籍图样图

处外,其余可跳号注记。

(6) 土地权属主名称。选择较大的宗地注记土地权属主名称。

(7) 土地等级。对于已完成土地定级估价的城镇,在地籍图上绘出土地分级界线,注记相应的土地等级。

(8) 宗地面积。每宗地均应注记面积,以平方米为单位,一般注记在表示宗地和地类号的分式右侧。

2. 地物要素

(1) 作为界标物的地物,如围墙、道路、房屋边线及各类栅栏等应表示。

(2) 房屋及其附属设施。房屋以外墙勒脚以上外轮廓为准,正确表示占地状况,并注记房屋层数与建筑结构。装饰性或加固性的柱、垛、墙等不表示。临时或已破坏的房屋不表示。墙体的凸凹部分小于图上 0.4 mm 的不表示。落地阳台、有柱走廊及雨篷、与房屋相连的大面积台阶和室外楼梯等应表示。

(3) 工矿企业露天构筑物、固定粮仓、公共设施、广场、空地等绘出其用地范围界线,内置相应符号。

(4) 铁路、公路及其主要附属设施,如站台、桥梁、大的涵洞和隧道的出入口应表示,铁路路轨密集时可适当取舍。

(5) 建成区内街道两旁以宗地界址线为边线,道牙线可取舍。

(6) 城镇街巷均应表示。

(7) 塔、亭、碑、像、楼等独立地物应择要表示,图上占地面积大于符号尺寸时应绘出用地范围线,内置相应符号或注记。公园内一般的碑、亭、塔等可不表示。

(8) 电力线、通信线及一般架空管线可不表示,但占地塔位的高压线及塔位应表示。

(9) 地下管线、地下室一般不表示,但大面积的地下商场、地下停车场及与他项权利有关的地下建筑应表示。

（10）大面积绿化地、街心公园、园地等应表示。零星植被、街旁行树、街心小绿地及单位内小绿地等可不表示。

（11）河流、水库及其主要附属设施（如堤、坝等）应表示。

（12）平坦地区不表示地貌，起伏变化较大的地区应适当注记高程点，必要时应绘制等高线。

（13）地理名称应注记。

3. 数学要素

（1）图廓线、坐标格网线的展绘及坐标注记。

（2）埋石的各级控制点位的展绘及点名或点号注记。

（3）图廓外测图图名、图幅编号、接图表、比例尺、坐标系统、高程系统、测图单位、人员名称、工作日期等的注记。

三、地籍图测绘的基本要求

1. 地籍图的精度要求

地籍图的精度以前包括绘制精度和基本精度两个方面。绘制精度主要针对传统的手绘地籍图而言，指在聚酯薄膜上手工绘制的图廓线、坐标格网线、控制点的展点精度，通常的要求是：内图廓线长度误差不得大于±0.2 mm，内图廓对角线误差不得大于±0.3 mm，图廓点、坐标格网点和控制点的展点误差不得超过±0.1 mm。对于当今数字化成图，电脑中不存在坐标格网线的绘制误差，但由于打印机及绘图纸的质量问题，打印输出的地籍成果图存在一定的误差，此误差可参照上述各项要求执行。

地籍图的基本精度主要指界址点、地物点及相应间距的精度，在数字地籍测量的今天，这也就是地籍图的精度。

《地籍调查规程》（TD/T 1001—2012）第5.3.2.2条同时规定了解析法测量界址点和图解法测量界址点的精度。解析法是指采用全站仪、GPS接收机、钢尺等测量工具，通过全野外数字测量技术获取界址点坐标和界址点间距的方法。解析法测量界址点的精度如表6-11所示。

表6-11 解析法测量界址点的精度

级别	界址点相对于邻近控制点的点位误差，相邻界址点间距误差/cm	
	中误差	允许误差
一	±5.0	±10.0
二	±7.5	±15.0
三	±10.0	±20.0

注：(1) 土地使用权明显界址点精度不低于一级，隐蔽界址点精度不低于二级。
(2) 土地所有权界址点可选择一、二、三级精度。

图解法是指由数字摄影测量加密或在正射影像图、土地利用现状图、扫描数字化的地籍图和地形图上获取界址点坐标和界址点间距的方法。图解法获得界址点的精度如表6-12所示。

表6-12 图解法获得界址点的精度

序号	项目	图上中误差/mm	图上允许误差/mm
1	相邻界址点的间距误差	±0.3	±0.6
2	界址点相对于邻近控制点的点位误差	±0.3	±0.6
3	界址点相对于邻近地物点的间距误差	±0.3	±0.6

对于地物点的平面精度要求,依测图比例尺大小而有所不同。《地籍调查规程》(TD/T 1001—2012)第 5.3.3.1 条也提出了相应要求,如表 6-13 所示。

表 6-13 地籍图平面位置精度

序号	项目	图上中误差/mm	图上允许误差/mm	备注
1	相邻界址点的间距误差	±0.3	±0.6	荒漠、高原、山地、森林及隐蔽地区等可放宽至1.5倍
2	界址点相对于邻近控制点的点位误差	±0.3	±0.6	
3	界址点相对于邻近地物点的间距误差	±0.3	±0.6	
4	邻近地物点的间距误差	±0.4	±0.8	
5	地物点相对于邻近控制点的点位误差	±0.5	±1.0	

我国《城市测量规范》(CJJ/T 8—2011)第 6.1 条除对数字线划图的测图标准做出了规定(与上述类似)外,还规定了图上高程精度:城市建筑区和基本等高距为 0.5 m 的平坦地区,1∶500、1∶1 000、1∶2 000 数字线划图的高程注记点相对于邻近图根点的高程中误差不应大于 15 cm;其他地区等高线插求点的高程中误差,根据地形类别中的平地(地面坡度 $\alpha < 2°$)、丘陵地($\alpha = 2° \sim 6°$)、山地($\alpha = 6° \sim 25°$)、高山地($\alpha \geq 25°$),分别为 $H/3$、$H/2$、$2H/3$、H,这里 H 为图的基本等高距。

我国《工程测量规范》(GB 50026—2020)要求的地形图的精度也与上述相近。地物点相对于邻近图根点的点位中误差,在城镇建筑及工矿区为 0.6 mm,一般地区为 0.8 mm,水域地区为 1.5 mm。地形点的高程精度要求为:相对于邻近图根点的高程中误差,对于平坦地带(地面倾角 $\alpha < 3°$)、丘陵地带($3° < \alpha < 10°$)、山地($10° < \alpha < 25°$)、高山地($\alpha \geq 25°$),分别不超过地形图上基本等高距的 1/3、1/2、2/3、1 倍。

2. 地物测绘的一般原则

对于地籍图上地物的综合取舍,除根据规定的测图比例和规范的要求外,还必须首先根据地籍要素及权属管理方面的需要来确定必须测绘的地物,与地籍要素和权属管理无关的地物在地籍图上可不表示。对一些有特殊要求的地物(如房屋、道路、水系、地块)的测绘,必须根据相关规范和规程在技术设计书中具体说明。

3. 图边的测绘与拼接

对于传统模拟测图,为保证相邻图幅的互相拼接,接图的图边一般均须测出图廓线外 5~10 mm。地籍图接边差不超过点位中误差的 2 倍。采用野外数字测图技术或数字摄影测量技术,无上述接边情况出现。但需注意不同作业小组之间的作业区衔接,以及地籍区、地籍子区之间的衔接。

4. 地籍图的检查与验收

为保证成果质量,须对地籍图测绘进行质量检查与验收。通常按规定执行两级检查、一级验收制度,即测量组自检、单位专职检查、专门机构验收。测量组成员除平时对野外观测、内业计算和数字绘图进行充分的检核外,还需与兄弟小组进行交换、相互检查。检查无误再逐级上交检查核对。图的检查工作包括自检和全面检查。检查的具体方法分室内检查、野外巡视检查和野外仪器检查。在检查中发现的错误,应尽可能予以纠正。如果错误较多,则按规定退回原测量组予以补测或重测。测绘成果资料经全面检查认为符合要求,才可向工作委托方提出全面验收,并按质量评定等级。检查验收的主要依据是技术设计书和测量技术规范、规程。

四、地籍图测绘的方法

1. 平板仪测图

平板仪测图是一种传统测图方法,近年来已逐渐被数字测图取代。以前,平板仪测图主要用于大比例尺的城镇地籍图和农村居民地地籍图的测制,包括测图前的准备(图纸的准备、坐标格网的绘制、图廓点和控制点的展绘)、测站点的设置、碎部点(界址点、地物点)的测定、图边拼接、原图整饰、检查验收等工序。

2. 全野外数字测图

全野外数字测图是目前普遍采用的一种地籍测量成图方法。它是利用全站仪、全球导航卫星系统(GNSS)等大地测量仪器,在野外采集有关的地籍要素和地物要素,及时记录在数据终端(或直接传输给便携机),然后在室内通过数据接口将采集到的数据传输给计算机,使用专门的成图软件对数据进行处理,经过人机交互的屏幕编辑,最终形成地籍图数据文件,并根据需要打印输出。

3. 数字摄影测图

随着航空、航天遥感影像信息技术的迅速发展,采用数字摄影测量系统进行大面积的数字化测量,不仅能完成地籍线划图的测绘,而且可以得到各种专题的地籍图,还可以利用卫星遥感影像进行土地资源调查和土地利用动态监测,为快速及时地变更地籍测量提供依据。由于地籍测量的精度要求较高,数字摄影测图主要以大比例尺航摄像片为数据采集对象,利用该技术在航摄像片上采集地籍数据,其控制点和目标点主要采用航测区域网法和光束法进行平差,即所谓的空三加密,进而通过专业数字摄影测图的数据处理软件,完成地籍测量的内外业各项工作。近年来,无人机低空摄影技术发展快速,这为小范围内的数字摄影测图提供了迅速扩展的空间。

数字摄影测图的优点是:得到的地籍图信息丰富、实时性强,既具有线划图的几何特征,又具有数字直观、易读的特点;内业成图时不受通视条件的限制,可以确保地籍图上的界址点数量充足完整;除要用GPS进行像控测量和地籍权属调查外,大部分工作均在室内完成,既减轻了劳动强度,又提高了工作效率。

4. 编绘法成图

当区域内已经测制有比较完善的大比例尺地形图时,可在此基础上按地籍测量的要求将地形图编绘成地籍图。这在早些年数字成图还未盛行的时代,也不失为一种快速、经济、有效的方法。编绘法成图的作业程序如下:

(1)选定编绘底图。首先选用符合地籍测量精度要求的地形图、影像平面图作为编绘底图。

(2)复制二底图。复制后的二底图应进行图廓方格网变化情况和图纸伸缩的检查,当其限差不超过原绘制方格网、图廓线的精度要求时,方可使用。

(3)外业调绘与补测。外业调绘工作可按地籍测量外业调绘的要求,在该测区已有地形图(印刷图或晒蓝图)上进行。

(4)清绘与整饰。外业调绘与补测工作结束后,将调绘结果转绘到二底图上,并加注地籍要素,然后进行必要的整饰、着墨,制作成地籍图的工作底图,然后在工作底图上,采用薄膜透绘方法,将地籍图所必需的地籍和地形要素透绘出来,再经清绘与整饰后,即可制作成正式的地籍图。

5. 内业扫描数字成图

内业扫描数字成图是利用扫描数字化方法对已有地形图或地籍图采集数字化地籍要素数据,同时结合部分野外调查和测量对上述数据进行补测或更新,经计算机编辑处理形成以数字形式表示的地籍图。为了满足地籍权属管理的需要,对界址点仍采用全野外实测的方法。

五、宗地图测绘

1. 宗地图的概念

在初始地籍调查测量中,宗地图是以宗地为单位在地籍图的基础上编绘而成的地籍岛图。在进行日常地籍调查测量时,单独测绘宗地图。宗地图是描述宗地位置、界址点、界址线和相邻宗地关系的实地记录,是不动产权证书和宗地档案的附图。宗地是指被权属界线封闭的地块。

在地籍测绘工作的后期阶段,对界址点坐标进行检核确认准确无误后,在其他的地籍资料正确收集完毕的情况下,依照一定的比例尺编绘宗地图。在不动产管理的日常工作中,如果发生土地权属变化、新增建设项目用地等情况,也会实地测量宗地图,并及时对分幅地籍图进行补充更新。

宗地图样图如图 6-12 所示。

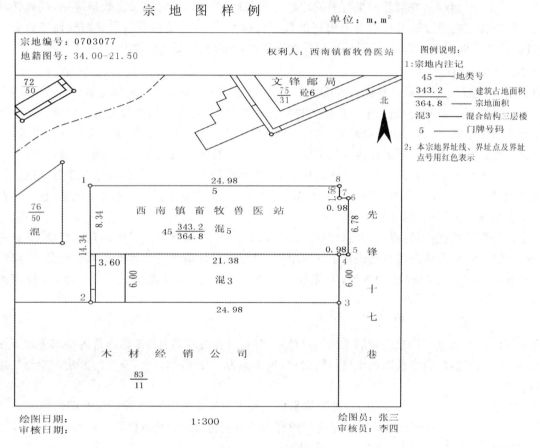

图 6-12 宗地图样图

2. 宗地图的作用

宗地图的作用大致有以下几个。

(1) 宗地图以前是土地使用权证,现在是不动产权证上的附图,具有法律效力。

(2) 宗地图是处理土地权属问题的具有法律效力的图件。

(3) 宗地图为日常地籍管理提供基础资料。

(4) 宗地图为土地管理与土地税收提供基础资料。

3. 宗地图的内容

宗地图的内容通常有以下几项。

(1) 宗地所在图幅号、宗地代码(不动产单元代码)。

(2) 宗地权利人名称、面积及地类号。

(3) 本宗地界址点、界址点号、界址线、界址线边长。

(4) 宗地内的图斑界线、建筑物、构筑物及宗地外紧靠界址线点的附着物。

(5) 邻宗地的宗地号及相邻宗地间的界址分隔线。

(6) 相邻宗地权利人、道路、街巷名称。

(7) 指北方向和比例尺。

(8)宗地图的制图者、制图日期、审核者、审核日期等。

4. 宗地图的编绘

编绘宗地图时,应做到界址线走向清楚,坐标正确无误,面积准确,四至关系明晰,各项注记正确齐全,比例适当。宗地图图幅规格根据宗地的大小选取,一般为32开、16开、8开等;界址点用1.0 mm直径的圆圈表示;界址线粗0.3 mm,用红色表示。宗地图一般是在相应的基础地籍图和调查草图的基础上编制而成的。对于宗地图的编绘,在模拟测图时代有蒙绘法、缩放绘制法、复制法等;在现代数字测图时期,主要利用计算机在测图系统中自动生成编辑成图。生成的宗地图须加注界址边长数据、面积及图廓等要素。

5. 宗地草图的绘制

由于宗地图一般是在相应的基础地籍图和调查草图的基础上编制而成的,因此在编绘宗地图之前,须先在野外现场绘制宗地草图。宗地草图的内容大致如下。

(1)本宗地号、坐落地址(门牌号)、权利人。

(2)宗地界址点、界址点号及界址线,宗地内的主要地物。

(3)宗地范围及其附近的控制点名、点号。

(4)相邻宗地号、坐落地址、权利人或相邻地物。

(5)界址边长、界址点与邻近地物的测量距离。

(6)确定宗地界址点位置、界址边方位所必需的建筑物或构筑物。

(7)土地利用类别(名称与编码),地籍区、地籍子区、块地的名称与编号。

(8)观测手簿中未记录的有关参数、相关的说明。

(9)丈量者、丈量日期、检查者、检查日期、概略比例尺、指北针等。

宗地草图的样式可参见图6-13。

图6-13 宗地草图的样式

六、农村居民地地籍图测绘

农村居民地是指建制镇(乡)以下的农村居民地住宅区及乡村圩镇。由于农村地区采用1∶5 000、1∶10 000比例尺测绘分幅地籍图(土地权属界线图、土地利用现状图),地籍图上无法表示出居民地的细部位置,不便于村民宅基地的土地使用权管理,因此需要测绘大比例尺(1∶500、1∶1 000、1∶2 000)的农村居民地地籍图,用作农村地籍图的加强与补充,以满足地籍管理工作的需要。

农村居民地地籍图采用自由分幅以岛图形式编绘。图6-14所示是农村居民地籍图样图。

农村居民地地籍图的范围轮廓线应与农村地籍图(或土地利用现状图)上所标绘的居民地地块界线一致。居民地内权属单元的划分、权属调查、土地利用类别、房屋建筑情况的调查测量方法与城镇地籍调查测量相同。农村居民地地籍图的编号应与农村地籍图(或土地利用现状图)中该居民地的地块号一致,居民地集体土地使用权宗地按居民地的自然走向按1,2,3,…顺序进行编号。居民地内的其他公共设施,如球场、道路、水塘等,不编号。

农村居民地地籍图表示的内容一般包括以下几个方面。

(1)自然村居民地范围轮廓线、居民地名称、居民地所在的乡镇村名称、居民地所在农村地籍图的图号和地块号。

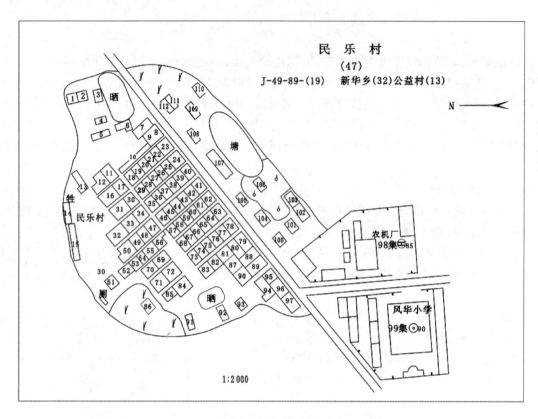

图 6-14 农村居民地地籍图样图

(2) 集体土地使用权宗地的界线、编号、房屋建筑结构和层数。
(3) 作为权属界线的围墙、垣栅、篱笆、铁丝网等线状地物。
(4) 居民地内公共设施、道路、球场、晒场、水塘和地类界等。
(5) 居民地的指北方向。
(6) 地籍图的比例尺、测量日期、人员签名等。

七、土地利用现状图测绘

土地利用现状图是关于土地资源和土地使用的现状情况分布反映图。土地利用现状调查测绘的主要工作就是依据一定比例尺的影像图，按一定的土地分类规则，对土地的利用现状进行分类标注。

需要测绘土地利用现状图的情况可能有：全国性的土地调查，地区性的初始地籍调查，区域性的土地开发整理，工业地块的开发建设，项目用地的征地拆迁，等等。根据不同的目的，土地利用现状图能够为各级政府部门提供土地统计数据，为制定土地利用总体规划、合理调整土地利用结构等工作提供科学依据，为建设项目用地提供青苗补偿依据，等等。

土地利用现状图的基本类型主要有两种：一种是分幅土地利用现状图，分幅编号按地形图、地籍图分幅编号；另一种是一定区域范围内的土地利用现状图，它可以在分幅土地利用现状图的基础上编绘而成。在建设项目用地的征地拆迁过程中，一般要求对征地范围内的土地进行实地调查测量，获得土地分类统计图，作为征地拆迁青苗与地物补偿的依据。

土地利用现状图主要表现各种地类分布状况，对其他内容进行适当综合取舍。图中主要包括各级行政界、水域、各种地类界及符号、线状地物、居民地、道路、必要的地貌要素、各要素的注记等。为使分幅图的图面清晰，平原地区适当注记高程点，丘陵山区只绘计曲线。此外，土地利用现状图还应有图廓线、图名、坐标格网线、比例尺、指北针等内容。

现在土地利用现状图的测量调查均采用数字化方法进行。可以根据土地利用现状图进行进一步的加工编制，获得形式多样、丰富多彩的专题成果图，如区域总图、分类图、规划图等。不同的专题图可以根据各自的目的要求进行着色，形成色彩丰富的各式工作用图与挂图。

国家及省、地、县各级行政区均需编制土地利用现状图，一般自下而上层层上报成果资料并进行编制工作。基层土地管理部门主要负责县、乡两级土地利用现状调查的测绘管理工作。调查工作的成图比例尺一般与调查底图一致，农区 1∶10 000、重点林区 1∶25 000、一般林区 1∶50 000、牧区 1∶50 000 或 1∶100 000 等。图的开幅可根据区域的面积大小、形状、图面布置等分为全开和对开两种。图上编制的内容主要有以下几个方面。

(1) 图廓线及公里网线。内图廓线粗 0.15 mm；外图廓线粗 1.0 mm；图内公里网线长 1cm，粗 0.1 mm。对图廓线及公里网线的精度要求是：图廓线边长误差不超过 ±0.1 mm，对角线边长误差不超过 ±0.3 mm，公里网连线误差不超过 ±0.1 mm。

(2) 水系。湖泊、双线河、大中小型水库、坑塘、单线河（先主后支）、渠道等及其附属物，按原样透绘。

(3) 居民地。农村居民点、城镇、独立工矿用地等均按底图形状进行描绘，其外围线用粗 0.15 mm 的实线表示。在图形内，根据需要可用粗 0.1 mm 的线条与南图廓线成 45°角加绘晕线，线隔 0.8 mm。

(4) 道路。按主次依次透绘铁路、公路、农村路。

(5) 行政界。省、地、县、乡、村各级行政界线，自上而下依次描绘。线段长短、粗细、间隔均按相关要求。行政界相交时要做到实线相交，相邻行政界只绘出 2~3 节。飞地权属界按其地类界相应符号表示。

(6) 地类界。地类界以 0.2 mm 实线表示。在作业过程中，需注意不要因跑线及移位而使图形变形。

(7) 进行各要素的注记。

(8) 装饰。按图面设计要求，图名配置在图幅上方中间，字体底部距外图廓线 1.0~1.5 cm。签名配置在图的右下方。

八、土地权属界线图的编制

土地权属界线图是地籍管理的基础图件，也是土地利用现状调查的重要成果之一。

土地权属界线图与其他专题地图一样，除了要保持同比例尺线划图的数学基础、几何精度外，在专题内容上，应突出土地的权属关系。它以土地利用现状调查成果图为依据，增加界址线、界址点及相应的地物图式符号和注记。

分幅土地权属界线图与土地利用现状调查工作底图比例尺相同。土地权属界址线、界址点可利用分幅土地利用现状调查工作底图加绘得到。其中界址点用半径为 1 mm 的圆圈整饰，各界址点用阿拉伯数字顺序编号。县、乡、村等各行政单位所在地表示出建制区的范围线，并分别注记县名、乡名、村名。图上面积小于 1 cm² 的独立工矿用地及居民点以外的机关、团体、部队、学校等企事业单位用地，界址点上不画小圆圈，只绘权属界线，并在适当位置注记土地使用者的名称。依比例尺上图的现状地物，在对应的两侧同时有拐点且其间距小于 2 mm 时，只绘拐点，不绘小圆圈。依比例尺上图的铁路、公路等线状地物，只绘界址线，不绘其图式符号，但应注记权属单位名称。权属界线与不依比例的单线线状地物重合时，用长 10 mm、粗 0.2 mm、间隔 2 mm 的线段沿线状地物两侧绘制。当行政界线与权属界线重合时，只绘行政界线而不绘权属界线。行政界线下一级服从于上一级。飞地用 0.2 mm 粗的实线表示，并详细注记权属单位名称，如县名、乡名、村名。根据需要，可增绘对权属界址拐点定位有用的相关地物及说明权属界线走向的地貌特征。

土地证上所附的土地权属界线图，在分幅的 1∶10 000 土地利用现状图上，将本村权属界址点用半径为 1 mm 小圆圈的整饰并编号，用 0.2 mm 粗的红实线表示界址线。从拐点引绘出四至分界线，用箭头表示分界地段，并注明相邻土地所有权单位和使用单位名称。

第 5 节 界线测量

界线又称为界址线。从界线所包含范围的属性实质来讲,界线可分为权属界线和区域界线。权属界线主要体现的是社会属性,它包围和确定了界线内不动产的权利归属,如宗地界线、村界线、省边界线、国界线等;区域界线主要体现出自然属性,如土地分类中图斑的地类界线,江、河、湖、海的边界线等。当然,有的界线会同时包含有权属界线和区域界线双重功能,如土地利用规划的自然保护区、风景名胜区等的界线。地籍调查测量(不动产权籍调查测量)中要测量的权属界线主要是宗地的边界线。

行政区域边界线在我国有国界线和省(直辖市、自治区)、市(地区)、县(县级市、区)、乡(镇、街道)各级行政区划界线。国家规定村不属于行政机构,是村民自治单位,因此村界线不属于行政界线,而是与建设用地中的单位宗地界线级别相当的地块边界线。除宗地界线之外,界线还有房屋的界址线,房产调查中"丘"的界线,以及飞地、块地的界线,土地利用调查中图斑的界线,土地勘测定界中的地块边界线,地理国情普查中的图斑边界线,等等。

地籍界址点测量主要以图根控制点为依据,测量宗地界址点的坐标及主要建筑物的坐标位置。本节主要介绍宗地和行政区域勘界、土地勘测定界中的界址点测量,简略介绍其他界线测量技术要求。房屋界线测量、房产调查"丘"的确定,将在本书后续章节中介绍。

一、界线测量的技术要求

不同种类的界址线,测量的精度要求一般也不相同。地籍宗地测量,行政区域勘界测量,项目用地勘测定界,土地利用现状调查地类界线的确定,地理国情监测图斑调绘等,均有各自的技术标准。

1. 宗地界址点的精度要求

实际上,界址点的精度属于地籍图精度的重要组成部分。《地籍调查规程》(TD/T 1001—2012)规定:界址点按其特征状况(明显界址点、隐蔽界址点、所有权界址点)分类时,其点位中误差和间距中误差均分别为±0.05 m、±0.075 m、±0.10 m。

2. 行政区域勘界测量

我们国家于1999年颁布了《省级行政区域界线测绘规范》(GB/T 17796—1999),之后又于2009年颁布了《行政区域界线测绘规范》(GB/T 17796—2009),后者代替了前者。

《行政区域界线测绘规范》(GB/T 17796—2009)要求测制1∶5 000、1∶10 000、1∶50 000、1∶100 000的带状地形图,界桩点的精度要求为:平面位置中误差一般不应大于相应比例尺地形图图上±0.1 mm,高程中误差不大于十分之一基本等高距。资源开发价值较高的地区,可执行地籍测绘规范中界址点精度的规定。

对于界桩至方位物的距离,一般应在实地量测,界桩点相对于邻近固定地物点间距误差限差不大于±2.0 mm。

对于未设界桩的边界点,可以在该地形图上量取其坐标与高程。点位量测精度应不大于图上±0.2 mm,高程精度应小于三分之一基本等高距。

《行政区域界线测绘规范》(GB/T 17796—2009)第7.2条对边界线标绘的精度也提出了要求:界桩点、界线转折点及界线经过的独立地物点相对于邻近固定地物点的平面位置中误差一般不应大于图上±0.4 mm。

3. 建设项目用地勘测定界

国家土地管理局于1997年批准发布《建设项目用地勘测定界技术规程(试行)》,之后国土资源部于2007年发布《土地勘测定界规程》(TD/T 1008—2007),后者代了前者。

土地勘测定界(以下简称勘测定界)是根据土地征收、征用、划拨、出让、农用地转用、土地利用规划及土地开发、整理、复垦等工作的需要,实地界定土地使用范围、测定界址位置、调绘土地利用现状、计算用地面积,为国土资源行政主管部门用地审批和地籍管理等提供科学、准确的基础资料而进行的技术服务性工作。在各级国土资源行政主管部门的组织下,由有资格的勘测单位承担勘测定界工作。

该项工作主要针对建设项目用地、基本农田保护用地、农用地转建设用地开展。

必要时,勘测定界工作需要野外测量放样,设立界标。**界标之间的距离,直线最长为150 m,明显转折点应设置界标**。界标类型主要有混凝土界标、带帽钢钉界标及喷漆界标。

《土地勘测定界规程》(TD/T 1008—2007)第8条"界址点测量"规定:解析法测定的界址点坐标对于相邻控制点的点位中误差,以及相邻界址点间距中误差,均应控制在±5 cm范围内;界址点坐标反算距离与实地丈量距离的较差应控制在±10 cm范围内(限差);解析法测定的界址点坐标与原拟用地界址点坐标之差的中误差应控制在±5 cm范围内,允许误差应控制在±10 cm范围内。

4. 土地利用现状调查

我国1984年颁布了《土地利用现状调查技术规程》,上面的第十六条规定:①调绘宜采用影像平面图,也可采用航摄像片或新测制的地形图;②调绘的界线和地物位置准确,各种注记正确无误,清晰易读,线划符合规则;③测绘面积线不得有漏调和重叠,一般应选在航向重叠或旁向重叠的中部,平原地区航向重叠度达60%以上时,可隔片调绘;④调绘的明显地物界线在图上位移应不大于0.3 mm,困难或不明显地物界线的位移应不大于1.0 mm。

第十九条"地类调绘"规定**地形图上最小图斑面积为:耕地、园地,6.0 mm^2;林地、草地,15.0 mm^2;居民地,4.0 mm^2**。

5. 地理国情监测

我国的地理国情监测起步较晚。国务院第一次全国地理国情普查领导小组办公室于2013年9月17日发布的《第一次全国地理国情普查实施方案》(简称《方案》)指出,地理国情普查的任务,就是"采用航空航天遥感、全球导航卫星系统、地理信息系统等测绘地理信息先进技术,以优于1米的高分辨率航空航天遥感影像数据为主要数据源,充分利用测绘地理信息部门最新完成的覆盖全国陆地国土的1∶50 000基础地理信息、已有的1∶10 000基础地理信息以及大量1∶5 000、1∶2 000或更大比例尺基础地理信息等资源,以及其他重大工程获取的测绘成果等资源,整合利用其他部门已有的普查成果或与地理国情相关的专题信息,通过多源遥感影像快速获取与处理、现场调查、信息提取、地理统计分析等技术手段,查清反映地表特征、地理现象和人类活动的基本地理环境要素的范围、位置、基本属性和数量特征,通过深入的统计和综合分析,形成这些基本地理环境要素的空间分布及其相互关系的普查结果"。

《方案》规定第一次全国地理国情普查内容包含12个一级类、58个二级类和133个三级类。普查中数据采集的方式分为以下三种。

第一种,按照地表覆盖分类方式采集。采集的内容包括10个一级类、46个二级类和77个三级类。10个一级类为01耕地、02园地、03林地、04草地、05房屋建筑(区)、06道路、07构筑物、08人工堆掘地、09荒漠与裸露地表、10水域。

第二种,按照实体要素方式采集。采集的地理国情要素内容包括5个一级类、16个二级类和53个三级类。5个一级类为:06道路、07构筑物、08人工堆掘地、10水域、11地理单元。11地理单元有4个二级类:1110行政区划单元、1120社会经济区域单元、1130自然地理单元、1140城镇综合功能单元。

第三种,利用多尺度数字高程模型数据计算获取坡度、坡向数据,涉及《地理国情普查内容与指标》中定义的1个一级类和3个二级类。

《方案》第4.4条要求,本次普查成果中总体上空间数据成果定位精度优于1∶10 000地形图成图精度。**野外测量单点实测精度达到亚米级;地物点对附近野外控制点的平面位置中误差,平地、丘陵地不超过±5 m,山地、高山地不超过±7.5 m**。本次普查中利用遥感影像解译的地表覆盖类型,**最小图斑基本要求为400 m²**,城市地区执行细化指标。

《方案》要求1∶10 000地形图覆盖区域和航摄生产区域按1∶10 000地形图成图精度要求进行正射影像生产。其他非1∶10 000地形图覆盖区域放宽为按1∶25 000地形图成图精度要求进行正射影像生产;特殊困难地区(沙漠、高原等外业调查难以到达或人烟稀少地区)正射影像精度可放宽至1∶50 000成图精度要求,但需将放宽精度要求的区域报国务院普查办批准后执行。

《方案》提出数字正射影像地物点相对于附近野外控制点的平面点位中误差不得大于表6-14规定的值。

表6-14　数字正射影像平面中误差

地形类别	1∶10 000成图精度影像平面中误差	1∶25 000成图精度影像平面中误差
平地	5.0 m	12.5 m
丘陵地	5.0 m	12.5 m
山地	7.5 m	18.75 m
高山地	7.5 m	18.75 m

注:对于大面积单一地物地区,例如森林、草原、戈壁等地区,中误差可以适当放宽,但最大不得大于上表的1.5倍。最大误差不超过中误差的2倍。

对于影像接边限差,要求图幅间应根据接边精度情况进行接边改正,改正后的接边限差不得超过表6-15规定的值。

表6-15　数字正射影像接边限差

地形类别	1∶10 000成图精度影像图幅接边限差	1∶25 000成图精度影像图幅接边限差
平地	5.0 m	12.5 m
丘陵地	5.0 m	12.5 m
山地	7.5 m	18.75 m
高山地	7.5 m	18.75 m

如果不同影像数据源、不同控制数据源以及不同生产批次之间的正射影像接边限差不能满足表6-15的要求,可将接边限差放宽至$\sqrt{2}$倍,但须在生产技术总结报告中标明。具体需符合《数字正射影像生产技术规定》的要求。

数据采集精度,即采集的地物界线和位置与影像上地物的边界和位置的对应程度。影像上分界明显的地表覆盖分类界线和地理国情要素的边界,以及定位点的采集精度应控制在5个像素以内。特殊情况,如高层建筑物遮挡、阴影等,采集精度原则上应控制在10个像素以内。如果采用影像的分辨率差于1 m,原则上对应的采集精度应控制在实地5 m以内,特殊情况应控制在实地10 m以内。由于摄影时存在侧视角,具有一定高度的地物在影像上产生的移位差需要处理,以符合采集精度要求。

对于地表覆盖分类数据,没有明显分界线的过渡地带内覆盖分类应至少保证上一级类型的准确性。应综合采用包括外业调查、交叉复核等多种措施,并加强过程质量控制,确保数据质量。具体分类精度要求及其评价方法须符合《地理国情普查检查验收与质量评定规定》中的要求。

普查成果数据整体现势性原则上应达到普查时点的要求。行政区划更新采用国家统计局网站发布的"统计用区划代码和城乡划分代码",并更新到普查时点时可用的最新版本。学校、医院等单位信息应采用主管部门公布的注册信息。

长度、宽度、高程、面积等均采用米制单位。获取的定量属性值保留的小数位及数量单位应符合《地理国情普查数据规定与采集要求》中各具体属性项的要求。各属性项赋值必须符合《地理国情普查数据规定与采集要求》中各具体属性项定义的取值范围,取值与地物实际属性相符。

地理国情普查规定的内容、指标及要求应严格执行,不同任务区采集的同一内容分类,全国应保持一致,以便于数据汇总和统计分析对比。各省、自治区、直辖市在开展普查工作时,可结合地方实际需求,在全国统一的普查内容与指标的基础上,增加普查内容、提高普查的详细程度。普查成果数据上交时,省(自治区、直辖市)普查中按照《地理国情普查内容与指标》中已预定义的类型和指标要求采集的数据,其编码不需要做归并处理;如果依据《地理国情普查内容与指标》确定的规则扩充新的类型,且新扩类型的采集指标与其上一级类的采集指标相同或接近(指标变化量小于30%),汇总上交数据时,其编码和图形数据不需要做归并处理,但是若新扩类型的采集指标与其上一级类的采集指标相差较大(指标变化量大于或等于30%),汇总上交数据时需要对图形数据按照《地理国情普查内容与指标》规定的其上一级类的采集指标要求进行合并和归类处理后才提交,以确保全国普查数据尺度上的一致性。

二、界址线标定

界址线测量前须对界址点进行界标设置。外业工作之前尽可能多地收集测区的历史资料,包括各种大比例尺地形图、地籍图、影像图、权属图、权属文件等资料。根据这些资料,先在工作底图上进行图上标注(同时预编宗地号),然后到实地设置标注,实地标注时应由参加地籍调查的当地工作人员引导,了解权属主的用地范围,实地找准界址点位置。一般要求界址点的设置要能准确地表达界址线的走向。在相邻宗地的交叉位置,在线状地物界线的交叉点,在多种界址线类别变化处,均应设置界址点。在过长直线界址线上也应加密界址点。设置标注界址线、界址点的同时,及时绘制好宗地草图。

对于面积较小的宗地,可直接在底图上标注各相邻宗地的用地情况,并充分注意界址点的共用情况。对于面积较大的宗地,要仔细标注好四至关系和共用界址点情况,在画好的草图上标记权属主的姓名和草编宗地号。在暂时未能确定的界线附近,可选择若干固定的地物点或埋设参考标志点,测定这些点的坐标值,待权属界线确定后,再据此补测确认后的界址点坐标。

界址点界标需要实地标定。界标的类型有混凝土界标、石灰界标、带铝帽的钢钉界标、带塑料套的钢棍界标、喷漆界标等,具体使用何种界标须征求双方(或多方)权属主的意见。对于损坏的界标,可根据已有界址点坐标和间距、权属协议书等资料,现场放样恢复。界标样式可参见图2-2~图2-5。

三、界线测量方法

界线测量就是测量界址点的坐标位置,确定界址线的走向。测量界址点坐标的方法一般有解析法和图解法两种。但无论采用何种方法获得界址点坐标,一旦履行确权手续,就成为确定土地权属用地界址线的准确依据之一。

解析法是全野外数字测量方法,包括全站仪极坐标测量、角度交会测量、钢尺量距交会测量、GNSS定位测量等。图根控制点及以上等级控制点均可作为界址点坐标测量的起算点。在地籍测量中要求界址点精度为±0.05 m时必须用解析法测量。

图解法是地籍图上量取界址点坐标的方法。此法精度较低,适用于农村地区和城镇街坊内部隐蔽界址点测量,并且是在要求的界址点精度与所用的图纸精度一致的情况下采用。

1. 全站仪极坐标法

全站仪极坐标法是测定界址点坐标最常用的一种方法,尤其是在城镇居民建筑区。如图6-15所示,已知数据 $A(X_A,Y_A)$,$B(X_B,Y_B)$,观测数据 β、S,则可计算 A 点至 B 点的坐标方位角 α 及界址点 P 的坐标 $P(X_P,Y_P)$,为

$$\alpha = \tan\frac{Y_B - Y_A}{X_B - X_A} \tag{6-5}$$

$$\begin{cases} X_P = X_A + S\cos(\alpha + \beta) \\ Y_P = Y_A + S\sin(\alpha + \beta) \end{cases} \tag{6-6}$$

式(6-6)是计算界址点坐标的原理公式。实际中可选全站仪的坐标测量功能,直接测量各界址点的坐标(含高程),存入仪器中再传输至计算机并编辑输出。

全站仪极坐标测量的方法大同小异,大致分为初始设置、建立项目文件、建站和测量四个步骤。例如,尼康DTM-352C全站仪极坐标测量的作业流程如下。

(1)初始设置。架设全站仪,开机后在初始测量状态下,按"菜单"键,屏幕显示主菜单,主菜单包含9项,选择第三项进入仪器的初始化设置菜单,进行角度、距离、坐标、单位、存储模式等的设置。

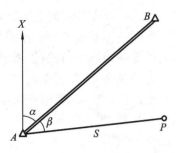

图6-15 全站仪极坐标法原理图

(2)建立项目。回到初始测量状态,按"菜单"键,屏幕显示主菜单,在主菜单中选择第一项,进入项目管理功能,全站仪列出了以前所有建立的项目。按屏幕左下方的"创建"键,进入项目创建界面,通过输入数字或字母设立项目名(如日期+操作员姓名)。然后按"设置"键进入项目设置界面,按"回车"键,新项目创建成功。

(3)建站。建站设置(按"建站"键),选择第一项已知,即在全站仪所在点的坐标和后视点的坐标已知(或起始方位角已知)的情况下建站。在已知项选择好后,按要求输入测站信息时,可从列表中调取(提前在项目中输入已知点的情况下),也可直接输入当前测站点信息(测站点点号、仪器高、坐标、高程等)。信息输入完成后按"回车"键,然后选择建站方法。建站方法有两种,一种是通过输入后视点的坐标建站,另一种是通过已知起始坐标方位角进行建站。根据选择的建站方法把已知后视信息(后视点点号、觇标高、后视坐标或起始坐标方位角)输入即可。

(4)坐标测量。在建站工作完成后,直接按"测量"键即可开始坐标数据采集,先做测站点、已知点、同名点检查,之后全站仪转向待测碎部点(界址点),测量并存储,存储时可以同时输入该点的属性信息(外业操作码),以供成图需要。

在进行一段测量之后,为了确认测站是否有误,旋转照准部照准后视点,在建站界面下选择BS检查,调用BS检查功能,对后视方向进行检验,按"重置"键对后视方向归零,按"ESC"键或"放弃"键不重新进行后视方向归零。

全站仪野外测量需特别注意的是对金属棱镜框架的偏心改正。司镜人员通常将棱镜立在使观测距离一致(与界址至仪器实际距离一致)的点位,角度偏心由仪器操作人员重新瞄准位置进行改正。

2. 交会法

交会法可分为角度交会法和距离交会法。

(1)角度交会法。角度交会法是分别在两个已知测站上对界址点测量两个角度进行交会,以确定界址点的位置。如图6-16所示,根据已知点A、B的坐标(X_A, Y_A)和(X_B, Y_B),反算可获得AB边的坐标方位角α_{AB}和边长S_{AB},由坐标方位角α_{AB}和观测角α可推算出坐标方位角α_{AP},由正弦定理可得AP的边长S_{AP},再根据坐标正算公式即可求得待定点P的坐标,为

$$\begin{cases} X_P = X_A + S_{AP} \cdot \cos\alpha_{AP} \\ Y_P = Y_A + S_{AP} \cdot \sin\alpha_{AP} \end{cases} \tag{6-7}$$

角度交会法一般适用于在测站上能看见界址点位置,但无法测量出测站点至界址点的距离的情况,如位于河流中央的墩标界址点。角度交会测量须注意三角形的几何形状(交会角$\angle P$在30°~150°范围内)。为了确保交会测量的精度与正确性,可选第三个已知点进行多余观测(检查观测),分别计算出两组坐标结果,若两组坐标相差在误差要求范围之内,则取其平均值作为界址点的最后坐标值。

（2）距离交会法。距离交会法就是从两个已知点分别量出至未知界址点的距离，以确定出未知界址点位置的方法。如图6-17所示，已知$A(X_A,Y_A)$，$B(X_B,Y_B)$，观测S_A，S_B，同样可按上述思路计算出界址点P点的坐标。

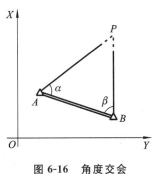

图 6-16　角度交会　　　　　图 6-17　距离交会

距离交会法在界址点坐标测量中应用很多，实际中多使用钢尺量距，工作中须对钢尺进行经常性的检查核对。图6-17中的A、B两已知点可能是控制点，也可能是已知的界址点或辅助点（为测定界址点而测设的）。这种方法同样须注意三角形的几何图形（仍要求交会角∠P在30°～150°范围内）。为了确保交会测量的精度与正确性，也可选择第三个已知点进行多余观测，分别计算出两组坐标结果，取其平均值作为界址点的最后坐标值。

3. GPS-RTK法

GPS-RTK法是卫星定位测量中的一种实时差分技术，能够进行图根控制测量，也广泛应用于大批量的碎部点测量。它能够实时获得测站点的三维坐标，达到厘米级别的精度。GPS-RTK系统主要包括三个部分：基准站、流动站和软件系统。现今RTK系统又分为常规RTK系统和网络RTK系统（即CORS网络）。常规RTK系统由一个基准站和一至数个移动站组成（俗称1+1、1+2等）。网络基准站由若干个远程基准站及用户流动站组成。不同品牌的卫星定位测量仪器，操作方法各不相同，但其基本原理、基本操作步骤是一致的。

1）常规RTK系统

现以科力达RTK测量仪（K9、S730）为例介绍常规RTK系统的使用方法。

（1）基准站部分。

对于基准站架设位置，要选择周围视野开阔、净空条件好的地方，避免在截止高度角15°以上范围内有大型建筑物存在，还要远离大的无线电发射塔、大的水域和高压线。为了使基准站的差分信号能传播得更远，基准站一般选在地势较高的位置（如楼房顶、山头等），以便为整个测区范围提供有效服务工作。当基准站架设在未知控制点（实际生产时经常如此）时，还需考虑与基点（已知控制点）相联通。基准站一般要派专人值守，在确保安全的前提下，也可实现无人值守。当无人值守时，如果手簿显示屏出现异常情况（接收不到基准站发射来的信号），相关人员必须能在最短时间内到达基准站查看情况。手簿显示屏出现异常情况的原因可能是基准站电池用完断电（通常如此），当然也有可能是人或者动物将基准站破坏。基准站的连接步骤如下。

①在基准站接好主机（俗称蘑菇头）的发射天线，将主机与基座相连并一起安装在三脚架上即可。使用外接电源时，将外置电台挂在三脚架上，接电源线时注意避免电瓶正负极接反，从而导致仪器烧坏，电缆线与主机连接时，要注意红点对应，并且捏住连接头带红点的金属部分垂直插拔，切勿用力扭动旋转，以免损坏插头。工作范围不大、电池够用时，也可不用电台，直接使用主机（主机本身也有电池）。

②按下主机操作板面右下方的电源开关键，打开主机（见图6-18）。如果是新机，或要将上一次的流动站主机改为基准站主机，则用两个手指同时按住"F"键和"I"键，当6个灯同时闪时两手指同时松开（提示：务必在6个灯同时闪灯才松手，只亮不闪时不要松手）。松手后按两下"F"键，接着按"I"键确认。

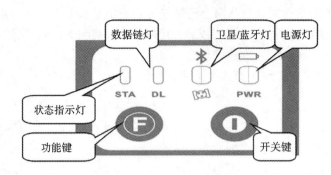

图 6-18 主机操作与指示面板

如果上一次的基准站主机继续在基准站使用,则按下主机开关键之后机器会自动初始化(请耐心等待 1 分钟)和搜索卫星。在卫星数和卫星质量达到要求后,数据链灯旁边的卫星/蓝牙指示灯将开始有规律地闪烁(约每秒钟闪灯 1 次,连续闪几下就说明搜到了几颗卫星)。这表明基准站部分开始正常工作。

(2) 移动站部分。

移动站又称流动站。在流动站方面,通常是测量员拿着另一台主机及观测手簿进行图根控制测量,也可以直接进行地形碎部点测图或工程放样。移动站的工作程序如下。

①将移动站主机接在碳纤对中杆上,连接好接收天线(在主机底部),同时将手簿夹在碳纤对中杆的适合位置。

②打开主机,如果是新机,或要将上一次的基准站主机改为移动站主机,则同样用两个手指同时按住"F"键和"I"键,当 6 个灯同时闪时两手指同时松开。松手后立即按一次"F"键,接着按"I"键确认。

如果继续使用上一次的移动站主机,直接开机后机器同样会进行自动初始化和搜索卫星。在达到一定的条件后,主机上的卫星/蓝牙指示灯便开始有规律地闪烁(灯呈绿色,每秒闪 1 次,闪几下就说明搜到几颗卫星)。此时基准站也在往流动站发射差分信号(数据链灯也会有规律地闪烁(绿灯)、状态灯有规律地闪烁(红灯))。

③打开手簿(按左上角电源开关键)。

④启动手簿后,须先将手簿与主机连通。连通可以通过两种途径,一种是直接用电缆线连接(当一个人独立操作时,稳妥),另一种是用蓝牙(灵活,便于两个人在移动站工作)。通过蓝牙将手簿与主机自动连通,连接时会有数据文字信息在屏幕上闪过。蓝牙设置的操作步骤与界面如下。

a. 单击左下角"开始"→"设置"→"控制面板"(如果双击屏幕下面的蓝牙图标 ,会更快捷),在控制面板中双击"Bluetooth 设备属性",如图 6-19 所示。

(a)

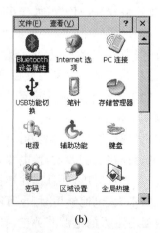
(b)

图 6-19 设置蓝牙开始

b. 在蓝牙设备管理器窗口中选择"设置"标签(见图6-20(a)),勾选"启用蓝牙",再单击"蓝牙设备"标签(见图6-20(b))。

c. 单击图6-20(b)中下方的"扫描设备"按钮,开始进行蓝牙设备扫描。如果在附近(小于30 m的范围内)有可被连接的蓝牙设备,"蓝牙管理器"对话框将显示搜索结果。注意:整个搜索过程可能持续10 s左右,请耐心等待。扫描过程如图6-20(c)所示。

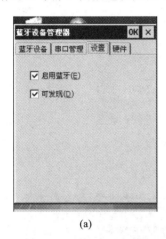
(a)

(b)

(c)

图6-20 蓝牙设备管理扫描

d. 选择"K82…"数据项(假定扫到一个,移动站现在的新主机底部条纹码为"K8233A117081632"),单击"+"按钮,弹出"串口服务"选项(见图6-21(a)),双击"串口服务",在弹出的对话框里选择串口号,一般是从1到8,在可用的串口号中任选一个。如果无法确定选择哪一个端口,则可以从手簿主菜单中按下述步骤操作:"我的设备"→"控制面板"→"设备属性"→"串口管理"→查出与主机底部条纹码序号相同的号码所对应的串口名称。如果现在主机底部条纹码为"K8233A117081632",则在手簿中查找号码"K8233A117081632"所对应的串口名称(这里假设为COM7,如图6-21(b)、(c)所示)。

(a)

(b)

(c)

图6-21 蓝牙串口服务

⑤手簿软件和主机连通后,双击"EGStar"图标,启动工程之星3.0 EGStar软件。软件首先会让移动站主机自动去匹配基准站发射时使用的通道。如果自动搜频成功,则手簿界面下方会有信号灯闪烁。

⑥在确保手簿中蓝牙连通和收到差分信号后,开始新建工程(选择"工程"→"新建工程"),输入工程名(建议用年、月、日加自己的姓氏字母或工程名字母,如20100526X),单击"确定"按钮,如图6-22所示。新建的工程将保存在默认的作业路径"\Flash Disk\EGJobs\"下,然后进行参数设置。

⑦坐标系统设置:选择工程设置界面,单击"坐标系"标签→单击"编辑"按钮→单击"增加"按钮→输入参数系统名,选择椭球名称(坐标系统)"Beijing54"或"Xian80"等,输入当地坐标投影带的中央子午线,

再按"确定"按钮,修改天线高,最后按"确定"按钮即可,如图 6-23 所示。

(a)   (b)

图 6-22 新建工程操作

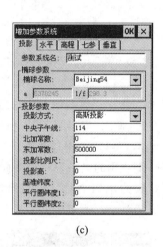

(a)   (b)   (c)

图 6-23 坐标系统设置

⑧求坐标转换参数(见图 6-24):在初始界面单击"输入"图标→单击"求转换参数"选项→单击"增加"按钮,根据提示依次增加控制点的已知坐标和原始坐标,一般至少输入 3 个控制点的坐标,当所有的控制点都输入完成、查看确定无误后,单击"保存"按钮,选择参数文件的保存路径并输入文件名,保存的文件名称以当天的日期命名。完成之后单击"确定"按钮。然后单击"保存成功!"对话框右上角的"OK"按钮,四参数已经计算并保存完毕。完成后单击"应用"按钮。四参数的四个基本项分别是北平移、东平移、旋转角和比例尺。

根据图 6-24(c)的提示,输入控制点的大地坐标(即控制点的原始坐标)时,有三种输入方法,分述如下。

第一种"从坐标管理库选点":调出记录的原始坐标(此原始坐标是求取四参数之前采集的坐标),选择需要的坐标点,单击"确定"按钮,再单击"确认"按钮,如图 6-25 所示。

第二种"读取当前点坐标"。

a. 在该点使主机气泡对中整平。

b. 单击"读取当前点坐标"。

c. 选择"杆高",在"天线高"栏输入当前杆高。

d. 单击"确认"按钮。

第三种"直接输入大地坐标":直接输入测区现场已有控制点的大地坐标。

(a) (b) (c)

图 6-24 求坐标转换参数

图 6-25 增加点的原始坐标(大地坐标)

第一个点"增加"完成后,继续单击"增加"按钮,重复上述步骤增加其余点。一般平面转化最少需要 2 个点,高程转化最少需要 3 个点。所有的控制点都输入以后,向右拖动滚动条可以查看水平精度和高程精度,如图 6-26 所示。

查看确定无误后,单击"保存"按钮,出现如图 6-27(a)所示的界面。选择好参数文件的保存路径并输入文件名(建议将参数文件保存在当天工程文件名下的 Info 文件夹里面),单击"OK"按钮,会出现如图 6-27(b)所示的界面。单击"保存成功!"对话框右上角的"OK"按钮,四参数已经计算完成并保存完毕,并会出现如图 6-28 所示的界面。

此时单击右下角的"应用"按钮,会弹出如图 6-29 所示的对话框,单击"是"按钮即可。单击下面的"查看"按钮,可查看所求的四参数。如果在工程设置的初始界面单击右上角的 ▦ ,也可以查看手簿中已有的四参数,如图 6-30 所示,此时主要查看比例尺是否是"1.0000…"或是"0.9999…",越接近 1,说明越准确。在计算过程中,如果坐标输错了,可以在选中该坐标项之后单击"编辑"按钮或"删除"按钮进行相应的修改。

⑨校正向导。

每天开始碎部测量(测图或放样)之前必须进行此项校正(这类似于全站仪对后方向)。单击"输入"图标,单击"校正向导"选择,选择"基准站架设在未知点",再单击"下一步"按钮。输入当前移动站所在的已知点坐标、天线高,并设置天线高的量取方式,将移动站立于已知点上后,单击"校正"按钮,系统会提示是否校正,单击"确定"按钮即可。

注意:当前状态不是"固定解"时,会弹出提示,这时应该单击"否"按钮终止校正,等精度状态达到"固定解"时重复上面的过程重新进行校正。校正好后便可进行碎部点测量。移步将碳纤对中杆立在需测的

  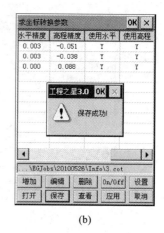

图 6-26 查看水平精度和高程精度　　图 6-27 保存控制点参数文件

图 6-28 坐标输入完成　　图 6-29 参数赋值　　图 6-30 在工程设置的初始界面下查看四参数

点上,当状态达到固定解时,按快捷键"A"开始测量和保存数据。

⑩数据采集(点测量)。

操作:选择"测量"→"点测量",结果如图 6-31 所示。

按一下手簿上的字母"A"键,即采集出当时瞬时坐标,如图 6-32 所示。为方便编辑绘图,点名可以根据实际地物取名,如房角可以取名 F1,F2,…,坎可以取名 K1,K2,…,依此类推。

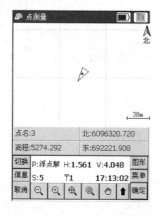 

图 6-31 点测量　　图 6-32 点存储

单击"OK"键或者按"ENT"键,即可保存当时所测坐标。连续按两次"B"键,可以查看所测量坐标。

(3) 其他工作及注意事项。

①建立工程后求坐标转换参数。

在"求坐标转换参数"界面,单击"增加"按钮,根据提示依次增加控制点的已知坐标(Beijing54)和原始坐标(如wgs84),一般至少输入3个控制点的坐标,当所有的控制点都输入完成并查看确定无误后,单击"保存"按钮,选择参数文件的保存路径并输入文件名,保存的文件以当天的日期命名。完成之后单击"确定"按钮。然后单击"保存成功!"对话框右上角的"OK"按钮,四参数已经计算并保存完毕,完成后单击"应用"按钮。求取参数步骤如下:单击"设置"图标→单击"求转换参数"→单击"增加"按钮→输入一个已知点的坐标,之后选择第一项(从坐标管理库选点)→单击"导入"按钮→找到对应的文件并导入,然后选中上述已知点的原始坐标(就是刚在外面采集的,最好命名为a,方便查找),确定(单击"OK"按钮)。然后依次输入这几个点的已知坐标(Beijing54)和原始坐标(wgs84),保存后单击"应用"按钮。

查看精度:在求坐标转换参数后查看水平精度和高程精度,或查看四参数旋转角和比例是否接近1。

②如果在工程建立后进行端口连接(手簿与主机连接),步骤如下。打开EGStar软件,单击"配置"图标,单击"端口设置"选项,此时再选择"端口"。如果不知道选择哪个端口,就退回到桌面,打开"我的设备""控制面板",选择"Bluetooth设备属性""串口管理",将设备名称那一行拉开一点查看自己主机的型号应该接哪个串口,查看到之后再进入端口设置界面选择端口,波特率选择最大的,再按"确定"按钮,即可连接上。

③连接上之后就可以选择比较高等级的控制点进行点的校正,将主机架在点上后,手簿操作如下:打开EGStar软件,单击"输入"图标,单击"校正向导"选项,选择校正模式(校正模式应按基准站设在已知点或者未知点的情况下进行选择),再按"下一步"按钮,输入对应的信息,按"校正"按钮,再按"确定"按钮即可。这样,校正就完毕。基准站架设在未知点校正操作如图6-33所示。

 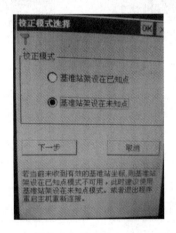 

图6-33　基准站架设在未知点校正操作

校正后还要将点进行平滑15秒测量一次,设置平滑15秒步骤如下:打开EGStar软件,单击"配置"图标,单击"工程设置"选项,单击"存储"标签,勾选"平滑存储",平滑存储次数改为"15",再单击"确定"按钮即可。存储设置界面如图6-34所示。

设置平滑后等主机扶正和手簿呈固定解状态后单击"测量"图标,单击"点测量"选项,按"A"键,等待15秒后按"OK"按钮或按"ENT"键即可。测完点后再按一下"查看"按钮,查看测量的坐标与正确坐标的误差相差多少,如果在几厘米以内就认可,超出10厘米就要进行处理。

④数据下载。

每天完成RTK野外数据采集后,当天便将手簿中的数据下载到电脑之中进行编辑绘图。数据下载到电脑前,还须先进行数据格式的转换,将手簿中后缀为".dat"的原始数据文件转换为后缀为".txt"的成果文件,以便进一步输送至电脑进行编辑绘图。文件转换的步骤为:单击"工程"图标→单击"文件导入导出"选项→单击"文件导出"按钮→在文件类型中选择南方 CASS 格式→单击"测量文件"按钮（选择相应文件）→单击"成果文件"按钮（取目标文件名）→单击"导出"按钮。具体分述如下。

在工程之星的初始界面单击"工程"图标→单击"文件导入导出"选项→单击"文件导出"按钮→在"导出文件类型"中选择南方 CASS 格式，如图 6-35 所示。

　　　　　　　　　　　　　　　　　　　　　　　(a)　　　　　　　　　　　(b)

图 6-34　存储设置界面　　　　　　　　　　　图 6-35　文件导出开始

选择数据格式后，单击"测量文件"按钮，在图 6-36(a)所示的"打开文件"界面中选择需要转换的原始数据文件，即工程名.dat(20100526.dat)，然后单击"OK"按钮，进入图 6-36(b)所示的"文件导出"界面。

(a)　　　　　　　　　　　　　　　(b)

图 6-36　选择野外测量数据文件

单击"成果文件"按钮，输入要保存的文件名（可在原文件名后加上"转换后"以示区别），文件类型选择".txt"，如图 6-37(a)所示。确定后单击"OK"按钮，出现图 6-37(b)所示的界面。

最后单击"导出"按钮，出现如图 6-38 所示的界面，表示文件已经转换为所需要的格式。转换格式后的成果文件保存在"\Flash Disk\EGJobs\20100526\data\"路径下，单击"OK"按钮，然后单击"退出"按钮，结束文件导出工作，继续进行下面的数据文件传输至电脑的工作。

⑤将手簿里转换好的数据文件复制至电脑的步骤如下。

在手簿的起始主界面单击"我的设备"→单击"控制面板"→打开 USB 功能切换→选择"USB 通讯"→退回手簿主界面。选择手簿多用途通讯电缆 USB 插电脑，手簿接口连手簿，在计算机资源管理器"我的电脑"里面找到手簿数据存储盘。打开所建工程文件夹→打开 EGJobs 文件夹→打开 data 文件夹→找

第6章 地籍测量

(a)

(b)

图 6-37 输入成果文件(目标文件)名

图 6-38 转换后的文件路径

到所建成果文件夹→复制至电脑→完成。

然后,可在电脑上打开南方 CASS 绘图软件→绘图处理→展外测点点号→开始绘图。

2) 网络 RTK 系统

网络 RTK 是指在某一区域内,建立构成网状覆盖的多个永久性基准站,利用载波相位观测值,以这些基准站计算和发播卫星定位的改正信息,对该区域内的用户进行实时改正定位。

在网络 RTK 中,用户无须架设独立的测区基准站,只需考虑移动站的校正与工作使用。主要步骤有:打开主机里的电池,装上手机移动卡,打开主机电源(设置为移动站)→打开手簿→连接(蓝牙或有线)→启动工程之星软件→新建或打开工程→配置网络参数→求转换参数→连接成功→碎部测量→成果导出。

配置网络参数操作如下。

"配置"→"网络设置",进入图 6-39 所示的网络设置界面,单击"编辑"按钮或"增加"按钮,进入"网络配置"界面,如图 6-40 所示。

图 6-39 网络设置

图 6-40 网络参数配置

"从模块读取"功能,用来读取系统保存的上次接收机使用"网络连接"设置的信息(单击该功能按钮读取成功后,会将上次的信息填写到输入栏,以供检查和修改)。图 6-40 中,依次输入相应的网络配置信息。最后的"接入点"不用输,其他内容输完后,单击"获取接入点"按钮,进入"获取源列表"界面,工程之星会对主机模块进行输入信息的设置以及登录服务器,获取到所有的接入点,获取过程如图 6-41 所示。

提示:对于 NTRIP-VRS 模式,在有密码限制的情况下,一组账号和密码只能供任意一台主机使用,不能同时使用于 2 台或 2 台以上的主机。

然后在"网络配置"界面"接入点"的下拉框中选择需要的接入点(图 6-42 中的"CMR")。单击"确定"

按钮,该配置被输送到主机的模块之中,手簿返回到图6-39所示的"网络设置"界面,此时单击"连接"按钮,会进行网络参数设置(见图6-43),在这里主机会根据程序步骤一步一步地进行拨号连接与设置,屏幕会以一问一答的形式显示连接设置的进度(如果发生账号和密码错误、手机卡欠费等情况,也将在此处显示)。连接成功后(屏幕显示"所有参数设置完毕!"),单击"确定"按钮,进入图6-44所示的界面,主机进行网络初始化、GPRS连接、登录服务器、GGA数据上发等连接工作,完成之后单击"确定"按钮,进入工程之星初始界面(见图6-45)。

图6-41 获取接入点

图6-42 选取接入点

图6-43 网络参数设置

图6-44 连接

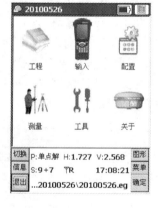
图6-45 连接后回到初始界面

设置成功后很快就能接收到差分信息。当状态达到固定解时(图6-45中的单点解则不行),就可以进行相关的测量工作(图根控制、数字测图、工程放样等)了。

工作中还须注意以下事项。

(1)网络RTK依托无线网络进行数据传输,有时很久都收不到差分来的信息,这时用户可以从以下几个方面进行常见问题的诊断和处理。

①通过"设置"菜单下的网络连接中的设置,进行网络参数读取,查看参数设置是否正确。

②查看"设置"菜单下的移动站设置情况,检查差分格式是否正确。

③检查手机卡是否欠费、新卡所开通的上网业务是否为NET方式(连接电脑上的WWW网站),而不是WAP方式(连接手机WAP网站)。

④检查手机卡所使用的GPRS(general packet radio service,通用分组无线服务)或CDMA(code division multiple access,中国电信的码分多址)网络是否覆盖作业区域。

(2)如果用户可以收到差分信息,但手簿一直显示处于浮点解状态,无法达到固定解状态,则需进行以下检查。

①检查作业地区的网络是否稳定、网络延迟是否严重。
②检查可用卫星分布及状态是否满足要求。
③检查流动站离主参考站的距离是否过远。
④检查作业地区周围是否有较大的电磁场干扰源。
⑤如果没有上述问题,则重新启动主机,重新初始化。
如果经过以上检查仍然有差分信息但无法达到固定解状态,需要经销商或CORS服务中心解决。

四、成果整理与检查

界址点的外业观测工作结束后,应及时地计算整理出各宗地、图幅、地籍区的界址点坐标,反算整理出相邻界址边长,填入相应的调查记录表中;应及时整理外业工作形成的各种图件(底图、草图、工作示意图)、表册、坐标与面积计算资料、电子数据、文字资料。

工作中及时进行检查,包括从其他控制点对界址点进行坐标测量检查,用钢尺进行量边检查,检查界址点与相邻地物点的间距等,计算统计出各项误差,与《地籍调查规程》(TD/T 1001—2012)等相应测绘标准或设计书要求对照检查,判断各项误差是否超限。如果出现问题,应按照坐标整理计算、野外观测的顺序进行检查,发现错误及时改正。一个宗地的所有边长都被认为测量准确、在限差范围以内时才可以计算宗地面积。一个地籍子区内的所有界址点坐标(包括图解的界址点坐标)检查合格后,便进行界址点的统一编号,计算全部的宗地面积,把界址点坐标和面积填入标准的表格中,整理成册。

1. 判断对错,错的指出原因。
(1) 填写"不动产权籍调查表"中的"房屋调查表"时,房屋结构分为钢结构、钢和钢筋混凝土结构、钢筋混凝土结构、混合结构、砖木结构、其他结构等六类。(   )
(2) 分幅地籍图才是地籍图,宗地图、土地利用现状图并不是地籍图。(   )
(3) 分幅地籍图不是地籍岛图,宗地图和农村居民地地籍图是地籍岛图。(   )
(4) 大地坐标系指大地经度、大地纬度,但不包括大地高。(   )
(5) 高斯投影中,有6度带投影与3度带投影,我国范围所在的投影带,3度带投影的带号与6度带投影的带号,没有一个重复。(   )
(6) 地籍图上的地籍要素决定数学要素。(   )
(7) 距离交会法中用钢尺量距交会,属于解析法获得界址点坐标。(   )
(8) 宗地图的图幅规格一般为50 cm×50 cm或50 cm×40 cm。(   )

2. 单项选择题。
(1) 通常情况下,地籍界址点及相关房地产要素点,相对于临近控制点的点位中误差,应不大于(   )。
   A. ±0.05 m   B. ±0.10 m   C. ±0.15 m   D. ±0.20 m
(2) 不动产调查测量的土地单元是(   )。
   A. 地块   B. 宗地   C. 项目用地   D. 丘
(3) 高斯投影属于(   )投影。
   A. 等长度   B. 等面积   C. 等角度   D. 等高度

(4) 初始土地登记后,对一宗土地上新设立的土地权利进行的土地登记称为(　　)。
　　A. 初始登记　　　　B. 权利登记　　　　C. 土地登记　　　　D. 设定登记
(5) 在宗地草图上,与本宗地相邻的各宗地的界址线(　　)。
　　A. 必须全部表示　　　　　　　　　　B. 部分表示
　　C. 可有选择性地表示　　　　　　　　D. 无须表示
(6) 在城镇建筑密集区,进行图根控制测量的主要方法一般为(　　)。
　　A. 交会测量　　　　B. 导线测量　　　　C. 三角测量　　　　D. 卫星定位测量
(7) 在 GPS 测量中,检验基线观测质量最基本的参量是(　　)。
　　A. 同步环闭合差　　　　　　　　　　B. 异步环闭合差
　　C. 复测基线长度较差　　　　　　　　D. 独立环闭合差
(8) 图根导线测量的方位角闭合差允许值为(　　)。
　　A. $\pm 10\sqrt{n}$　　　B. $\pm 16\sqrt{n}$　　　C. $\pm 24\sqrt{n}$　　　D. $\pm 40\sqrt{n}$
(9) 根据界址点与邻近地物点关系及距离允许误差要求,界址线邻近的地物点测量精度应(　　)界址点的测量精度。
　　A. 等同于　　　　B. 不同于　　　　C. 高于　　　　D. 低于
(10) 根据《地籍调查规程》(TD/T 1001—2012),土地使用权的明显界址点,相对于邻近控制点的点位中误差为(　　),相邻界址点间距中误差为(　　)。
　　A. ±0.075 m　　　B. ±0.05 m　　　C. ±0.10 m　　　D. 都不对

3. 简述宗地草图的概念和主要内容。
4. 解析法测量界址点的主要方法有哪些?它们各自适用于哪些情况?
5. 简述 GPS-RTK 法的基本原理和作业方法。
6. 简述地籍图的概念与分类。
7. 如何确定地籍图的比例尺?如何进行地籍图的分幅和编号?
8. 简述地籍图和地形图的相同点与不同点。
9. 试分析分幅地籍图与宗地图的异同点。

实训 3、4　全站仪导线测量(共 4 学时)

20＿＿年＿＿月＿＿日＿＿午　天气＿＿＿＿＿　专业班级＿＿＿＿＿　第＿＿小组
姓名：　　　学号：　　　其他成员：　　　仪器：

目的要求与注意事项	1. 掌握导线测量的各项野外操作及记录和计算方法,能进行内业平差计算。 2. 借领仪器：全站仪、脚架、对中三脚架及棱镜。按照三级导线测量技术要求,J2 级全站仪每个测站观测一测回。导线采用闭合导线或附合导线,独立坐标,独立高程。野外作业时注意安全。 3. 小组成员轮流进行一次完整的仪器操作、记录、计算工作。限差参照相应仪器级别要求。每组提交一份导线测量平面坐标成果及三角高程测量成果(可以用手工近似平差计算,也可以用平差软件计算)。	示意图：

测站名：　　仪器高 I：　　测站位置：

目标								
盘位	左	右	左	右	左	右	左	右
平距 S								
天顶距 Z	°　′　″	°　′　″	°　′　″	°　′　″	°　′　″	°　′　″	°　′　″	°　′　″
指标差、竖直角	″、°　′　″		″、°　′　″		″、°　′　″		″、°　′　″	
水平方向值	°　′　″	°　′　″	°　′　″	°　′　″	°　′　″	°　′　″	°　′　″	°　′　″
2C、平均值	″、°　′　″		″、°　′　″		″、°　′　″		″、°　′　″	
棱尺高 J								
高差 h								
备注								

导线测量之前,需进行仪器棱镜加常数检查(具体方法可见本书参考文献1)：
1. 用钢尺量距比较：
2. 用仪器自身检查测定：

个人小结：

老师评分：

实训 5、6　全站仪地籍测量（共 4 学时）

20　　年　　月　　日　　午　天气　　　　　专业班级　　　　　第　　小组
姓名：　　　　学号：　　　　其他成员：　　　　仪器：

| 目的要求与注意事项 | 1. 掌握全站仪地籍测量的各项野外操作与内业绘图过程。
2. 借领仪器：全站仪、脚架、单棱镜杆、小棱镜。野外作业时注意安全。
3. 小组成员轮流进行一次完整的外业测量与内业绘图工作。每组提交一份测量成果图电子文件。测量目标及范围：一栋大楼及大楼周边地物（道路、草地等），大楼标注房屋界址点（线），列出界址点坐标表、基底面积。
4. 注意建立好文件名（日期加小组名）。起始点坐标可按假定坐标设定，但需按近似北方向定向（可用手机定向）。 |

测站名：　　　仪器高 I：　　　测站位置：　　　定向：近似北方向

外业及内业操作步骤介绍：

个人小结：

老师评分：

第7章

宗海调查测量

■ 内容简介

本章介绍宗海调查测量的相关知识,包括宗海方面的术语概念、宗海分类、宗海调查测量方法、宗海图编绘等内容。

《不动产登记暂行条例》第二条对不动产所下的定义是:"本条例所称不动产,是指土地、海域以及房屋、林木等定着物。"《不动产权籍调查技术方案(试行)》指出该方案"适用于土地、海域以及房屋、林木等定着物的不动产权籍调查",调查内容为"以宗地、宗海为单位,查清宗地、宗海及其房屋、林木等定着物组成的不动产单元状况",规定"不动产单元代码采用七层 28 位层次码结构,由宗地(宗海)代码与定着物代码构成","宗地(宗海)代码为五层 19 位层次码","定着物代码为二层 9 位层次码"。

由此可见,在不动产调查登记工作中,宗海与宗地是具有同样的重要性,具有相同"地位"的。

第 1 节 术语定义

宗海调查测量所涉及的术语概念较多,这里选取部分介绍如下。

一、《中华人民共和国海域使用管理法》等规定的术语与定义

海域:中华人民共和国内水、领海的水面、水体、海床和底土。

内水:中华人民共和国领海基线向陆地一侧至海岸线的海域。

国土:国家主权管辖范围内的地域空间,包括国家的陆地、陆上水域、内水、领海以及它们的底土和上空。

领海基线:沿海国家测算领海宽度的起算线。基线向陆地一侧的水域称为内水(内海),向海的一侧依次是领海、毗邻区、专属经济区、大陆架等管辖海域。图 7-1 所示为领海基线与内水及领海、毗连区相互关系示意图。

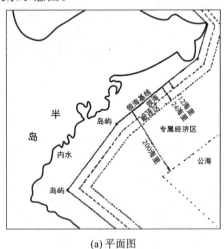
(a) 平面图

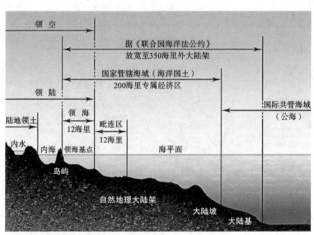
(b) 断面图

图 7-1 领海基线与内水及领海、毗连区相互关系示意图(1 海里=1 852 米)

二、《海籍调查规范》(HY/T 124—2009)规定的术语与定义

宗海:被权属界址线封闭的同类型用海单元。这里的类型指海域使用类型中的二级类。海籍调查的基本单元是宗海,同一权属项目用海中的填海造地用海应独立分宗。

宗海内部单元：宗海内部按用海方式划分的海域。

界址点：用于界定宗海及其内部单元范围和界线的拐点。

界址线：由界址点连接而成的线。

海籍：记载各项目用海的位置、界址、权属、面积、类型、用途、用海方式、使用期限、海域等级、海域使用金征收标准等基本情况的簿册和图件。

三、《海域使用分类》(HY/T 123—2009)规定的术语与定义

海域使用：持续使用特定海域3个月以上的排他性用海活动。

海域使用类型：根据不同的海域使用方式和特点所形成的海域差异性划分的海域类别。

用海方式：根据海域使用特征及对海域自然属性的影响程度划分的海域使用方式。

四、其他相关术语与定义

宗海图：记载宗海位置、界址点、界址线及其与相邻宗海位置关系的图件，包括宗海位置图、宗海界址图和宗海平面布置图。

宗海位置图：反映项目用海地理位置、平面形状及其与周边重要地物位置关系的图件。

宗海界址图：反映宗海具体的平面布置、界址点分布、界址范围、用海面积、用途、用海方式及其相邻宗海信息的图件。

宗海平面布置图：反映同一用海项目内多宗宗海之间平面布置、位置关系及其相邻项目用海信息的图件。

海籍调查：包括权属核查和海籍测量。海籍调查分初始海籍调查和变更海籍调查。初始海籍调查在海域使用申请批准前进行，变更海籍调查在海域使用权变更申请批准前进行。

第2节 宗海分类

与土地利用现状调查首先要确定好土地分类标准相似，宗海调查测量也要先制定出一套宗海分类标准。《海域使用分类》规定，宗海的海域使用分类按一级和二级类型分类。宗海类型指海域使用类型中的二级类。

一、宗海分类原则

《海域使用分类》规定了海域分类的四个原则。

1. 依据海域用途

以海域用途为主要分类依据，遵循对海域使用类型的一般认识，并与海洋功能区划、海洋及相关产业等的分类相协调。

2. 考虑海域使用分类管理需要

体现海域使用管理法律法规在海域使用审批、海域使用期限确定、海域使用金征缴和减免等方面对海域使用的分类管理要求，明确界定法律法规提及的海域使用类型和用海方式。

3. 区分用海方式

区分海域使用的具体用海方式，反映用海活动特征及其对海域自然属性的影响程度，体现海域使用管理工作特点。

4. 保持项目用海的完整性

在海域使用类型划分上保持项目用海的完整性，反映项目用海总体特征，方便海域使用行政管理及相关工作。

二、宗海分类办法

宗海分类有两种方式（或称两种类型，又称两种体系），一种是按用海类型分类，另一种是按用海方式分类。

1. 按用海类型分类

海域使用类型采用两级分类体系，共分为9个一级类和31个二级类；采用阿拉伯数字编码，一级类用1位数字表示，二级类用2位数字表示。

海域使用类型名称和编码如表7-1所示。

表7-1　海域使用类型名称和编码

一级类		二级类	
编码	名称	编码	名称
1	渔业用海	11	渔业基础设施用海
		12	围海养殖用海
		13	开放式养殖用海
		14	人工鱼礁用海
2	工业用海	21	盐业用海
		22	固体矿产开采用海
		23	油气开采用海
		24	船舶工业用海
		25	电力工业用海
		26	海水综合利用用海
		27	其他工业用海
3	交通运输用海	31	港口用海
		32	航道用海
		33	锚地用海
		34	路桥用海
4	旅游娱乐用海	41	旅游基础设施用海
		42	浴场用海
		43	游乐场用海

续表

一级类		二级类	
编码	名称	编码	名称
5	海底工程用海	51	电缆管道用海
		52	海底隧道用海
		53	海底场馆用海
6	排污倾倒用海	61	污水达标排放用海
		62	倾倒区用海
7	造地工程用海	71	城镇建设填海造地用海
		72	农业填海造地用海
		73	废弃物处置填海造地用海
8	特殊用海	81	科研教学用海
		82	军事用海
		83	海洋保护区用海
		84	海岸防护工程用海
9	其他用海	91	其他用海

2. 按用海方式分类

用海方式同样采用两级层次体系,共分为5种一级用海方式和20种二级用海方式。用海方式也采用阿拉伯数字编码,一级用海方式用1位数字表示,二级用海方式用2位数字表示。

用海方式名称和编码如表7-2所示。

表7-2 用海方式名称和编码

一级用海方式		二级用海方式	
编码	名称	编码	名称
1	填海造地	11	建设填海造地
		12	农业填海造地
		13	废弃物处置填海造地
2	构筑物	21	非透水构筑物
		22	跨海桥梁、海底隧道等
		23	透水构筑物
3	围海	31	港池、蓄水等
		32	盐业
		33	围海养殖
4	开放式	41	开放式养殖
		42	浴场
		43	游乐场
		44	专用航道、锚地及其他开放式

续表

一级用海方式		二级用海方式	
编码	名称	编码	名称
5	其他方式	51	人工岛式油气开采
		52	平台式油气开采
		53	海底电缆管道
		54	海砂等矿产开采
		55	取、排水口
		56	污水达标排放
		57	倾倒

三、用海类型与用海方式的编码说明

1．渔业用海

渔业用海指为开发利用渔业资源、开展海洋渔业生产所使用的海域。

1）渔业基础设施用海（用海类型编码为11）

渔业基础设施用海指用于渔船停靠、进行装卸作业和避风，以及用以繁殖重要苗种的海域，包括渔业码头、引桥、堤坝、渔港港池（含开敞式码头前沿船舶靠泊和回旋水域）、渔港航道、附属的仓储地、重要苗种繁殖场所及陆上海水养殖场延伸入海的取排水口等所使用的海域。其中：

（1）填成土地后用于建设顺岸渔业码头、渔港仓储设施和重要苗种繁殖场所等的海域，用海方式为建设填海造地（用海方式编码为11）。

（2）采用非透水方式构筑的不形成围填海事实或有效岸线的渔业码头、堤坝等所使用的海域，用海方式为非透水构筑物（用海方式编码为21）。

（3）采用透水方式构筑的渔业码头、引桥等所使用的海域，用海方式为透水构筑物（用海方式编码为23）。

（4）陆上海水养殖场延伸入海的取排水口等所使用的海域，用海方式为取、排水口（用海方式编码为55）。

（5）有防浪设施圈围的渔港港池、开敞式渔业码头的港池（船舶靠泊和回旋水域）等所使用的海域，用海方式为港池、蓄水等（用海方式编码为31）。

（6）渔港航道等所使用的海域，用海方式为专用航道、锚地及其他开放式（用海方式编码为44）。

2）围海养殖用海（用海类型编码为12）

围海养殖用海指筑堤围割海域进行封闭或半封闭式养殖生产的海域。用海方式为围海养殖（用海方式编码为33）。

3）开放式养殖用海（用海类型编码为13）

开放式养殖用海指无须筑堤围割海域，在开敞条件下进行养殖生产所使用的海域，包括筏式养殖、网箱养殖及无人工设施的人工投苗或自然增殖生产等所使用的海域。用海方式为开放式养殖（用海方式编码为41）。

4）人工鱼礁用海（用海类型编码为14）

人工鱼礁用海指通过构筑人工鱼礁进行增养殖生产的海域。用海方式为透水构筑物（用海方式编码为23）。

2. 工业用海

工业用海指开展工业生产所使用的海域。

1）盐业用海（用海类型编码为21）

盐业用海指用于盐业生产的海域，包括盐田、盐田取排水口、蓄水池、盐业码头、引桥及港池（船舶靠泊和回旋水域）等所使用的海域。其中：

（1）采用非透水方式构筑的不形成围填海事实或有效岸线的盐业码头等所使用的海域，用海方式为非透水构筑物（用海方式编码为21）。

（2）采用透水方式构筑的盐业码头、引桥等所使用的海域，用海方式为透水构筑物（用海方式编码为23）。

（3）盐业生产用取排水口所使用的海域，用海方式为取、排水口（用海方式编码为55）。

（4）盐田、盐业生产用蓄水池等所使用的海域，用海方式为盐业（用海方式编码为32）。

（5）盐业码头的港池（船舶靠泊和回旋水域）所使用的海域，用海方式为港池、蓄水等（用海方式编码为31）。

2）固体矿产开采用海（用海类型编码为22）

固体矿产开采用海指开采海砂及其他固体矿产资源所使用的海域，包括海上以及通过陆地挖至海底进行固体矿产开采所使用的海域。用海方式为海砂等矿产开采（用海方式编码为54）。

3）油气开采用海（用海类型编码为23）

油气开采用海指开采油气资源所使用的海域，包括石油平台、油气开采用栈桥、浮式储油装置、输油管道、油气开采用人工岛及其连陆或连岛道路等所使用的海域。其中：

（1）石油平台及浮式生产储油装置（含立管和系泊系统）等所使用的海域，用海方式为平台式油气开采（用海方式编码为52）。

（2）油气开采用栈桥所使用的海域，用海方式为透水构筑物（用海方式编码为23）。

（3）输油管道所使用的海域，用海方式为海底电缆管道（用海方式编码为53）。

（4）油气开采用人工岛所使用的海域，用海方式为人工岛式油气开采（用海方式编码为51）。

（5）油气开采用人工岛的连陆或连岛道路（含涵洞式）等所使用的海域，用海方式为非透水构筑物（用海方式编码为21）。

4）船舶工业用海（用海类型编码为24）

船舶工业用海指船舶（含渔船）制造、修理、拆解等所使用的海域，包括船厂的厂区、码头、引桥、平台、船坞、滑道、堤坝、港池（含开敞式码头前沿船舶靠泊和回旋水域，船坞、滑道等的前沿水域）及其他设施等所使用的海域。其中：

（1）填成土地后用于建设船舶工业厂区等的海域，用海方式为建设填海造地（用海方式编码为11）。

（2）采用非透水方式构筑的不形成围填海事实或有效岸线的船厂码头、堤坝等所使用的海域，用海方式为非透水构筑物（用海方式编码为21）。

（3）采用透水方式构筑的船厂码头、引桥、平台、船坞及滑道等所使用的海域，用海方式为透水构筑物（用海方式编码为23）。

（4）有防浪设施圈围的船厂港池、开敞式船厂码头的港池（船舶靠泊和回旋水域），船坞、滑道等的前沿水域等所使用的海域，用海方式为港池、蓄水等（用海方式编码为31）。

5）电力工业用海（用海类型编码为25）

电力工业用海指电力生产所使用的海域，包括电厂、核电站、风电场、潮汐及波浪发电站等的厂区、码头、引桥、平台、港池（含开敞式码头前沿船舶靠泊和回旋水域）、堤坝、风机座墩和塔架、水下发电设施、取排水口、蓄水池、沉淀池及温排水区等所使用的海域。其中：

（1）填成土地后用于建设电力工业厂区等的海域，用海方式为建设填海造地（用海方式编码为11）。

（2）采用非透水方式构筑的不形成围填海事实或有效岸线的电厂（站）专用码头、堤坝等所使用的海域，用海方式为非透水构筑物（用海方式编码为21）。

（3）采用透水方式构筑的电厂（站）专用码头、引桥、平台、风机座墩和塔架、水下发电设施及潜堤等所使用的海域，用海方式为透水构筑物（用海方式编码为23）。

（4）电厂（站）取排水口所使用的海域，用海方式为取、排水口（用海方式编码为55）。

（5）蓄水池、沉淀池、有防浪设施圈围的电厂（站）港池、开敞式电厂（站）专用码头的港池（船舶靠泊和回旋水域）等所使用的海域，用海方式为港池、蓄水等（用海方式编码为31）。

（6）温排水区用海，用海方式为专用航道、锚地及其他开放式（用海方式编码为44）。

6）海水综合利用用海（用海类型编码为26）

海水综合利用用海指开展海水淡化和海水化学资源综合利用等所使用的海域，包括海水淡化厂、制碱厂及其他海水综合利用工厂的厂区、取排水口、蓄水池及沉淀池等所使用的海域。其中：

（1）填成土地后用于建设海水综合利用工业厂区等的海域，用海方式为建设填海造地（用海方式编码为11）。

（2）海水综合利用取排水口等所使用的海域，用海方式为取、排水口（用海方式编码为55）。

（3）蓄水池、沉淀池等所使用的海域，用海方式为港池、蓄水等（用海方式编码为31）。

7）其他工业用海（用海类型编码为27）

其他工业用海指上述工业用海以外的工业用海，包括水产品加工厂、化工厂、钢铁厂等的厂区，以及企业专用码头、引桥、平台、港池（含开敞式码头前沿船舶靠泊和回旋水域）、堤坝、取排水口、蓄水池、沉淀池等所使用的海域。其中：

（1）填成土地后用于建设上述工业厂区等的海域，用海方式为建设填海造地（用海方式编码为11）。

（2）采用非透水方式构筑的不形成围填海事实或有效岸线的企业专用码头、堤坝等所使用的海域，用海方式为非透水构筑物（用海方式编码为21）。

（3）采用透水方式构筑的企业专用码头、引桥、平台及潜堤等所使用的海域，用海方式为透水构筑物（用海方式编码为23）。

（4）取排水口所使用的海域，用海方式为取、排水口（用海方式编码为55）。

（5）蓄水池、沉淀池、有防浪设施圈围的企业专用港池、开敞式企业专用码头的港池（船舶靠泊和回旋水域）等所使用的海域，用海方式为港池、蓄水等（用海方式编码为31）。

3．交通运输用海

交通运输用海指为满足港口、航运、路桥等交通需要所使用的海域。

1）港口用海（用海类型编码为31）

港口用海指供船舶停靠、进行装卸作业、避风和调动等所使用的海域，包括港口码头（含开敞式的货运和客运码头）、引桥、平台、港池（含开敞式码头前沿船舶靠泊和回旋水域）、堤坝及堆场等所使用的海域。其中：

（1）填成土地后用于建设堆场、顺岸码头、大型突堤码头及其他港口设施等的海域，用海方式为建设填海造地（用海方式编码为11）。

（2）采用非透水方式构筑的不形成围填海事实或有效岸线的码头、堤坝等所使用的海域，用海方式为非透水构筑物（用海方式编码为21）。

（3）采用透水方式构筑的码头、引桥、平台及潜堤等所使用的海域，用海方式为透水构筑物（用海方式编码为23）。

（4）有防浪设施圈围的港池、开敞式码头的港池（船舶靠泊和回旋水域）等所使用的海域，用海方式为港池、蓄水等（用海方式编码为31）。

2）航道用海（用海类型编码为32）

航道用海指交通部门划定的供船只航行使用的海域（含灯桩、立标及浮式航标灯等海上航行标志所使用的海域），不包括渔港航道所使用的海域。用海方式为专用航道、锚地及其他开放式（用海方式编码为44）。

3）锚地用海（用海类型编码为33）

锚地用海指船舶候潮、待泊、联检、避风及进行水上过驳作业等所使用的海域，用海方式为专用航道、锚地及其他开放式（用海方式编码为44）。

4）路桥用海（用海类型编码为34）

路桥用海指连陆、连岛等路桥工程所使用的海域，包括跨海桥梁、跨海和顺岸道路等及其附属设施所使用的海域，不包括油气开采用连陆、连岛道路和栈桥等所使用的海域。其中：

（1）填成土地后用于建设顺岸道路及其附属设施等的海域，用海方式为建设填海造地（用海方式编码为11）。

（2）采用非透水方式构筑的不形成围填海事实或有效岸线的跨海道路（含涵洞式）及其附属设施所使用的海域，用海方式为非透水构筑物（用海方式编码为21）。

（3）跨海桥梁及其附属设施所使用的海域，用海方式为跨海桥梁、海底隧道等（用海方式编码为22）。

4．旅游娱乐用海

旅游娱乐用海指开发利用滨海和海上旅游资源，开展海上娱乐活动所使用的海域。

1）旅游基础设施用海（用海类型编码为41）

旅游基础设施用海指旅游区内为满足游人旅行、游览和开展娱乐活动需要而建设的配套工程设施所使用的海域，包括旅游码头、游艇码头、引桥、港池（含开敞式码头前沿船舶靠泊和回旋水域）、堤坝、游乐设施、景观建筑、旅游平台、高脚屋、旅游用人工岛及宾馆饭店等所使用的海域。其中：

（1）填成土地后用于旅游开发和建设宾馆、饭店等的海域，用海方式为建设填海造地（用海方式编码为11）。

（2）采用非透水方式构筑的不形成围填海事实或有效岸线的旅游码头、游艇码头、堤坝、游乐设施、景观建筑及旅游用人工岛等所使用的海域，用海方式为非透水构筑物（用海方式编码为21）。

（3）采用透水方式构筑的旅游码头、游艇码头、引桥、游乐设施、景观建筑、旅游平台、高脚屋、潜堤，以及游艇停泊水域等所使用的海域，用海方式为透水构筑物（用海方式编码为23）。

（4）有防浪设施圈围的旅游专用港池、开敞式旅游码头的港池（船舶靠泊和回旋水域）等所使用的海域，用海方式为港池、蓄水等（用海方式编码为31）。

2）浴场用海（用海类型编码为42）

浴场用海指专供游人游泳、嬉水的海域，用海方式为浴场（用海方式编码为42，与用海类型编码相同）。

3）游乐场用海（用海类型编码为43）

游乐场用海指开展游艇、帆板、冲浪、潜水、水下观光及垂钓等海上娱乐活动所使用的海域。用海方式为游乐场（用海方式编码为43，与用海类型编码相同）。

5．海底工程用海

海底工程用海指建设海底工程设施所使用的海域。

1）电缆管道用海（用海类型编码为51）

电缆管道用海指埋（架）设海底通信光（电）缆、电力电缆、深海排污管道、输水管道及输送其他物质的管状设施等所使用的海域，不包括油气开采输油管道所使用的海域。用海方式为海底电缆管道（用海方式编码为53）。

2) 海底隧道用海(用海类型编码为52)

海底隧道用海指建设海底隧道及其附属设施所使用的海域,包括隧道主体及其海底附属设施,以及通风竖井等非透水设施所使用的海域。其中:

(1) 隧道主体及其海底附属设施所使用的海域,用海方式为跨海桥梁、海底隧道等(用海方式编码为22)。

(2) 通风竖井等非透水设施所使用的海域,用海方式为非透水构筑物(用海方式编码为21)。

3) 海底场馆用海(用海类型编码为53)

海底场馆用海指建设海底水族馆、海底仓库及储罐等及其附属设施所使用的海域,用海方式为跨海桥梁、海底隧道等(用海方式编码为22)。

6. 排污倾倒用海

排污倾倒用海指用来排放污水和倾倒废弃物的海域。

1) 污水达标排放用海(用海类型编码为61)

污水达标排放用海指受纳指定达标污水的海域,用海方式为污水达标排放(用海方式编码为56)。

2) 倾倒区用海(用海类型编码为62)

倾倒区用海指倾倒区所占用的海域,用海方式为倾倒(用海方式编码为57)。

7. 造地工程用海

造地工程用海指为满足城镇建设、农业生产和废弃物处置需要,通过筑堤围割海域并最终填成土地,形成有效岸线的海域。

1) 城镇建设填海造地用海(用海类型编码为71)

城镇建设填海造地用海指通过筑堤围割海域,填成土地后用于城镇(含工业园区)建设的海域,用海方式为建设填海造地(用海方式编码为11)。

2) 农业填海造地用海(用海类型编码为72)

农业填海造地用海指通过筑堤围割海域,填成土地后用于农、林、牧业生产的海域,用海方式为农业填海造地(用海方式编码为12)。

3) 废弃物处置填海造地用海(用海类型编码为73)

废弃物处置填海造地用海指通过筑堤围割海域,用于处置工业废渣、城市建筑垃圾、生活垃圾及疏浚物等废弃物,并最终形成土地的海域,用海方式为废弃物处置填海造地(用海方式编码为13)。

8. 特殊用海

特殊用海指用于科研教学、军事、自然保护区及海岸防护工程等用途的海域。

1) 科研教学用海(用海类型编码为81)

科研教学用海指专门用于科学研究、试验及教学活动的海域,用海方式及其编码参照"1.渔业用海"至"7.造地工程用海"确定。

2) 军事用海(用海类型编码为82)

军事用海指建设军事设施和开展军事活动所使用的海域,用海方式及其编码参照"1.渔业用海"至"7.造地工程用海"确定。

3) 海洋保护区用海(用海类型编码为83)

海洋保护区用海指各类涉海保护区所使用的海域,用海方式为专用航道、锚地及其他开放式(用海方式编码为44)。

4) 海岸防护工程用海(用海类型编码为84)

海岸防护工程用海指为防范海浪、沿岸流的侵蚀及台风、气旋和寒潮大风等自然灾害的侵袭,建造海岸防护工程所使用的海域,用海方式为非透水构筑物(用海方式编码为21)。

9. 其他用海(用海类型编码为91)

其他用海指上述用海类型以外的用海,用海方式及其编码参照"1.渔业用海"至"7.造地工程用海"确定。

第3节 宗海界址界定与测量

《海籍调查规范》(以下简称《规范》)规定了宗海界址界定的基本原则、宗海界址的界定流程、各方式用海范围的界定方法、各类型宗海界址的界定方法、权属调查、海籍测量等内容,分述如下。

一、宗海界址界定的基本原则

1. 尊重用海事实原则

根据用海事实,针对海域使用的排他性及安全用海需要,参照《规范》所列宗海界址界定的一般流程和基本方法,界定宗海界址。

2. 用海范围适度原则

宗海界址界定应有利于维护国家的海域所有权,有利于海洋经济可持续发展,应确保国家海域的合理利用,防止海域空间资源的浪费。

3. 节约岸线原则

宗海界址界定应有利于岸线和近岸水域的节约利用。在界定宗海范围时应将实际无须占用的岸线和近岸水域排除在外。

4. 避免权属争议原则

宗海界址界定应保障海域使用权人的正常生产活动,避免毗连宗海之间的相互重叠,避免将宗海范围界定至公共使用的海域内。

5. 方便行政管理原则

宗海界址界定应有利于海域使用行政管理,在保证满足实际用海需要和无权属争议的前提下,对过于复杂和琐碎的界址线应进行适当的归整处理。在有效反映宗海形状和范围的前提下,宗海界址点的布设应清楚简洁。

二、宗海界址界定的一般流程

1. 宗海分析

根据本宗海的使用现状资料或最终设计方案、相邻宗海的权属与界址资料以及所在海域的基础地理资料,按照有关规定,确定宗海界址界定的事实依据。对于界线模糊且不能提供确切设计方案的开放式用海,按相关设计标准的要求确定其界址的界定依据。

2. 用海类型与方式确定

按照海域使用分类相关规定,确定宗海的海域使用一级和二级类型,判定宗海内部存在的用海方式。

3. 宗海内部单元划分

在宗海内部,按不同用海方式的用海范围划分内部单元。用海方式相同但范围不相接的海域应划分为不同的内部单元。内部单元界线按照《规范》5.3和5.4的要求界定。

4. 宗海平面界址界定

综合宗海内部各单元所占的范围,以宗海最外围界线确定宗海的平面界址。

5. 宗海垂向范围界定

遇特殊需要时,应根据项目用海占用水面、水体、海床和底土的实际情况,界定宗海的垂向使用范围。

三、各方式用海范围界定方法

1. 填海造地用海

岸边以填海造地前的海岸线为界,水中以围堰、堤坝基床或回填物倾埋水下的外缘线为界。

2. 构筑物用海

1) 非透水构筑物用海

岸边以海岸线为界,水中以非透水构筑物及其防护设施的水下外缘线为界。

2) 透水构筑物用海

安全防护要求较低的透水构筑物用海以构筑物及其防护设施垂直投影的外缘线为界。其他透水构筑物用海在透水构筑物及其防护设施垂直投影的外缘线基础上,根据安全防护要求的程度,外扩不小于10 m保护距离为界。

3. 围海用海

岸边以围海前的海岸线为界,水中以围堰、堤坝基床外侧的水下边缘线及口门连线为界。

4. 开放式用海

以实际设计、使用或主管部门批准的范围为界。

5. 其他方式用海

根据用海特征,参照上述1~4的方法界定。

6. 特殊情况处理

1) 相邻开放式用海的分割

当本宗海界定的开放式用海与相邻宗海的开放式用海范围相重叠时,对重叠部分的海域,应在双方协商基础上,依据间距、用海面积等因素进行比例分割。

2) 公共海域的退让处理

当本宗海界定的开放式用海范围覆盖公用航道、锚地等公共使用的海域时,用海界线应收缩至公共使用的海域边界。

3) 用海方式重叠范围的处理

当几种用海方式的用海范围发生重叠时,重叠部分应归入现行海域使用金征收标准较高的用海方式的用海范围。

4) 超范围用海需求的处理

当某种用海方式的用海需求超出《规范》一般方法界定的用海范围时,可在充分论证并确认其必要性和合理性的基础上,适当扩大该用海方式的用海范围。

四、各类型宗海界址界定方法

1. 渔业用海

1) 渔业基础设施用海

(1) 用于顺岸渔业码头、渔港仓储设施和重要苗种繁殖场所等建设的填海造地用海,按"岸边以填海造地前的海岸线为界,水中以围堰、堤坝基床或回填物倾埋水下的边缘线为界"界定,并参见《规范》附录C中C.1、C.2,以及C.8中的填海造地部分。其中C.1、C.2与本书本章附录A中的1、2对应。

(2) 渔港和开敞式渔业码头,按以下方法界定。

①以透水或非透水方式构筑的渔业用码头,以码头外缘线为界,参见《规范》附录 C 中 C.6、C.7 和 C.9～C.19 中的码头部分。

②有防浪设施圈围的港池,外侧以围堰、堤坝基床的外缘线及口门连线为界,内侧以海岸线及构筑物用海界线为界,参见《规范》附录 C 中 C.6 中的港池部分;开敞式渔业码头港池(船舶靠泊和回旋水域),以码头前沿线起垂直向外不少于 2 倍设计船长距离为界(水域空间不足时视情况收缩),参见《规范》附录 C.7～C.19 中的港池部分。

③渔港航道,以审核认定的范围为界。

(3) 陆上海水养殖场延伸入海的取排水口用海,岸边以海岸线为界,水中以取排水头部外缘线外扩 30 m 的矩形范围为界,参见《规范》附录 C 中 C.34、C.35。

2) 围海养殖用海

按"岸边以围海前的海岸线为界,水中以围堰、堤坝基床外侧的水下边缘线及口门连线为界"界定,并参见《规范》附录 C 中 C.1、C.3。其中 C.3 与本书本章附录 A 中的 3 对应。

3) 开放式养殖用海

(1) 筏式和网箱养殖用海。单宗用海以最外缘的筏脚(架)、桩脚(架)连线向四周扩展 20～30 m 连线为界,参见《规范》附录 C 中 C.36;多宗相连的筏式和网箱养殖用海(相邻业主的台筏或网箱间距小于 60 m)以相邻台筏、网箱之水域中线为界,参见《规范》附录 C 中 C.37。其间存在共用航道的,按双方均分航道空间的原则,收缩各自的用海界线。

(2) 无人工设施的人工投苗或自然增殖的人工管养用海,以实际使用或主管部门批准的范围为界。

4) 人工鱼礁用海

以废船、堆石、人工块体及其他投弃物形成的人工鱼礁用海,以被投弃的海底人工礁体外缘顶点的连线或主管部门批准的范围为界。

2. 工业用海

1) 盐业用海

(1) 盐田、盐业生产用蓄水池用海,按"岸边以围海前的海岸线为界,水中以围堰、堤坝基床外侧的水下边缘线及口门连线为界"界定,并参见《规范》附录 C 中 C.1。

(2) 盐业码头和港池用海,按以下方法界定。

①以透水或非透水方式构筑的盐业用码头,以码头外缘线为界,参见《规范》附录 C 中 C.6、C.7 和 C.9～C.19 中的码头部分。

②盐业码头港池(船舶靠泊和回旋水域),以码头前沿线起垂直向外不少于 2 倍设计船长且包含船舶回旋水域的范围为界(水域空间不足时视情况收缩),参见《规范》附录 C 中 C.7～C.19 中的港池部分。

(3) 盐田取排水口用海,岸边以海岸线为界,水中以取排水头部外缘线外扩 30 m 的矩形范围为界,参见《规范》附录 C 中 C.34、C.35。

2) 固体矿产开采用海

(1) 通过陆地挖至海底进行固体矿产开采的用海,以实际占用或主管部门批准的矿产开采范围外扩 10 m 距离为界。

(2) 海砂开采用海,以实际占用或主管部门批准的用海范围为界。实际用海的界定范围不得小于以矿产开采区域中心点为圆心,最大开采船只 5 倍长度为半径的圆。

3) 油气开采用海

(1) 油气开采用人工岛及其连陆或连岛道路用海,按"岸边以填海造地前的海岸线为界,水中以围堰、堤坝基床或回填物倾埋水下的边缘线为界"和"岸边以海岸线为界,水中以非透水构筑物及其防护设施的水下边缘线为界"界定,并参见《规范》附录 C 中 C.2 和 C.27。

(2)油气开采用栈桥等用海,以栈桥外缘线平行外扩 10 m 距离为界,参见《规范》附录 C 中 C.5。

(3)油气开采综合生产平台、井口平台用海,以平台外缘线向四周平行外扩 50 m 距离为界,参见《规范》附录 C 中 C.28。

(4)单点系泊方式的储油轮用海,以系泊点为圆心,半径为 1 倍船长的圆为界,参见《规范》附录 C 中 C.29;多点伸展系泊方式的储油轮用海,以油轮垂直投影的外切矩形向四周平行外扩 1/2 船长距离为界,参见《规范》附录 C 中 C.30。

(5)输油管道用海,以管道外缘线向两侧外扩 10 m 距离为界,参见《规范》附录 C 中 C.32。

4)船舶工业用海

(1)用于船舶工业厂区建设的填海造地用海,按"岸边以填海造地前的海岸线为界,水中以围堰、堤坝基床或回填物倾埋水下的边缘线为界"界定,并参见《规范》附录 C 中 C.1、C.2,以及 C.8 中的填海造地部分。

(2)修造船厂码头和港池用海,按以下方法界定。

①以透水或非透水方式构筑的船厂码头(含引桥)用海,以码头外缘线为界,参见《规范》附录 C 中 C.6、C.7 和 C.9~C.19 中的码头部分。

②有防浪设施圈围的船厂港池用海,外侧以围堰、堤坝基床的外缘线及口门连线为界,内侧以海岸线及构筑物用海界线为界,参见《规范》附录 C 中 C.6 中的港池部分;开敞式船厂码头港池(船舶靠泊和回旋水域)用海,以码头前沿线起垂直向外不少于 2 倍设计船长且包含船舶回旋水域的范围为界(水域空间不足时视情况收缩),参见《规范》附录 C 中 C.7~C.19 中的港池部分。

(3)堤坝等非透水构筑物用海,以非透水构筑物(含基床)及其防护设施的水下外缘线为界;栈桥、平台等透水构筑物用海,以透水构筑物及其防护设施垂直投影的外缘线外扩 10 m 距离为界,参见《规范》附录 C 中 C.4、C.5。其中 C.4 与本书本章附录 A 中的 4 对应。

(4)船坞和港池用海,按以下方法界定。

①船坞用海,以海岸线及船坞外缘线为界,参见《规范》附录 C 中 C.22、C.23 中的船坞部分。

②坞门宽度小于 1 倍设计船长时的港池(坞门前沿水域)用海,坞门两侧以船坞中心线平行外扩 1/2 设计船长距离为界,坞门前方以坞门前沿起外扩 1.5 倍设计船长距离为界,参见《规范》附录 C 中 C.22 中的港池部分;坞门宽度大于或等于 1 倍设计船长时的港池(坞门前沿水域)用海,坞门两侧以与坞门两端相齐的船坞中心线的平行线为界,坞门前方以坞门前沿起外扩 1.5 倍设计船长距离为界,参见《规范》附录 C 中 C.23 中的港池部分。

(5)滑道与港池用海,按以下方法界定。

①纵向滑道的构筑物用海部分,以滑道长度自中心线向两侧外扩 1/2 设计船长距离为界,参见《规范》附录 C 中 C.24 中的滑道部分;横向滑道的构筑物用海部分,以滑道外缘线向两侧外扩 1/2 设计船长距离为界,参见《规范》附录 C 中 C.25 中的滑道部分。

②纵向滑道的港池(滑道前沿水域)用海部分,以构筑物用海的外侧边界起外扩 1 倍设计船长距离为界,参见《规范》附录 C 中 C.24 中的港池部分;横向滑道的港池(滑道前沿水域)用海部分,以构筑物用海的外侧边界两端各延长 1/2 设计船长后,平行外扩 1 倍设计船长距离为界,参见《规范》附录 C 中 C.25 中的港池部分。

5)电力工业用海

(1)用于电力工业厂区建设的填海造地用海,按"岸边以填海造地前的海岸线为界,水中以围堰、堤坝基床或回填物倾埋水下的边缘线为界"界定,并参见《规范》附录 C 中 C.1、C.2,以及 C.8 中的填海造地部分。

(2)电厂(站)蓄水池、沉淀池等用海,按"岸边以围海前的海岸线为界,水中以围堰、堤坝基床外侧的水下边缘线及口门连线为界"界定,并参见《规范》附录 C 中 C.1、C.3。

(3)电厂(站)专用码头和港池用海,按以下方法界定。

①以透水或非透水方式构筑的电厂(站)专用码头(含引桥),以码头外缘线为界,参见《规范》附录 C 中 C.6、C.7 和 C.9~C.20 中的码头部分。

②有防浪设施圈围的电厂(站)专用港池,外侧以围堰、堤坝基床的外缘线及口门连线为界,内侧以海岸线及构筑物用海界线为界,参见《规范》附录 C 中 C.6 中的港池部分;开敞式电厂(站)专用码头港池(船舶靠泊和回旋水域),以码头前沿线起垂直向外不少于 2 倍设计船长且包含船舶回旋水域的范围为界(水域空间不足时视情况收缩),参见《规范》附录 C 中 C.7~C.20 中的港池部分。

(4) 堤坝等非透水构筑物用海,以非透水构筑物(含基床)及其防护设施的水下外缘线为界;栈桥、平台等透水构筑物用海,以透水构筑物及其防护设施垂直投影的外缘线外扩 10 m 距离为界,参见《规范》附录 C 中 C.4、C.5。

(5) 水下发电设施用海,以发电设施外缘线外扩 50 m 距离为界,参见《规范》附录 C 中 C.26。

(6) 电厂(站)取排水口用海,岸边以海岸线为界,水中以取排水头部外缘线外扩 80 m 的矩形范围为界,参见《规范》附录 C 中 C.34、C.35。

(7) 位于水产养殖区附近的电厂温排水用海,按人为造成夏季升温 1 ℃,其他季节升温 2 ℃ 的水体所波及的外缘线界定;其他水域的温排水用海,按人为造成升温 4 ℃ 的水体所波及的外缘线界定。

6) 海水综合利用用海

(1) 用于海水综合利用工业厂区建设的填海造地用海,按"岸边以填海造地前的海岸线为界,水中以围堰、堤坝基床或回填物倾埋水下的边缘线为界"界定,并参见《规范》附录 C 中 C.1、C.2。

(2) 蓄水池、沉淀池等用海,按"岸边以围海前的海岸线为界,水中以围堰、堤坝基床外侧的水下边缘线及口门连线为界"界定,并参见《规范》附录 C 中 C.1、C.3。

(3) 海水综合利用取排水口用海,岸边以海岸线为界,水中以取排水头部外缘线外扩 80 m 的矩形范围为界,参见《规范》附录 C 中 C.34、C.35。

7) 其他工业用海

(1) 用于厂区建设的填海造地用海,按"岸边以填海造地前的海岸线为界,水中以围堰、堤坝基床或回填物倾埋水下的边缘线为界"界定,并参见《规范》附录 C 中 C.1、C.2,以及 C.8 中的填海造地部分。

(2) 蓄水池、沉淀池等用海,按"岸边以围海前的海岸线为界,水中以围堰、堤坝基床外侧的水下边缘线及口门连线为界"界定,并参见《规范》附录 C 中 C.1、C.3。

(3) 企业专用码头和港池用海,按以下方法界定。

①以透水或非透水方式构筑的企业专用码头(含引桥),以码头外缘线为界,参见《规范》附录 C 中 C.6、C.7 和 C.9~C.20 中的码头部分。

②有防浪设施圈围的企业专用港池,外侧以围堰、堤坝基床的外缘线及口门连线为界,内侧以海岸线及构筑物用海界线为界,参见《规范》附录 C 中 C.6 中的港池部分;开敞式企业专用码头港池(船舶靠泊和回旋水域),以码头前沿线起垂直向外不少于 2 倍设计船长且包含船舶回旋水域的范围为界(水域空间不足时视情况收缩),参见《规范》附录 C 中 C.7~C.20 中的港池部分。

(4) 堤坝等非透水构筑物用海,以非透水构筑物(含基床)及其防护设施的水下外缘线为界;栈桥、平台等透水构筑物用海,以透水构筑物及其防护设施垂直投影的外缘线外扩 10 m 距离为界,参见《规范》附录 C 中 C.4、C.5。

(5) 工业取排水口用海,岸边以海岸线为界,水中以取排水头部外缘线外扩 80 m 的矩形范围为界,参见《规范》附录 C 中 C.34、C.35。

3. 交通运输用海

1) 港口用海

(1) 用于堆场、码头及其他港口设施建设的填海造地用海,按"岸边以填海造地前的海岸线为界,水中以围堰、堤坝基床或回填物倾埋水下的边缘线为界"界定,并参见《规范》附录C中C.1、C.2,以及C.8中的填海造地部分。

(2)码头和港池用海,按以下方法界定。

①以透水或非透水方式构筑的码头(含引桥),以码头外缘线为界,参见《规范》附录C中C.6、C.7和C.9~C.20中的码头部分。

②有防浪设施圈围的港池,外侧以围堰、堤坝基床的外缘线及口门连线为界,内侧以海岸线及构筑物用海界线为界,参见《规范》附录C中C.6中的港池部分;开敞式码头港池(船舶靠泊和回旋水域),以码头前沿线起垂直向外不少于2倍设计船长且包含船舶回旋水域的范围为界(水域空间不足时视情况收缩),参见《规范》附录C中C.7~C.20中的港池部分。

(3)堤坝等非透水构筑物用海,以非透水构筑物(含基床)及其防护设施的水下外缘线为界;栈桥、平台等透水构筑物用海,以透水构筑物及其防护设施垂直投影的外缘线外扩10 m距离为界,参见《规范》附录C中C.4、C.5。

2)航道用海

含灯塔、灯桩、立标和浮式航标灯等海上航行标志所使用的海域,按实际使用或主管部门批准的范围界定。

3)锚地用海

锚地用海按实际使用或主管部门批准的范围界定。

4)路桥用海

(1)用于道路及其附属设施建设的填海造地用海,按"岸边以填海造地前的海岸线为界,水中以围堰、堤坝基床或回填物倾埋水下的边缘线为界"界定,并参见《规范》附录C中C.1、C.2。

(2)跨海道路(含涵洞)及其附属设施等用海,按"岸边以海岸线为界,水中以非透水构筑物及其防护设施的水下边缘线为界"界定。

(3)跨海桥梁及其附属设施等用海,以桥面垂直投影外缘线向两侧外扩10 m距离为界,参见《规范》附录C中C.31。

4. 旅游娱乐用海

1)旅游基础设施用海

(1)用于旅游开发和宾馆、饭店等建设的填海造地用海,按"岸边以填海造地前的海岸线为界,水中以围堰、堤坝基床或回填物倾埋水下的边缘线为界"界定,并参见《规范》附录C中C.1、C.2,以及C.8中的填海造地部分。

(2)旅游码头和港池用海,按以下方法界定。

①以透水或非透水方式构筑的旅游码头,以码头外缘线为界,参见《规范》附录C中C.6、C.7和C.9~C.19中的码头部分。

②有防浪设施圈围的旅游专用港池用海,外侧以围堰、堤坝基床的外缘线及口门连线为界,内侧以海岸线及构筑物用海界线为界,参见《规范》附录C中C.6中的港池部分;开敞式旅游码头港池(船舶靠泊和回旋水域)用海,以码头前沿线起垂直向外不少于2倍设计船长且包含船舶回旋水域的范围为界(水域空间不足时视情况收缩),参见《规范》附录C中C.7~C.19中的港池部分。

(3)游艇码头用海,按以下方法界定。

①以非透水方式构筑的游艇码头用海,按游艇码头和游艇停泊水域分别界定。非透水式游艇码头以码头外缘线为界;游艇停泊水域以设泊位的码头前沿线、码头开敞端外扩3倍设计船长距离为界(水域空间不足时视情况收缩)。

②以透水方式构筑的游艇码头用海,游艇码头和游艇停泊水域作为一个用海整体界定,以设泊位的

码头前沿线、码头开敞端外扩3倍设计船长和码头其他部分外缘线外扩10 m距离为界(水域空间不足时视情况收缩),参见《规范》附录C中C.21。

(4) 以非透水方式构筑的游乐设施、景观建筑及不形成有效岸线的旅游用人工岛等用海,以游乐设施、景观建筑、人工岛等的水下外缘线为界;以透水方式构筑的游乐设施、高脚屋和旅游平台等用海,以游乐设施、高脚屋和旅游平台垂直投影的外缘线外扩10 m距离为界,参见《规范》附录C中C.4、C.5。

2) 浴场用海

设置有防鲨安全网的海水浴场,以海岸线及防鲨安全网外缘外扩20~30 m距离为界,参见《规范》附录C中C.38;无防鲨安全网的海水浴场,以实际使用或主管部门批准的范围为界,参见《规范》附录C中C.39。

3) 游乐场用海

以实际使用或主管部门批准的范围为界。

5. 海底工程用海

1) 电缆管道用海

以电缆管道外缘线向两侧外扩10 m距离为界,参见《规范》附录C中C.32。

2) 海底隧道用海

(1) 通风竖井等海底之上的设施用海,以通风竖井及其防护设施的水下外缘线为界。

(2) 隧道主体及其海底附属设施用海,以隧道主体及其海底附属设施的外缘线向两侧外扩10 m距离为界,参见《规范》附录C中C.32。

3) 海底场馆用海

以海底场馆外缘线平行外扩10 m距离为界,参见《规范》附录C中C.33。

6. 排污倾倒用海

1) 污水达标排放用海

(1) 排水口用海,岸边以海岸线为界,水中以排水头部外缘线外扩80 m的矩形范围为界,参见《规范》附录C中C.34、C.35。

(2) 污水混合区用海。依据海洋功能区划和保护目标,以其所排放的有害物质随离岸距离浓度衰减,达到海水水质标准要求时水体所波及的外缘线为界。海水水质标准参照GB 3097—1997的规定。

2) 倾倒区用海

倾倒区用海以实际使用或主管部门批准的范围为界。

7. 造地工程用海

城镇建设、农业和废弃物处置填海造地用海,按"岸边以填海造地前的海岸线为界,水中以围堰、堤坝基床或回填物倾埋水下的边缘线为界"界定,并参见《规范》附录C中C.1、C.2。

8. 特殊用海

1) 科研教学用海

按照主管部门批准的用海位置和范围,参照《规范》5.3及前述各类用海的界定方法进行界定。

2) 军事用海

按照主管部门批准的用海位置和范围,参照《规范》5.3及前述各类用海的界定方法进行界定。

3) 海洋保护区用海

以主管部门批准的范围为界。

4) 海岸防护工程用海

以实际使用或主管部门批准的范围为界。

9. 其他用海

参照《规范》5.3及前述各类用海的界定方法进行界定。

五、宗海权属调查

宗海权属调查主要指对本宗海使用权的归属进行调查核实,包括调查本宗海的申请人或使用权人、用海类型、用海方式、坐落位置,以及与相邻宗海的位置与界址关系等。由本宗海的申请人和相邻宗海业主就相关的界址点、界址线在现场共同完成指界核实。调查结束后,将调查结果记录在"海籍调查表"中的"海籍调查基本信息表"相关栏目内。"海籍调查表"填写要求及样式见《规范》附录A、本书第2章附录C中"不动产权籍调查表填表说明"和表C-14～表C-18,本书本章附录B相关内容。

六、海籍测量

海籍测量与地籍测量的目的相似,主要是最后获得宗海的权属信息资料。测量的主要内容及过程大致如下。

1. 测绘基准

(1) 坐标系。

采用WGS-84坐标系。

(2) 高程基准

采用1985国家高程基准。

(3) 地图投影

一般采用高斯-克吕格投影,以宗海中心相近的0.5°整数倍经线为中央经线。东西向跨度较大(经度差大于3°)的海底管线等用海可采用墨卡托投影。

2. 测量仪器

测量仪器符合《海域使用面积测量规范》(HY 070—2003)中6.1～6.3的要求。使用的测距仪、经纬仪、全站仪等仪器的性能指标应符合《1∶5 000、1∶10 000、1∶25 000海岸带地形图测绘规范》(CH/T 7001—1999)的相关规定。

3. DGPS测前准备

(1) DGPS接收机的检查。

①DGPS接收机的检视项目。

a. DGPS接收机及其天线外观是否良好,主机和配件是否齐全。

b. 需固紧的部件是否有松动和脱落。

c. 后处理软件盘数是否齐全。

②DGPS接收机通电检查项目。

a. 电源信号灯工作是否正常。

b. 按键和显示系统工作是否正常。

c. 使用自测试命令检测仪器工作是否正常。

d. 检验接收机锁定卫星时间的快慢,接收信号的信噪比及信号失锁情况。

(2) DGPS接收机的比对。

①DGPS接收机在施测前应进行比对试验,以校正仪器可能存在的系统误差。

②选择距所测海区较近的2个已知点$(x_{0i}, y_{0i}, z_{0i})(i=1,2)$作为比对试验基准点。试验基准点应是国家各时期布测的三角点、导线点、GPS点或海控点。

③将DGPS接收机分别置于基准点上,每点比对时间不少于2 h。

④对自动采集的定位数据进行处理,计算其定位平均值$\overline{x_i}$、$\overline{y_i}$。
⑤定位修正值Δx、Δy的计算:
$$\Delta x_i = x_{0i} - \overline{x_i}, \Delta y_i = y_{0i} - \overline{y_i}$$
$$\Delta x = (\Delta x_1 + \Delta x_2)/2, \Delta y = (\Delta y_1 + \Delta y_2)/2$$
⑥按定位修正值Δx、Δy对DGPS接收机进行修正。
⑦在测量期间若仪器发生故障,经修理或更换软件后应重新进行比对试验。

4. 施测

(1) 测量组织者。

测量组织者应按《海域使用面积测量规范》(HY 070—2003)第5部分中所确定的测点布设方案、测量方法、测量设备、计划进度等要求,组织、指挥测量人员作业。

(2) 潮间带测量。

潮间带面积测量按《1∶5 000、1∶10 000、1∶25 000海岸带地形图测绘规范》(CH/T 7001—1999)中控制点平面位置测量确定拐点坐标。

(3) 海上测量。

①测量一般在良好天气下进行,测量船只的横摇角度应小于10°。
②DGPS接收天线应架设在测量船的有利部位,若接收机收到的信号不佳,调整天线高度和方位,直至接收信号良好。
③开机后,检查有关指示灯与仪表显示,正常后方可进行自测试并输入各种控制信息。
④接收机开始记录数据后,测量人员可使用专用功能键和选择菜单,查看测区信息、接收卫星数、卫星号、卫星健康状况、各通道信噪比、相位测量残差、实时定位的结果及其变化、存贮介质记录和电源供电情况等,如发现异常情况或未预料到的情况,应及时报告测量组织者。
⑤接收机启动前与作业过程中,应及时逐项填写"海域使用面积测量作业记录表"(见本书本章附录C)。
⑥测量期间测量人员应细心操作,防止接收设备振动和移位;工作人员或其他物体不得碰动天线或阻挡信号。
⑦测量期间,不应在天线附近50 m以内使用电台、10 m以内使用对讲机。
⑧测量过程中不允许进行以下操作。

a. 接收机关闭又重新启动。

b. 进行自测试。

c. 改变卫星仰角限。

d. 改变天线位置。

⑨当DGPS接收机出现故障,或者接收的差分信息出现故障告警、停机告警、超出保护极限告警、伪距有误告警情况时,应迅速停止测量。
⑩当所规定的作业项目全部完成,记录资料完整、无误,并符合技术设计有关内容要求时,方可结束作业。
⑪作业结束后,应及时擦拭接收机上的水汽和尘埃,按《海域使用面积测量规范》(HY 070—2003) 6.2.1.1的规定进行检查后,存放在仪器箱内。仪器箱应置于通风、干燥阴凉处,箱内干燥剂呈粉红色时,应及时更换。

5. 测量精度

1) 控制点精度

海籍测量平面控制点的定位误差应不超过±0.05 m。

2)界址点精度

(1) 位于人工海岸、构筑物及其他固定标志物上的宗海界址点或标志点,测量精度应优于 0.1 m。

(2) 其他宗海界址点或标志点测量精度应满足《海域使用面积测量规范》(HY 070—2003)中 4.4 的规定。

6. 测量内容与对象

海籍测量主要内容包括平面控制测量、界址点测量或推算。

海籍测量的对象是界址点及其他用于推算界址点坐标的标志点。

7. 平面控制测量

1)平面控制基础

国家大地网(点)及各等级的海控点、GPS 点、导线点均可作为海籍测量的平面控制基础。

2)控制点引测

根据已有控制点的分布、作业区的地理情况及仪器设备条件,可选用海控点、GPS 点和导线点,加密引测控制点。

3)控制网施测

根据待测海域的范围及可选平面控制点的分布情况,设计平面控制网,实施外业测量;平面控制测量的解算结果应能为界址测量提供坐标修正参数。

8. 界址测量

1)测量方法

一般采用 GPS 定位法、解析交会法和极坐标定位法进行施测。根据实测数据,采用解析法解算出实测标志点或界址点的点位坐标。

对于无法直接测量界址点的宗海,或已有明确的界址点相对位置关系的宗海,可根据相关资料,如工程设计图、主管部门审批的范围等,推算获得界址点坐标。

2)测量工作方案

在现场施测前,应实地勘查待测海域,综合考虑用海规模、布局、用海方式、特点、宗海界定原则和周边海域实际情况等,为每一宗海制定界址点和标志点测量工作方案。

对于能够直接测量界址点的宗海,应采用界址点作为实际测量点;对于无法直接测量界址点的宗海,应采用与界址点有明确位置关系的标志点作为实际测量点。

实际测量点的布设应能有效反映宗海的形状和范围。

3)现场测量

根据工作方案进行现场测量,在现场填写"海籍调查表"中的"海籍现场测量记录表"(样式见本书本章附录 B 表 B-1),绘制测量示意图,保存测量数据。

4)界址点编号

界址点编号采用阿拉伯数字,从 1 开始,逆时针方向连续顺编。

5)界址点坐标记录

经过测量或推算获得的界址点坐标填入"海籍调查表"中的"界址点坐标记录表",记录表内容应包括所有用于界定本宗海及各内部单元范围的界址点。表格样式见本书本章附录 B 表 B-2。

6)界址线

将宗海及各内部单元的界址点,按逆时针方向进行顺序连线,形成闭合的界址线。界址线以"*-*-…-*-*"方式表示,"*"代表界址点编号,首尾界址点编号应相同。

7)界址线记录

宗海及各内部单元的界址线填入"海籍调查表"中的"宗海及内部单元记录表"中,表格样式见本书本章附录 B 表 B-3。

9. 内业数据处理

1）数据标准化处理

应根据现场测量数据的格式及数据处理软件的要求，完成对数据的标准化处理，形成统一格式和参照系的测量数据。

2）数据修正

利用平面控制解算的坐标修正参数，对坐标测量结果进行统一修正。

3）坐标投影转换

根据面积计算、宗海图和海籍图绘制的相关要求，对实测坐标进行投影转换。

4）界址点推算

根据实测界址点和标志点坐标，依据界址点与标志点的位置关系，推算其他界址点的坐标。

第4节 宗海图编绘

海籍测量结束后，应根据"海籍现场测量记录表""界址点坐标记录表""宗海及内部单元记录表"等，绘制宗海图，进行海籍图编绘。

宗海图包括宗海位置图、宗海界址图和宗海平面布置图。宗海位置图反映宗海的地理位置，宗海界址图反映宗海的形状及界址点分布，宗海平面布置图反映项目内部各宗海及宗海内各单元的平面布置、位置关系及其相邻项目的用海信息。宗海图是海籍测量的成果之一，是海域使用权证书和宗海档案的主要附图。

宗海图绘制应符合《海籍调查规范》的要求。本书本章附录D为部分宗海图编绘图式图例。

一、总则

1. 宗海图编绘原则

(1) 准确。宗海图界址点界定应准确，内容编绘应精细，成图应规范严谨。

(2) 清晰。宗海形状、界址点分布等图示应清楚、直观。

(3) 美观。宗海图图面编绘应柔和美观，配置合理整洁。

2. 成图数学基础

坐标系：2000国家大地坐标系。

深度基准：采用当地理论最低潮面，远海区域根据实际情况可以采用当地平均海平面。

高程基准：采用1985国家高程基准。

地图投影：一般采用高斯-克吕格投影，以宗海中心相近的0.5°整数倍经线为中央经线。东西向跨度较大（经度差大于3°）的海底管线等用海可采用墨卡托投影，基准纬线为制图区域中心附近的纬度整数倍纬线。

3. 宗海图编绘的一般流程

1）资料收集

收集项目用海现状资料或最终设计方案、相邻宗海的权属与界址资料，以及项目所在海域的海域使用现状、基础地理信息、最新遥感影像等资料。

2）用海类型与方式确定

按照《海域使用分类》（HY/T 123—2009）相关规定，确定宗海的海域使用类型，判定宗海内部单元的用海方式。

3）分宗编绘

根据项目用海的权属、位置关系和用海方式，对项目用海进行分宗。相互之间互不相邻，但属于同一业主的用海，分别单独分宗编绘。填海造地用海，在竣工验收后，单独分宗编绘。

4）宗海界址范围确定

按照《海籍调查规范》（HY/T 124—2009）相关规定，根据用海设计方案或实际用海情况、相邻宗海的权属与界址分布、海岸线等相关资料，确定宗海界址点，界定宗海内部单元界址范围。宗海内部各单元界址的最外围界线为宗海的界址范围。

在宗海内部，按照不同用海方式和用途的用海范围划分内部单元，用海方式和用途相同但范围不相接的海域应划分为不同的内部单元。

5）面积测算

采用平面解析法测算宗海及各内部单元的面积。

6）绘图

宗海位置图：根据测量的宗海地理位置，以宗海界址范围图斑的形式，编绘宗海在图面中的地理位置及其与周边重要地物的相对位置关系，并给出宗海地理位置信息。

宗海界址图：编绘宗海的具体形状、内部单元平面布置、界址点分布、界址线范围、相邻宗海等，并给出界址点坐标列表、宗海内部单元列表等相关信息（参见本书本章附录E）。

宗海平面布置图：编绘同一项目内各宗海及内部单元的界址范围、平面布局、位置关系及其相邻用海项目信息（参见本书本章附录F）。

7）图面整饰

在宗海位置图、宗海界址图、宗海平面布置图成图信息编绘完备的基础上，进行界址点列表、宗海内部单元列表及坐标系、投影、测绘单位等信息列表的整体布置与图面整饰。

8）质量检查

检查制图要素与内容的完备性，制图符号、色彩、形态的规范性，界址点坐标和宗海面积的准确性以及宗海图编绘的精确性等内容。

二、宗海图的编绘及要求

1. 底图

1）底图选取

底图应采用最新的能反映毗邻海域与陆地要素（海岸线、地名、等深线等）的国家基础地理信息图件、遥感影像或海图。

宗海位置图底图可采用数字线划图、栅格格式的地形图和海图或空间分辨率应不低于10 m的遥感影像图。

宗海界址图底图与宗海平面布置图底图应采用数字线划图。

2）底图要素

宗海图底图应包括以下基础地理信息。

①海域、陆地（岛屿）、海岸线等。

②等深线、水深点等海域要素。

③等高线、河流、重要地名等陆地要素。

④海域、陆地行政界线。

⑤注记。

海岸线采用省级政府公布的最新海岸线修测成果,行政界线采用正式公布的陆地行政界线和海域行政管理界线。

宗海界址图底图和宗海平面布置图底图可根据实际情况,不标注等深线和水深点。

3) 底图绘制要求

(1) 图式。

海岸线绘制图式参照本书本章附录D,其他基础地理信息编绘图式参照《国家基本比例尺地图图式 第1部分:1∶500、1∶1 000、1∶2 000 地形图图式》(GB/T 20257.1—2017)。

(2) 标注。

基础地理信息名称标注一般采用8K宋体,县级以上城市地名及重要基础地理信息名称标注可适当放大。

(3) 比例尺。

底图比例尺与成图比例尺相适应。

2. 宗海位置图

1) 宗海位置图主要内容

(1) 地理底图:应反映毗邻陆域与海域要素(岸线、地名、等深线、明显标志物等)。选择地形图、海图等的栅格图像作为底图时,应对底图做适当的淡化处理。

(2) 本宗海范围或位置:以箭头指引,突出标示一个或一个以上界址点的坐标。

(3) 图名、坐标系、比例尺、投影与参数、绘制日期、测量单位(加盖测量资质单位印章),以及测量人、绘图人、审核人的签名等。

(4) 图廓及经纬度标记。

2) 宗海位置图编绘要求

(1) 位置与平面形状信息:以宗海界址范围图斑形式,清楚、准确地编绘宗海在图面中的地理位置、平面形状及其与区域中重要地物的相对位置关系;宗海界址范围图斑统一为红色界址线(R,G,B:255,0,0),线划宽度0.5 mm,橙色填充(R,G,B:255,204,0);以箭头指引,突出标示一个或一个以上界址点的坐标,坐标可置于矩形图框中,图框白底黑字,10K宋体加黑,边框线划宽度0.5 mm,颜色为R,G,B:0,0,0。

(2) 底图:底图编绘要求见《宗海图编绘技术规范》(HY/T 251—2018)第5.1.3小节。

(3) 位置文字说明:以简要的文字说明宗海的所处位置,一般不超过40字,文字6号宋体,白底黑色;宗海位置文字说明置于矩形图框内,一般布置在图面左下角,矩形图框高宽比1∶2,大小随文字数量确定;图框线划宽0.2 mm,颜色为R,G,B:0,0,0。

其余如坐标系、投影、测绘单位等信息列表的编绘要求,图名、比例尺、图廓线注记、经纬度注记及指北针等成图要素编绘要求,均见前述相关介绍。

同一项目编绘成一幅宗海位置图。

3. 宗海界址图

1) 宗海界址图主要内容

宗海界址图的主要内容如下。

(1) 毗邻陆域与海域要素(海岸线、地名、明显标志物等),用海方案或已有用海设施、构筑物。

(2) 本宗海及各内部单元的图斑、界址线、界址点及其编号,界址点编号以逆时针为序。

(3) 相邻宗海图斑、界址线、界址点及项目名称(含业主姓名或单位名称)。

(4) 图廓及经纬度标记。

(5) 界址点编号及坐标列表。界址点个数较多,列表空间不足时,可加附页列表填写剩余界址点编号及坐标,并加注承接说明,在附页上签署测量人、绘图人和审核人的姓名,注明测量单位(加盖测量资质单位印章)。

(6) 宗海内部单元、界址线与面积列表。宗海内部单元按具体用途填写,并与"宗海及内部单元记录表"中的内部单元名称一致。表格行数应根据宗海内部单元的实际个数确定。

(7) 图名、坐标系、比例尺、投影参数、指北针、绘制日期、测量单位(加盖测量资质单位印章),以及测量人、绘图人、审核人的签名。

2) 宗海界址图编绘要求

(1) 界址点编绘。

①界址点编绘以解析坐标为基础,通过计算机制图系统进行编绘,图式见本书本章附录D。

②界址点原则上从每一用海单元左下角开始标注,界址点编号统一采用阿拉伯数字,从1开始逆时针方向连续顺编。不同宗海内部单元界址点编号按照《海域使用分类》(HY/T 123—2009)海域使用方式二级类次序。

③对于界址点较多且连续编号的用海单元,以清晰反映宗海界址为原则,可只标注关键界址点;对于圆形界址区域,可采用圆心坐标与圆半径来表达用海单元界址范围。

④界址点序号标注为10K宋体加粗,黑色。当界址点密集时,界址点编号标注可采用引线形式;引线线宽为0.2 mm,颜色为R,G,B:0,92,230。

(2) 界址线编绘。

①将宗海内部单元的界址点,按照逆时针方向进行顺序直线连线,形成闭合的界址线,图式见本书本章附录D。

②宗海界址图可根据需要,标注界址线线段长度、与周边用海项目的距离。界址线线段长度、与周边用海项目的距离标注分别采用实线和双箭头实线,线宽为0.2 mm,颜色为R,G,B:0,0,0;标注一般采用6K黑色宋体,距离以米为单位,保留1位小数。

3) 宗海内部单元编绘

宗海内部单元以多边形图斑形式编绘,不同用海方式编绘的图斑图式见本书本章附录D。

4) 底图编绘

底图编绘要求见《宗海图编绘技术规范》(HY/T 251—2018)中第5.1.3小节。

5) 周边相关宗海信息

周边相关宗海信息包括周边毗邻宗海图斑、界址线及用途等信息,周边相关信息标注采用10K宋体、黑色,毗邻宗海图斑图式见本书本章附录D。

6) 界址点坐标列表

宗海界址图应列置界址点编号及坐标列表,界址点坐标单位采用度、分、秒格式,秒后保留3位小数,界址点编号与图中编号对应,顺序列表。界址点个数较多,列表空间不足时,可加附页列表填写界址点编号及坐标,并加注承接说明,在附页上签署测量人、绘图人和审核人的姓名,注明测量单位。界址点列表名头为"界址点编号及坐标",表中所有字体均为8K黑色宋体,表格线划宽度统一为0.1 mm,颜色为R,G,B:0,0,0。界址点坐标列表图示如图7-2所示。

7) 宗海内部单元列表

宗海界址图应列置宗海内部单元、用海方式、界址线和面积列表。宗海内部单元按照单元具体用途填写。用海方式采用《海域使用分类》(HY/T 123—2009)中二级用海方式。界址线采用连接界址线的界址点编号加"-"表示,界址点编号首、尾相同。对于界址点较多且连续编号的用海单元,为方便书写,可采取中间省略的方式,如"1-2-……-50-51-……-79-80-……-100-1"。宗海内部单元面积单位为公顷,小数点后保留4位。表中所有字体均为8K黑色宋体,表格线划宽度统一为0.1 mm,颜色为R,G,B:0,0,0。宗海内部单元列表图示如图7-3所示。

	10 mm	25 mm	32 mm
	\multicolumn{3}{c|}{界址点编号及坐标（纬度|经度）}

界址点编号及坐标（纬度|经度）		
1	XX°XX′XX.XXX″	XXX°XX′XX.XXX″
2	XX°XX′XX.XXX″	XXX°XX′XX.XXX″
3	XX°XX′XX.XXX″	XXX°XX′XX.XXX″
4	……	……
5	……	……
6	……	……
7	……	……
8	XX°XX′XX.XXX″	XXX°XX′XX.XXX″

图 7-2　界址点坐标列表图示

单元	用海方式	界址线	面积/公顷
输水管道	取排水口	1-9-5-4-6-7-8-1	XX.XXXX
排水口	取排水口	2-3-4-5-9-1-2	XX.XXXX
宗海		1-2-3-4-5-6-7-8-1	XX.XXXX
14 mm	15 mm	21 mm	17 mm

图 7-3　宗海内部单元列表图示

对于宗海内部单元列表，当单元信息内容为单行时，表格栏宽为 5 mm；当信息内容为多行时，表格栏宽为 $(4n-1)$ mm，n 为信息内容行数。例如：当信息内容为 2 行时，表格栏宽应为 7 mm；当信息内容为 3 行时，表格栏宽应为 11 mm……

8）坐标系、投影、测绘单位等信息列表

坐标系、投影、测绘单位等信息列表编绘要求见《宗海图编绘技术规范》(HY/T 251—2018)中第 5.5.3 小节。

9）图名、比例尺、图廓、经纬度注记及指北针等成图要素

图名编绘要求见《宗海图编绘技术规范》(HY/T 251—2018)中第 5.5.4 小节。

宗海界址图比例尺以能清晰反映宗海的界址点分布及界址范围为宜。比例尺编绘要求见《宗海图编绘技术规范》(HY/T 251—2018)中第 5.5.5 小节。

图廓、经纬度注记编绘要求、指北针编绘要求均见《宗海图编绘技术规范》(HY/T 251—2018)中第 5.5.6 小节。

10）用海复杂区域或占用海域跨度较大的用海类型

对于海上风电、跨海桥梁、海底电缆管线等用海平面布局比较复杂或所占用海域跨度较大的用海类型，为同时反映宗海的形状以及界址点分布情况，宗海界址图可在整体反映宗海平面分布情况的基础上，对于典型、重要、复杂区域采用局部放大的方式编绘。采用局部放大时，使用标注框形式，线宽为 0.2 mm，颜色为 R,G,B:0,0,0；在标注框内右下角放置比例尺。标注框图幅及比例尺以能清晰反映宗海的形状及界址点分布为宜。

对于海底电缆管线、跨海桥梁、道路等长宽尺寸相差悬殊的用海类型，可根据实际情况，采用局部不等比例方式编绘，以清楚反映宗海界址点分布为宜。

典型宗海界址图编绘范例见本书本章附录 E。

4. 宗海平面布置图

1）宗海平面布置图主要内容

宗海平面布置图主要内容如下。

(1) 属于同一项目的各宗海及其内部单元平面布置信息。

(2) 底图。

(3) 周边相关用海项目信息。

(4) 坐标系、投影、测绘单位等信息列表。

(5) 图名、比例尺、图廓、经纬度注记及指北针等成图要素。

2) 宗海平面布置图编绘要求

(1) 属于同一项目的各宗海及其内部单元平面布置信息。

宗海平面布置图应反映属于同一项目的各宗海及其内部单元之间的平面布置及与周边相关用海项目位置关系信息。宗海平面布置图只编绘界址线和宗海内部单位图斑，界址线和宗海内部单元不同用海方式图斑图式见本书本章附录D。

(2) 底图。

底图编绘要求见《宗海图编绘技术规范》(HY/T 251—2018)中第5.1.3小节。

(3) 周边相关用海项目信息。

周边相关用海项目信息包括周边毗邻用海项目宗海图斑、界址线及用途等信息，周边相关信息标注采用10K黑色宋体，周边(毗邻)宗海图斑图式见本书本章附录D。

(4) 坐标系、投影、测绘单位等信息列表。

坐标系、投影、测绘单位等信息列表编绘要求见《宗海图编绘技术规范》(HY/T 251—2018)中第5.5.3小节。

(5) 图名、比例尺、图廓、经纬度注记及指北针等成图要素。

图名编绘要求见《宗海图编绘技术规范》(HY/T 251—2018)中第5.5.4小节。

宗海平面布置图比例尺以能清晰反映属于同一项目的各宗海之间的平面布置位置关系及与相关用海项目位置关系为宜。

比例尺编绘要求见《宗海图编绘技术规范》(HY/T 251—2018)中第5.5.5小节。

图廓、经纬度注记编绘要求见《宗海图编绘技术规范》(HY/T 251—2018)中第5.5.6小节。

指北针编绘要求见《宗海图编绘技术规范》(HY/T 251—2018)中第5.5.7小节。

(6) 宗海平面布置图编绘范例见本书本章附录F。

5. 宗海图版式

1) 图幅

宗海位置图、宗海界址图、宗海平面布置图各自单独成图，一般采用A4幅面，满幅面设计；宗海过大时，可调整图幅至A3，图中相关字号、线宽可随图幅适当调整。

2) 图面配置和版式

宗海位置图、宗海平面布置图应将整个图面置于图幅框内，坐标系、投影、测绘单位等信息列表以及其他必要的说明等置于右下部。

宗海界址图图幅左边为图面，右边从上向下依次配置界址点坐标列表，宗海内部单元列表，坐标系、投影、测绘单位等信息列表，以及其他必要的说明等。一般图面应占到图幅区域的三分之二以上。比例尺置于图面左下角或右下角，以不影响宗海界址显示为原则。

宗海位置图、宗海界址图和宗海平面布置图不添加图例，版式见本书本章附录G。

3) 图廓

图廓由图幅图廓与图面图廓组成。

宗海位置图、宗海平面布置图添加经纬网，并标注主要经纬度。经纬网格线宽为0.2 mm，颜色为R，G，B:110,110,110；根据图幅范围采用合适单位间隔进行等距标注，经度标注为"XXX°XX′XX″"，纬度标注为"XX°XX′XX″"，不跨度时中间标注经度为"XX′XX″"，纬度为"XX′XX″"；字体为6K黑色宋体。

宗海界址图采用四角标注坐标,经度标注为"XXX°XX′XX″",纬度标注为"XX°XX′XX″",字体为6K黑色宋体。图幅图廓线划宽度为 0.5 mm,颜色为 R,G,B:0,0,0,图幅线划与图面线划之间的距离为 3 mm。图面图廓线划宽度为 0.2 mm,颜色为 R,G,B:0,0,0。

4) 图名

宗海位置图的图名由"项目名+宗海位置图"构成,宗海界址图的图名由"项目名+宗海界址图"构成,宗海平面布置图的图名由"项目名+宗海平面布置图"构成,16K黑色宋体居中,如果图名字数过多,可适当缩小字号。图名置于图幅上部,距离上图廓外缘线 3 mm。

对于分宗编绘的宗海图,其项目名后加"-主体用途",主体用途不明确时,其项目名后加"-用海方式"。例如"XXX电厂工程-码头、栈桥及港池宗海界址图"、"XXX跨海大桥项目-填海造地宗海界址图"。

5) 比例尺

比例尺以数字与线划相结合的方式表示,置于图框内。宗海位置图和宗海平面布置图的比例尺置于图面底部中间部位,以不影响图面要素表达为宜。宗海界址图的比例尺置于图面右下角位置,以不影响图面要素表达为宜。图框线划宽度为 0.2 mm,颜色为 R,G,B:0,0,0,图框背景颜色为 R,G,B:255,255,255,距下边框、右边框各 1 mm,框内字体为6K黑色宋体。

6) 指北针

指北针采用箭头式图示,标注北方,黑白色显示,指北针箭头与标注"N"字母总体高 1.0 cm,宽 0.50 cm,一般置于图面右上角,分别距图面图廓上边界,右边界各 2 mm,如影响图面内容显示,可适当调整位置。指北针编绘图示如图 7-4 所示。

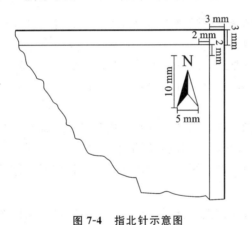

图 7-4 指北针示意图

7) 坐标系、投影、测量单位等信息列表

坐标系、投影信息包括坐标系、投影、中央经线、高程基准和深度基准。测量单位信息包括测量单位、测量人、绘图人、编绘日期、审核人。坐标系、投影、测量单位等信息采取列表形式表示,表中所有字体均为8K黑色宋体,表格线划宽度统一为 0.1 mm,颜色为 R,G,B:0,0,0。宗海位置图、宗海平面布置图坐标系、投影、测量单位等信息列表图示如图 7-5 所示,宗海界址图坐标系、投影、测量单位等信息列表图示如图 7-6 所示。

8) 宗海图整体版式

宗海位置图、宗海界址图、宗海平面布置图整体版式见本书本章附录G。

三、成图质量检查

1. 成图要素完备性检查

宗海图底图主要检查海域、陆地(海岛)图斑、海岸线、重要地名等基础信息的完备性和成图清晰度。

	13 mm	12 mm	12 mm	17 mm	13 mm	13 mm
5 mm	坐标系		投 影		中央经线	
	高程基准			深度基准		
	测绘单位	（填写后须加盖资质单位印章）				
	测量人			绘图人		
	绘制日期			审核人		
	13 mm	24 mm		17 mm	26 mm	

图 7-5 宗海位置图、宗海平面布置图坐标系、投影、测量单位等信息列表

	14 mm	16 mm	14 mm	23 mm
6 mm	坐标系		高程基准	
	投 影		深度基准	
	中央经线		测绘单位	（填写后须加盖资质单位印章）
	测量人		绘图人	
	绘制日期		审核人	

图 7-6 宗海界址图制坐标系、投影、测量单位等信息列表

宗海位置图主要检查宗海图斑及其位置坐标等成图要素的完备性和成图清晰度，以及坐标系、投影、测量单位等信息的完备性和规范性。

宗海界址图主要检查宗海界址点、界址线、内部单元图斑、毗邻宗海信息等主要成图要素的完备性和成图清晰度，以及界址点坐标列表，宗海内部单元列表，坐标系、投影、测量单位等信息列表的完备性和规范性。

宗海平面布置图主要检查同一项目内各宗海及其内部单元界址线、图斑、相关用海项目信息等成图要素的完备性和成图清晰度，以及坐标系、投影、测量单位等信息列表的完备性和规范性。

宗海图版式主要检查图名、比例尺、图廓、经纬度注记及指北针等成图要素的完备性和规范性。

2. 数学基础检查

图件数学基础检查主要检查宗海图坐标系、投影方式、图廓尺寸和比例尺等是否准确，具体检查方法参考《测绘成果质量检查与验收》(GB/T 24356—2009)。

3. 规范性检查

图件编绘规范性检查包括宗海位置图、宗海界址图、宗海平面布置图中的图斑、线划宽度与色彩、地理坐标格式、注记字体字号、表格位置格式、图面整饰等编绘的规范性、准确性等检查。

4. 面积检查

将大地坐标换算到平面坐标，并采用不同的面积计算软件计算宗海内部单元的面积，比较检查测算面积的准确性。

5. 界址点检查

将界址点列表中的界址点转绘于图面，检查每一界址点与原图相应界址点的符合性；对于界址点密集区域，应将图件放大检查。

6. 编绘精度检查

编绘精度检查方法可参考《测绘成果质量检查与验收》(GB/T 24356—2009)。

附录 A 典型宗海界址界定示例

典型宗海界址界定示例如表 A-1 所示。

表 A-1 典型宗海界址界定示例

序号	界址界定图示	说 明
1	顺岸平推式围填海工程 用海特征：与海岸线相接的围填海工程 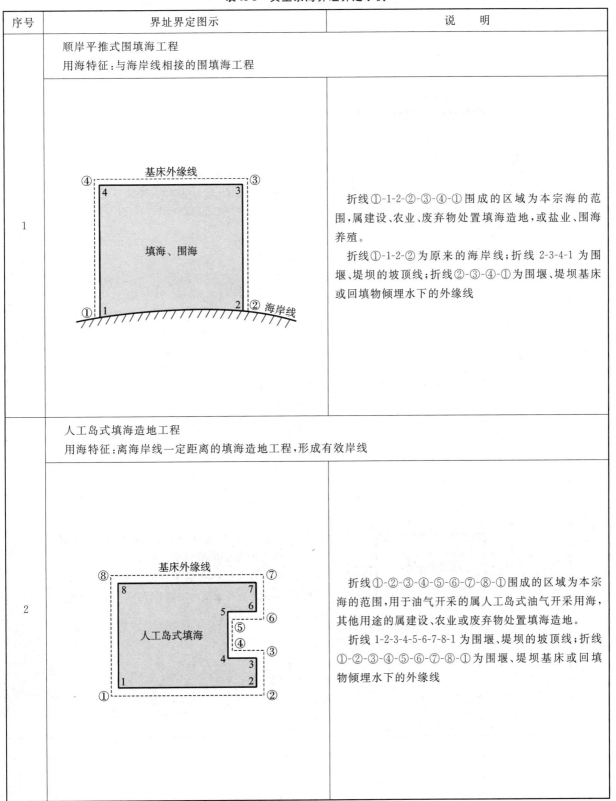	折线①-1-2-②-③-④-①围成的区域为本宗海的范围，属建设、农业、废弃物处置填海造地，或盐业、围海养殖。 折线①-1-2-②为原来的海岸线；折线 2-3-4-1 为围堰、堤坝的坡顶线；折线②-③-④-①为围堰、堤坝基床或回填物倾埋水下的外缘线
2	人工岛式填海造地工程 用海特征：离海岸线一定距离的填海造地工程，形成有效岸线	折线①-②-③-④-⑤-⑥-⑦-⑧-①围成的区域为本宗海的范围，用于油气开采的属人工岛式油气开采用海，其他用途的属建设、农业或废弃物处置填海造地。 折线 1-2-3-4-5-6-7-8-1 为围堰、堤坝的坡顶线；折线①-②-③-④-⑤-⑥-⑦-⑧-①为围堰、堤坝基床或回填物倾埋水下的外缘线

续表

序号	界址界定图示	说　　明
3	半封闭式围海 用海特征:用堤坝等设施圈围但不完全闭合的围海 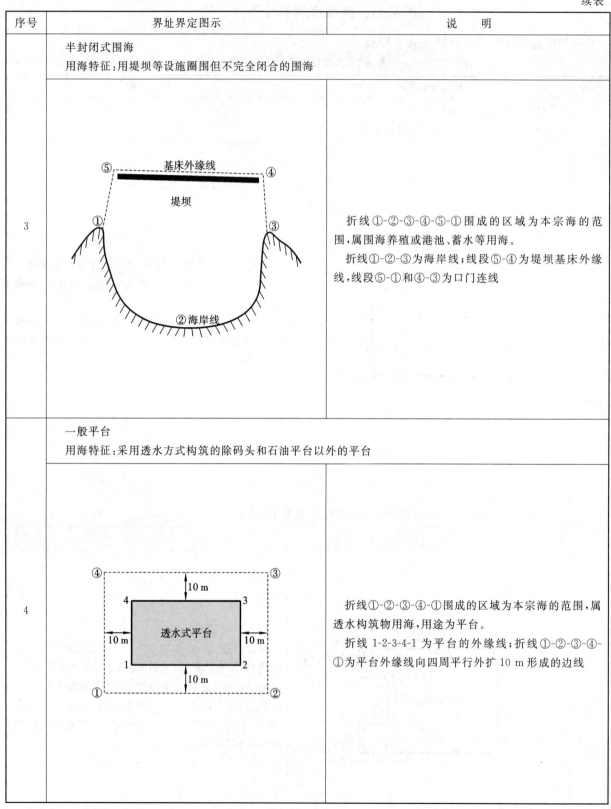	折线①-②-③-④-⑤-①围成的区域为本宗海的范围,属围海养殖或港池、蓄水等用海。 　折线①-②-③为海岸线;线段⑤-④为堤坝基床外缘线,线段⑤-①和④-③为口门连线
4	一般平台 用海特征:采用透水方式构筑的除码头和石油平台以外的平台	折线①-②-③-④-①围成的区域为本宗海的范围,属透水构筑物用海,用途为平台。 　折线1-2-3-4-1为平台的外缘线;折线①-②-③-④-①为平台外缘线向四周平行外扩10 m形成的边线

本表来源于《海籍调查规范》。

附录 B 海籍调查表样式（摘自《海籍调查规范》）

海籍调查表样式如表 B-1～表 B-3 所示。

表 B-1 海籍现场测量记录表

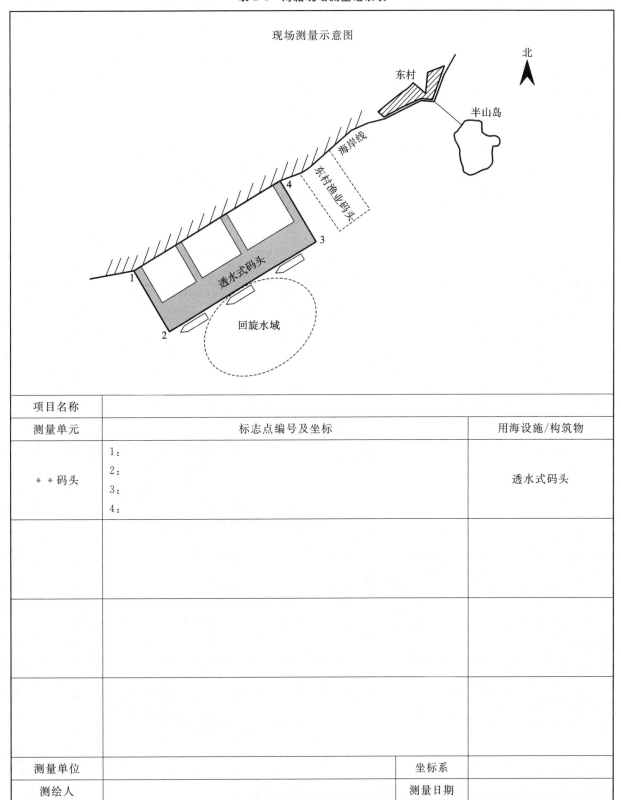

项目名称		
测量单元	标志点编号及坐标	用海设施/构筑物
＊＊码头	1： 2： 3： 4：	透水式码头
测量单位		坐标系
测绘人		测量日期

表 B-2 界址点坐标记录表

项目名称				坐标系		
投影方式		高斯-克吕格投影		中央经线		
界址点		大地坐标/(° ′ ″)		平面坐标/m		获取方式(√)
序号	编号	纬度	经度	x(纵向)	y(横向)	实测	推算
1							
2							
3							
4							
5							
6							
7							
8							
9							
10							
11							
12							
13							
14							
15							
16							
17							
18							
19							
20							

(可附页)

测绘人： 审核人： 测量日期：

表 B-3 宗海及内部单元记录表

宗海界址线：		宗海总面积： 公顷		
用海方式	内部单元（按用途）	内部单元界址线	用海面积/公顷	
			内部单元面积	合计

（表格行数可调整，可附页）

测绘人：　　　　　　审核人：

附录 C 海域使用面积测量作业记录表

海域使用面积测量作业记录表如表 C-1 所示。

表 C-1 海域使用面积测量作业记录表

天气			海况		
DGPS 接收机	跟踪方式				
	接收卫星数				
	卫星号				
	天线				
	检定日期				
卫星健康状况			区信息	信标台	
通道信噪比				信标频率	
相位残差				信标信号	
数据文件名			存贮介质		
故障或警告			工作电源		
备注					
记录人			时间(北京时间)		

附录 D　宗海图编绘图式图例

宗海图编绘图式图例如表 D-1 所示。

表 D-1　宗海图编绘图式图例

代码	图式名称	图式图例及尺寸/mm	代表的用海方式	颜色
01	海岸线	——— 0.35		RGB:0,92,230
02	界址点	● 1.5		RGB:0,0,0
03	界址线	——— 0.5		RGB:255,0,0
04	宗海图斑Ⅰ	←0.2	建设围填海造地、农业围填海造地、废弃物处置围填海造地、非透水构筑物	RGB(F):255,204,0 RGB(Out_L):0,0,0
05	宗海图斑Ⅱ	←0.2　2.0　0.6	透水构筑物、跨海桥梁、海底隧道、海底工程、海底电缆管道	RGB(L):0,147,221 RGB(Out_L):0,0,0
06	宗海图斑Ⅲ	←0.2	围海养殖、盐田、港池、蓄水池	RGB:110,200,237 RGB(Out_L):0,0,0
07	宗海图斑Ⅳ	←0.2	开放式养殖、浴场、游乐场、专用航道、锚地及其他开放式	RGB:173,237,237 RGB(Out_L):0,0,0
08	宗海图斑Ⅴ	←0.2　2.0　0.6	取排水口、海砂等矿产开采、污水排放、倾倒、平台式油气开采、人工岛式油气开采	RGB(L):227,180,87 RGB(Out_L):0,0,0
09	毗邻宗海	←0.2　2.0　0.2	毗邻相关宗海只编绘最外围界址线闭合形成的图斑	RGB(L):60,60,60 RGB(Out_L):80,80,80

附录E 宗海界址图范例

一、港口码头用海宗海界址图范例

港口码头用海宗海界址图范例如图E-1~图E-6所示。

二、跨海大桥用海宗海界址图范例

跨海大桥用海宗海界址图范例如图E-7所示。

三、填海造地用海宗海界址图范例

填海造地用海宗海界址图范例如图E-8、图E-9所示。

四、填海造地用海宗海界址图范例(竣工验收后)

填海造地用海宗海界址图范例(竣工验收后)如图E-10所示。

五、油气开采用海宗海界址图范例

油气开采用海宗海界址图范例如图E-11、图E-12所示。

六、海上风电用海宗海界址图范例

海上风电用海宗海界址图范例如图E-13、图E-14所示。

七、海底电缆管道用海宗海界址图范例

海底电缆管道用海宗海界址图范例如图E-15所示。

八、渔业用海宗海图界址范例

渔业用海宗海界址图范例如图E-16所示。

资料来源:杨木壮,刘武,徐兴彬,等.不动产测绘[M].武汉:中国地质大学出版,2016.

附录F 宗海平面布置图范例

宗海平面布置图范例如图F-1所示。

附录G 宗海位置图、宗海界址图、宗海平面布置图版式

宗海位置图、宗海界址图、宗海平面布置图版式分别如图G-1~图G-3所示。

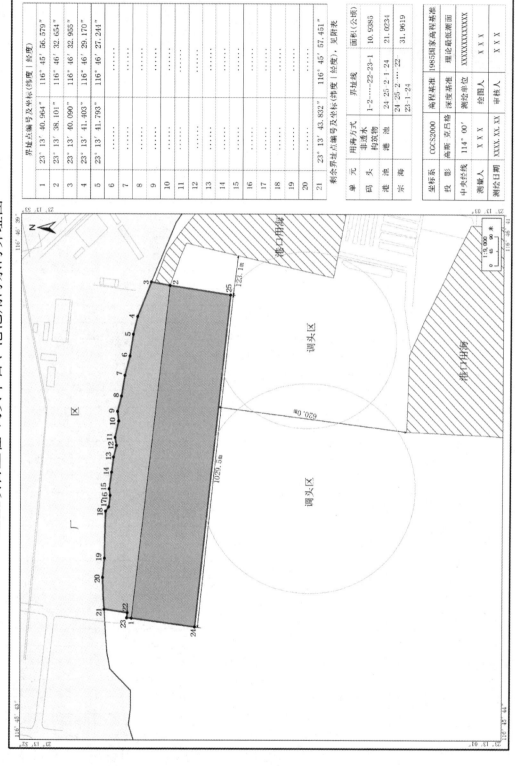

图 E-1 港口码头用海宗海界址图范例 1（一）

附页 XXX项目工程-码头平台、港池用海宗海界址点(续)

界址点编号及坐标(纬度|经度)					
22	23° 13′ 41.406″	116° 45′ 57.148″			
23	23° 13′ 41.467″	116° 45′ 56.603″			
24	23° 13′ 34.254″	116° 45′ 55.880″			
25	23° 13′ 31.653″	116° 46′ 31.875″			

测绘单位	X X X X X X X X X X X X X X		
测 量 人	X X X	绘 图 人	X X X
绘制日期	XXXX年 XX月 XX日	审 核 人	X X X

图 E-2 港口码头用海宗海界址图范例 1(二)

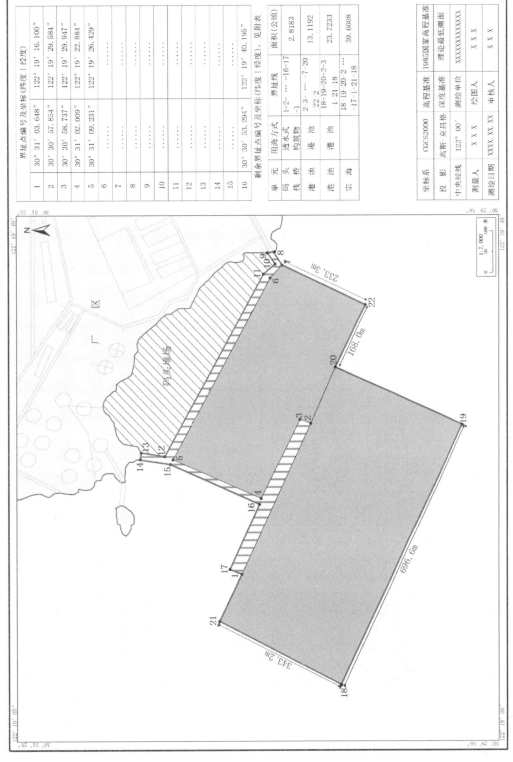

图 E-3 港口码头用海宗海界址图范例 2（一）

附页　XXX项目工程-码头栈桥、港池用海宗海界址点(续)

界址点编号及坐标(纬度|经度)				
17	30°31′04.642″	122°19′16.538″		
18	30°30′55.538″	122°19′06.095″		
19	30°30′45.324″	122°19′29.357″		
20	30°30′55.829″	122°19′34.622″		
21	30°31′05.518″	122°19′11.864″		
22	30°30′53.296″	122°19′40.196″		

测绘单位	XXXXXXXXXXXXX		
测量人	XXX	绘图人	XXX
绘制日期	XXXX年XX月XX日	审核人	XXX

图 E-4　港口码头用海宗海界址图范例 2(二)

第7章 宗海调查测量

XXX项目工程-码头、防波堤及港池用海宗海界址图

界址点编号及坐标(纬度 | 经度)		
1	22°55′03.290″	116°21′49.306″
2	22°55′03.629″	116°21′54.348″
3	22°55′04.362″	116°22′02.290″
4	22°55′27.821″	116°22′18.418″
5	22°55′32.342″	116°22′21.473″
6		
7		
8		
9		
10		
11		
12		
13		
14		
15	22°55′41.016″	116°22′23.920″
剩余界址点编号及坐标(纬度 | 经度),见附页		

单元	用海方式	界址线	面积(公顷)
码头	非透水构筑物	1-2-…-30-31-1	22.2220
港池	港池	32-33-1-31-30-29-28-27-26-25-24-23-22-20-21-19-34-35-36	119.1960
宗海		1-2-…-18-19-34-35-36-32-33-1	141.4180

坐标系	CGCS2000	高程基准	1985国家高程基准
投影	高斯-克吕格	深度基准	理论最低潮面
中央经线	121°30′	测绘单位	XXXXXXXXXXX
测量人	XXX	绘图人	XXX
测绘日期	XXXX.XX.XX	审核人	XXX

图 E-5 港口码头用海宗海界址图范例 3(一)

附页　XXX项目工程-码头、防波堤及港池用海宗海界址点(续)

界址点编号及坐标(纬度 经度)					
16	22°55′41.306″	116°22′23.397″			
17	22°55′41.192″	116°22′21.257″			
18	22°55′35.625″	116°22′17.546″			
19	22°55′36.030″	116°22′16.948″			
20	22°55′33.140″	116°22′15.022″			
……	……	……			
			36	22°55′32.598″	116°21′15.046″

测绘单位	XXXXXXXXXXXXXX		
测量人	XXX	绘图人	XXX
绘制日期	XXXX年XX月XX日	审核人	XXX

图 E-6　港口码头用海宗海界址图范例 3(二)

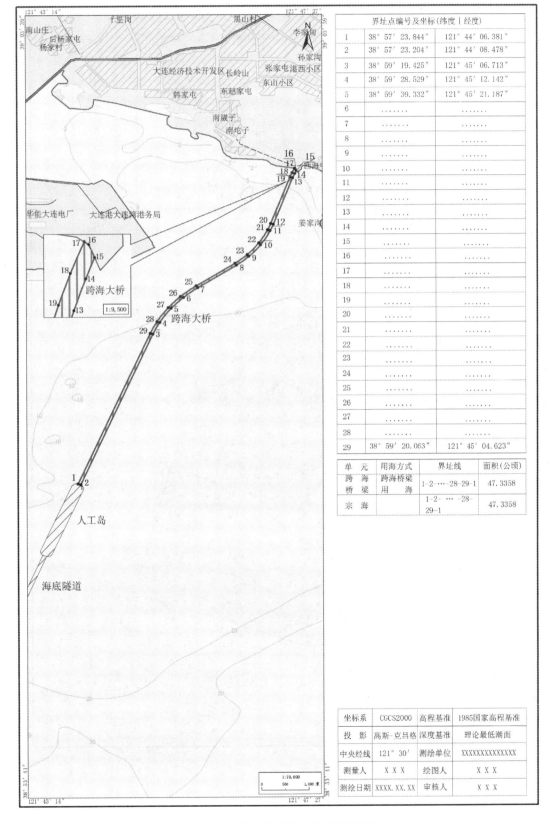

图 E-7 跨海大桥用海宗海界址图范例

XXXX项目工程-填海造地用海宗海界址图

界址点编号及坐标(纬度	经度)		
1	29° 00′ 21.190″	121° 41′ 28.500″	
2	29° 00′ 21.270″	121° 41′ 30.320″	
3	29° 00′ 26.230″	121° 41′ 48.880″	
4	29° 00′ 30.300″	121° 42′ 04.130″	
5	29° 00′ 30.880″	121° 42′ 01.910″	
6			
7			
8			
9			
10			
11			
12			
13			
14			
15			
16			
17	29° 00′ 49.170″	121° 42′ 14.790″	

剩余界址点编号及坐标(纬度｜经度)，见附页			
单 元	用海方式	界址线	面积(公顷)
电 厂	建 设	3-4-…-35-36	43.5929
电厂厂区①	填海造地	-3	
电厂厂区②	建 设	42-43-…-62-63	5.9893
	填海造地	-42	
灰 场	建 设	1-2-3-36-37-38	53.9019
	填海造地	-39-40-41-64-	
		65-67-…-75-	
		76-1	
宗 海		1-2-…-75-76-1	103.4841

坐标系	CGCS2000	高程基准	1985国家高程基准
投 影	高斯-克吕格	深度基准	理论最低潮面
中央经线	121° 30′	测绘单位	XXXXXXXXXXXX
测量人	X X X	绘图人	X X X
测绘日期	XXXX.XX.XX	审核人	X X X

图 E-8 填海造地用海宗海界址图范例(一)

附页　XXX项目工程-填海造地用海宗海界址点(续)

界址点编号及坐标(纬度|经度)					
18	29° 00′ 49.250″	121° 42′ 13.680″			
19	29° 00′ 49.630″	121° 42′ 12.340″			
20	29° 00′ 50.040″	121° 42′ 07.120″			
21	29° 00′ 50.630″	121° 42′ 05.060″			
22	29° 00′ 51.390″	121° 42′ 03.890″			
……	……	……			
			76	29° 00′ 21.930″	121° 41′ 26.790″

测绘单位	XXXXXXXXXXXXXX		
测 量 人	XXX	绘 图 人	XXX
绘制日期	XXXX年 XX月 XX日	审 核 人	XXX

图 E-9　填海造地用海宗海界址图范例(二)

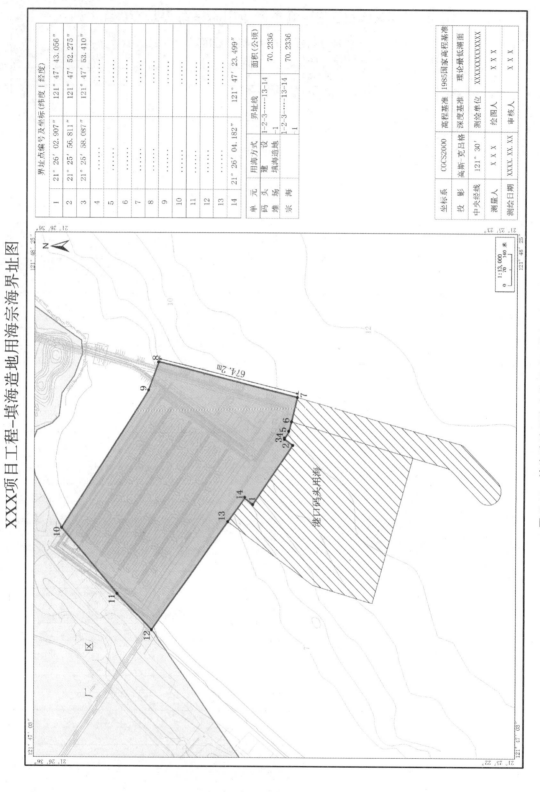

图 E-10 填海造地用海宗海界址图范例（竣工验收后）

XXXXX项目工程-油气开采用海宗海界址图

界址点编号及坐标(纬度 | 经度)		
1	39°10′18.930″	120°19′32.500″
2	39°10′18.460″	120°19′32.750″
3	39°10′20.410″	120°19′38.870″
4	39°10′23.390″	120°19′37.300″
5	39°10′24.500″	120°19′36.720″
6	……	……
7	……	……
8	……	……
9	……	……
10	……	……
11	……	……
12	……	……
13	……	……
14	……	……
15	……	……
16	39°14′59.580″	120°25′03.130″

剩余界址点编号及坐标(纬度|经度),见附页

宗海	用海方式	界址线	面积(公顷)
LD32-2平台	油气开采	1-2-…-11-12-1	4.4929
LD27-2平台	油气开采	13-14-…-18-13	2.0358
海底电缆管道	海底电缆管道	5-13-18-17-7-6-5	57.5445

坐标系	CGCS2000	高程基准	1985国家高程基准
投影	高斯-克吕格	深度基准	理论最低潮面
中央经线	111°00′	测绘单位	XXXXXXXXXXX
测量人	X X X	绘图人	X X X
测绘日期	XXXX.XX.XX	审核人	X X X

图 E-11 油气开采用海宗海界址图范例(一)

附页　XXX项目工程-油气开采用海宗海界址点(续)

界址点编号及坐标(纬度|经度)				
17	39°14′56.730″	120°25′04.630″		
18	39°14′55.670″	120°25′05.190″		

测绘单位	××××××××××××		
测 量 人	×××	绘 图 人	×××
绘制日期	××××年××月××日	审 核 人	×××

图 E-12　油气开采用海宗海界址图范例(二)

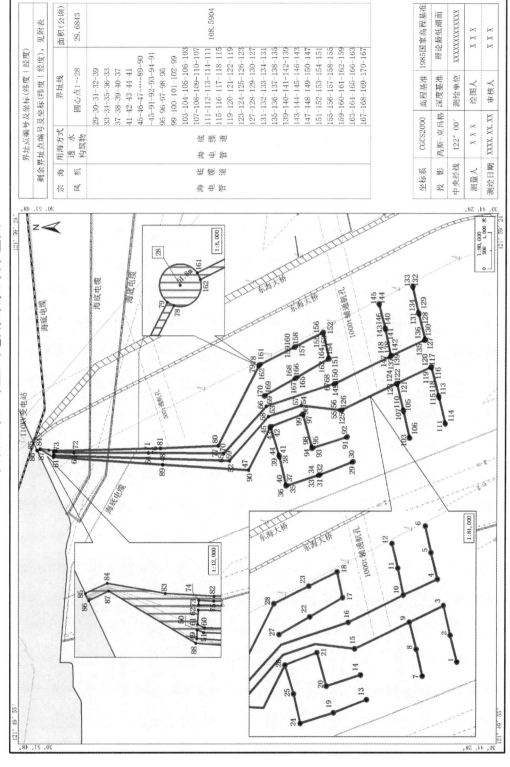

图 E-13 海上风电用海宗海界址图范例（一）

附页 XXX项目工程-海上风电用海宗海界址点(续)

界址点编号及坐标(纬度|经度)					
1	30° 45′ 13.169″	121° 54′ 54.199″			
2	30° 45′ 19.486″	121° 55′ 22.167″			
3	30° 45′ 26.095″	121° 55′ 53.144″			
4	30° 45′ 31.954″	121° 56′ 20.814″			
5	30° 45′ 37.941″	121° 56′ 48.371″			
……	……	……			
			170	30° 47′ 56.620″	121° 55′ 23.480″

测绘单位	X X X X X X X X X X X X X X		
测 量 人	X X X	绘 图 人	X X X
绘制日期	XXXX年 XX月 XX日	审 核 人	X X X

图 E-14 海上风电用海宗海界址图范例(二)

第7章 宗海调查测量

XXXX项目工程-海底电缆管道用海宗海界址图

界址点编号及坐标(纬度|经度)			界址线	面积(公顷)
1	30°41′51.641″	122°27′40.798″	1-2-3-4-5-6-1	0.8105
2	30°41′54.421″	122°27′43.544″	7-8-9-10-11-12-7	1.2457
3	30°41′54.94″	122°27′44.061″	11-10-3-2-11	18.4122
4			7-8-9-10-3-4-5-6-1-2-11-12-7	20.4684
5				
6				
7				
8				
9				
10				
11				
12	30°40′04.552″	122°33′03.928″		

单元	用海方式
泗礁山登陆区	非透水构筑物
黄龙岛登陆区	非透水构筑物
电缆管道	海底电缆管
宗海	

坐标系	CGCS2000	高程基准	1985国家高程基准
投影	高斯-克吕格	深度基准	理论最低潮面
中央经线	122°30′	测绘单位	XXXXXXXXXX
测量人	XXX	绘图人	XXX
测绘日期	XXXX.XX.XX	审核人	XXX

图 E-15 海底电缆管道用海宗海界址图范例

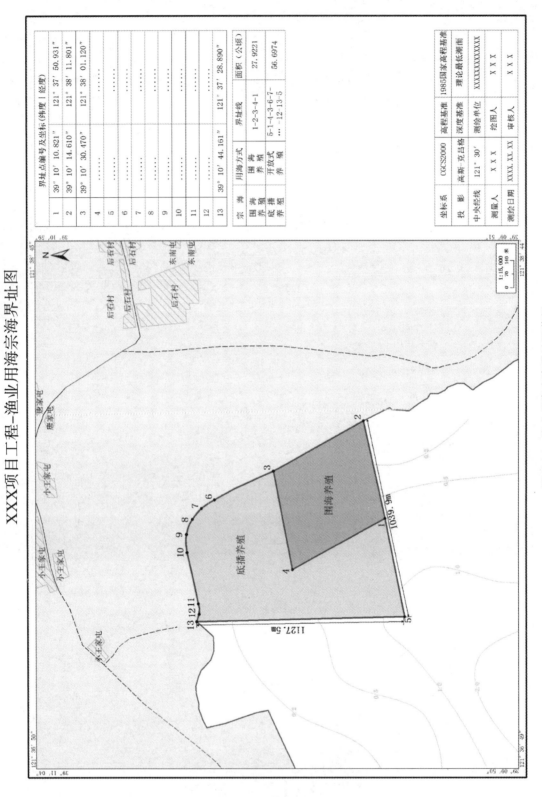

图 E-16 渔业用海宗海界址图范例

第7章 宗海调查测量

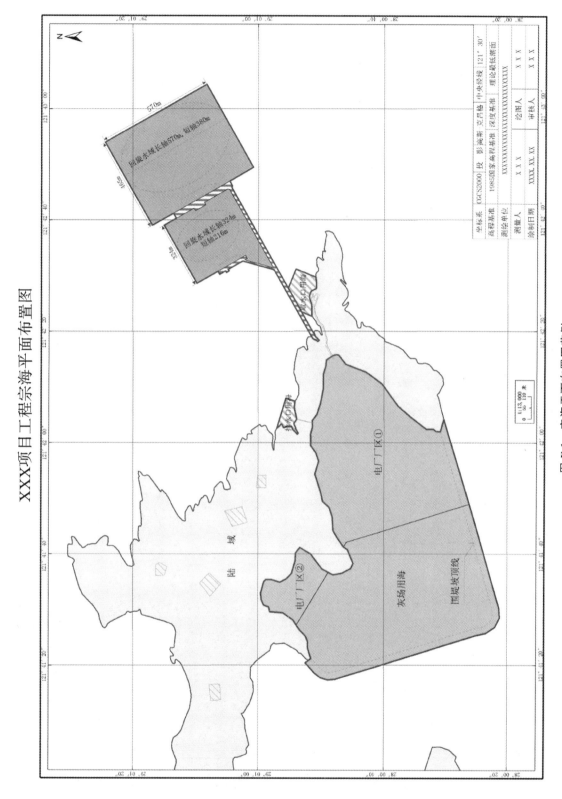

图 F-1　宗海平面布置图范例
（来源：杨木壮，刘武，徐兴彬，等. 不动产测绘[M]. 武汉：中国地质大学出版社，2016.）

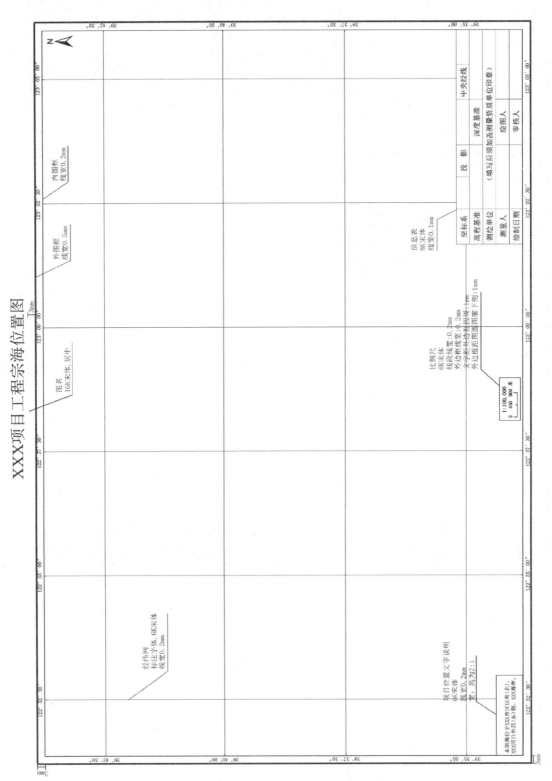

图 G-1 宗海位置图版式

第7章 宗海调查测量

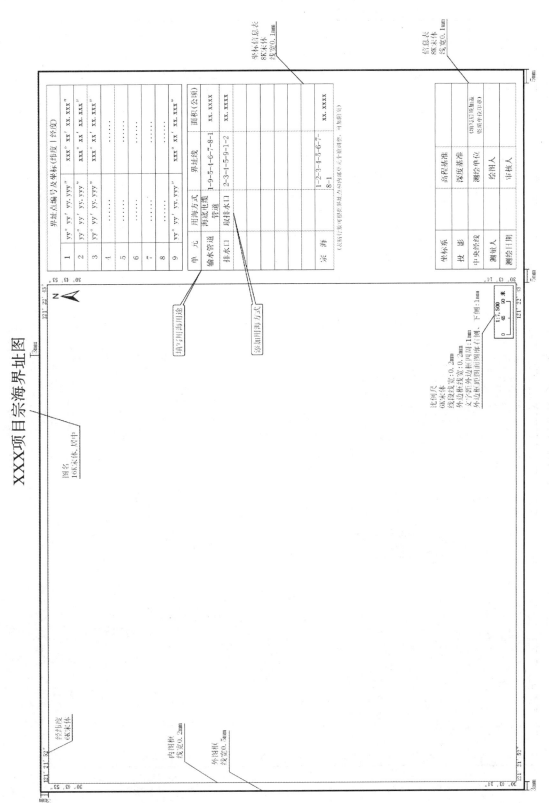

图 G-2 宗海界址图版式

不动产调查与测绘

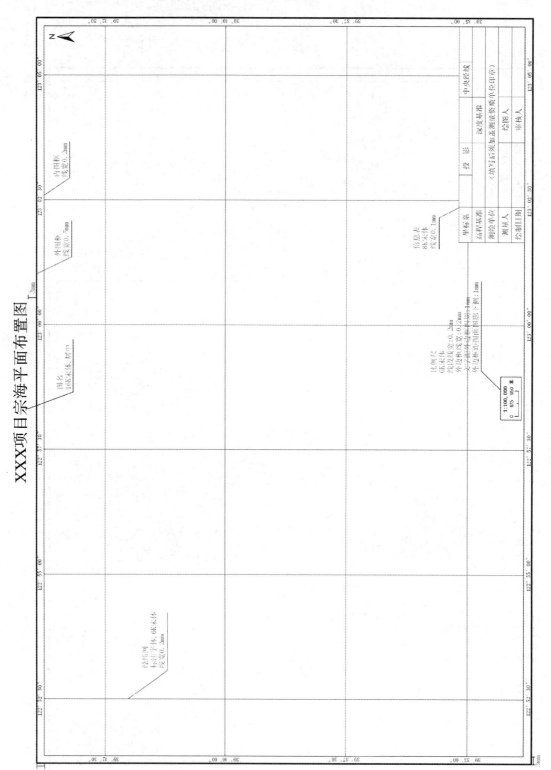

图 G-3 宗海平面布置图版式

第7章 宗海调查测量

1. 举例说明宗海与宗地的含义,并说明二者的区别。
2. 海域使用类型和用海方式有哪些?
3. 宗海测量的方法有哪些?各方法精度要求如何?
4. 领海基线为沿海国家测算_____的起算线。基线向陆地一侧的水域称为_____,向海的一侧依次是领海、_____区、专属经济区、大陆架等管辖海域。从基线开始计算,领海的宽度为_____海里,毗邻区的宽度为_____海里,专属经济区为200海里。
5. 宗海指被权属界址线封闭的_____。宗海图指记载宗海位置、_____、界址线及其与相邻_____位置关系的图件,包括宗海位置图、_____和宗海平面布置图三种。
6. 阅读《中华人民共和国海域使用管理法》和《中华人民共和国土地管理法》,分析比较我国的各类海域使用权最高期限与各类土地使用权最高年限有何不同。
7. 宗海分类中有按用海类型分类与按用海方式分类两种分类方法,指出这两种分类方法刚好有完全相同编码的情况。
8. 书中对于各种用海类型包含有哪些用海方式已做归纳分析。现请你统计每一种用海方式中各包含哪几种用海类型。

第 8 章 房产测绘

内容简介

本章主要介绍房屋与房屋用地的测量,具体对房产测绘的精度要求和房产测绘涉及的相关术语进行了介绍,根据《房产测量规范 第1单元:房产测量规定》(GB/T 17986.1—2000)介绍房产分幅图、分丘图、分户图三种图件的测绘,介绍房屋面积计算的三种情况(计算全部、计算一半、不计算),针对住宅、商住、综合三种组合举例介绍共有建筑面积的分摊方法,最后对房产面积测绘的相关软件进行简略介绍。

第1节 概述

房产测绘是指调查和测定房屋及房屋用地（宗地、丘）的权属状况与自然状况，又称房产测量。现在房产测绘是指为不动产登记而进行的服务工作。房产测绘也是一项政策性、技术性很强的专业测绘工作。进行房产测绘的单位需具备相应的房产测绘资质。

房产测绘主要是运用测绘技术手段，按照国家和地方有关法律法规，执行国家和地方的有关技术标准，确定房屋及房屋用地的位置、权属、界线、质量、数量和现状等，并以文字、数据及图件表示出来。目前，房产测绘遵循的法律法规主要有《中华人民共和国土地管理法》《中华人民共和国民法典》《中华人民共和国测绘法》《中华人民共和国城市房地产管理法》《不动产登记暂行条例》《房产测绘管理办法》等。执行的技术标准主要是国家质量技术监督局于2000年2月22日发布的《房产测量规范》（GB/T 17986.1—2000、GB/T 17986.2—2000），以及各地在《房产测量规范》的基础上根据当地实际情况制定的地方性技术细则和规定。这些技术细则和规定有的已升格为地方性技术标准，如北京市质量技术监督局发布的《房屋面积测算技术规程》（2010年1月1日实施），广州市质量技术监督局发布的《房屋面积测算规范》（2018年8月1日实施），深圳市市场监督管理局发布的《房屋建筑面积测绘技术规范》（2015年12月1日实施），等等。它们对房屋尺寸的采集及房屋面积的计算做了详细的规定，使房产测绘经办人员在实际工作时有依有据，容易操作。

一、房产测绘的目的和任务

1. 房产测绘的目的

房产测绘主要是采集和表述房屋及房屋用地的有关信息，为房产产权产籍管理、房地产开发利用、房地产交易、房地产税费征收及城镇规划建设等提供数据和资料。

房产测绘的目的具体有以下四个。

第一，进行社会服务。房产测绘为房地产管理，包括产权产籍管理、开发管理、交易管理和拆迁管理服务，为评估、征税、收费、仲裁、鉴定等活动提供基础图、表、数字资料和相关信息。

第二，为城市规划、城市建设（如户籍人口管理、基础设施、地下管网、通信线路、环境保护）等提供基础数据和相关资料。

第三，为委托人从事房地产交易、申请房地产产权登记、建设项目拆迁等活动提供房地产测绘数据。

第四，为房地产管理信息系统、数字城市建设提供基础数据和信息。

2. 房产测绘的任务

房屋、土地属于不动产。我国《不动产登记暂行条例实施细则》（2015年6月29日国土资源部第3次部务会议审议通过）对不动产的所有权规定了严格的登记制度，要求"不动产登记簿"登记不动产的坐落、界址、空间界限、面积、用途等自然状况，而这项工作就是房产测绘工作。

房产测绘的具体任务如下。

第一，对房屋本身以及与房屋相关的建筑物和构筑物进行调查并测量绘图。

第二，对房屋用地以及土地上的自然和人工物体进行调查和测量绘图。

第三，对房地产的权属、位置、结构、数量、利用状况等进行调查、测定和绘制成图。

二、房产测绘的内容

按照《房产测量规范 第1单元:房产测量规定》(GB/T 17986.1—2000)规定,房产测绘的基本内容包括房产平面控制测量、房产调查、房产要素测量、房产图绘制、房产面积测算、房产变更测量、成果资料的检查与验收等。

根据房产测绘工作性质及数据采集情况,将房产测绘工作分为房产基础测绘和房产项目测绘。房产基础测绘是测绘房屋及其用地的位置和进行权属状况调查,从而获得该地区的房地产平面分幅图。房产项目测绘是针对固定的房地产项目对象,测绘房屋的具体使用权范围界线、面积,建筑物的分布、坐落位置、形状、占有、结构、层数、建成年份、用途,以及土地的使用等基本情况,获得房地产分丘平面图、房产分层分户平面图及相关的图、表、册、簿等数据资料。

房产基础测绘主要包括两大工作内容:(1)房产控制测量;(2)房地产数据测量。

房产项目测绘的内容主要有:(1)商品房测量;(2)存量房测量;(3)公、私房测量;(4)征审测量;(5)地籍勘界。

1. 房产控制测量

房产平面控制测量的目的是为房产(地籍)平面测量工作提供一个准确的控制框架和定位基准,为房产测绘提供起算数据,并控制测量误差的积累。房产控制测量分为平面控制测量、高程控制测量两个部分。在房产测绘中主要是平面控制测量,需要进行高程控制测量时,由技术设计书另行规定。

房产平面控制测量主要采用 GNSS 定位技术和导线测量方法,控制点的布设应遵循从整体到局部、从高级到低级、分级布网的原则,也可越级布网。房产平面控制点包括二、三、四等平面控制点和一、二、三级平面控制点。对于房产平面控制点的密度要求,《房产测量规范 第1单元:房产测量规定》(GB/T 17986.1—2000)4.1.3 规定:建筑物密集地区的控制点平均间距在 100 m 左右,建筑物稀疏区的控制点平均间距在 200 m 左右。控制点密度与比例尺无直接关系。

2. 房产调查

房产调查是对房屋及其用地的位置、权界、特征、属性、数量以及地理名称和行政境界的调查。房产调查分为房屋用地调查和房屋调查,其中确定房屋及其用地的权属状况是最主要的调查内容。

《房产测量规范 第1单元:房产测量规定》(GB/T 17986.1—2000)指出,房屋用地调查以丘为单元分户进行,调查的内容包括用地坐落、产权性质、等级、税费、用地人、用地单位所有制性质、使用权来源、四至、界标、用地用途分类、用地面积和用地纠纷等基本情况,以及绘制用地范围略图。2015年3月,我国发布《不动产权籍调查技术方案(试行)》,启动开展全国范围内的不动产权籍调查,调查结束后形成"房屋调查表"(参见本书第2章附录C中表C-10～表C-12)。

3. 房产要素测量

房产要素测量的主要内容包括:界址测量,境界测量,房屋及其附属设施测量,陆地交通、水域测量,其他相关地物测量等。其他相关地物是指天桥、站台、阶梯路、游泳池、消火栓、检阅台、碑以及地下构筑物等。房产要素测量的主要方法有全野外数据采集、野外解析法测量、航空摄影测量。

房屋应逐幢测绘,不同产别、不同建筑结构、不同层数的房屋应分别测绘,房屋面积测量时应分幢分户丈量作图。房产要素测量时根据要求绘制出房屋用地测量草图、房屋测量草图。房产要素测量完成后应绘制相应的房产图。

4. 房产图绘制

房产图是房产产权、产籍管理的重要资料。房产图绘制是将房地产要素以及有关的地物地貌要素等按一定规则,客观地反映到房地产平面图上的过程。房产图表达的主要内容有测量控制点、界址点、房产权属界线、用地界线、附属设施、围护物、产别、结构、用途、用地分类、建筑面积、用地面积、房产编号以及各种名称和数字注记等。房产图的特点如下。

(1) 房产图是平面图,除房产分幅平面图(简称房产分幅图)及房产分丘平面图(简称房产分丘图)外,一般不表示高程,不绘制等高线。房产图的格式、种类参见相关房产测量规范与规程。

(2) 房产图对房屋及与房屋、房产有关的要素,要求比其他图种要详细得多。例如,房屋不仅要表示结构性质,还要表示出层次、用途及建成年份等。

(3) 房产图对房屋及其权属界线和用地界线等的表示,精度要求比较高。

(4) 房产图变更较快,需要根据房屋及其用地的变更及时进行补测和修改,以保证其现势性。

5. 房产面积测算

房产面积测算指房产水平面积测算,分为房屋面积测算和房屋用地面积测算两类。其中:房屋面积测算包括整幢房屋建筑面积、套内建筑面积、共有建筑面积、产权面积等的测算及共有建筑面积的分摊。房屋用地面积测算包括房屋占地面积的测算和房屋用地面积的测算。

6. 房产变更测量

房产变更测量是指在完成了房产测绘工作之后,为了适应日常房产管理工作的需要,对房屋及其附属建筑物的权属、位置、界线、数量、质量等进行的变更调查和测量。房产变更测量分为房产现状变更测量和房产权属变更测量。

1) 房产现状变更测量内容

(1) 房屋的新建、拆迁、改建、扩建,以及房屋建筑结构、层数的变化。

(2) 房屋的损坏与灭失,包括全部拆除或部分拆除、倒塌和烧毁。

(3) 围墙、栅栏、篱笆、铁丝网等围护物以及房屋附属设施的变化。

(4) 道路、广场、河流的拓宽、改造,河、湖、沟渠、水塘等边界的变化。

(5) 地名、门牌号的更改。

(6) 房屋及其用地分类面积增减变化。

2) 房产权属变更测量内容

(1) 房屋买卖、交换、继承、分割、赠予、兼并等引起的权属的转移。

(2) 土地使用权的调整,包括合并、分割、塌没和截弯取直。

(3) 征拨、出让、转让土地而引起的土地权属界线的变化。

(4) 他项权利范围的变化和注销。

房产变更测量应根据房地产变更资料,先进行房地产要素调查,包括现状、权属和界址调查,再进行房产权界测定和面积的计算,调整有关的房地产编码,最后进行房地产资料的修正。

7. 成果资料的检查与验收

房产测绘成果实行二级检查、一级验收制度。一级检查为过程检查,在全面自检、互查的基础上,由作业组的专职或兼职检查人员承担。二级检查由施测单位的质量检查机构和专职检查人员在一级检查的基础上进行。检查与验收工作在二级检查合格后由房产测绘单位的主管机构组织实施。验收工作结束后,任务的委托单位应出具检查报告和验收文书。

8. 房产测绘成果提交

房产测绘成果由房产簿册、房产数据和房产图集三个部分组成。

房产簿册分为房屋调查表、房屋用地调查表、有关产权状况的调查资料、有关证明及协议文件等。

房产数据包括房产平面控制测量成果、界址点成果、房角点成果及面积测算成果等。

房产图集按房产管理的需要可分为房产分幅平面图、房产分丘平面图和房产分层分户平面图。

在房产测绘中使用过的地形图、控制点成果、技术设计书、技术总结等也都应归入房产测绘成果,包括纸质资料和电子文档。

三、房产测量的精度要求

房产测绘与我国其他测绘工作一样,以中误差作为评定精度的指标,以两倍中误差作为限差。

1. 房产平面控制测量的精度要求

《房产测量规范 第1单元:房产测量规定》(GB/T 17986.1—2000)3.2.2规定:最末一级相邻基本控制点间的相对点位中误差不大于±0.025 m。

2. 房产分幅平面图测量的精度要求

《房产测量规范 第1单元:房产测量规定》(GB/T 17986.1—2000)3.2.3规定:模拟方法测绘的房产分幅平面图上的地物点,相对于邻近控制点的点位中误差不超过图上±0.5 mm;利用已有的地籍图、地形图编绘房产分幅平面图时,地物点相对于邻近控制点的点位中误差不超过图上±0.6 mm;**对全野外采集数据或野外解析测量等方法所测的房地产要素点和地物点,相对于邻近控制点的点位中误差不超过±0.05 m。**

3. 房产界址点精度要求

《房产测量规范 第1单元:房产测量规定》(GB/T 17986.1—2000)3.2.4规定:各级界址点相对于邻近控制点的点位误差和间距超过50 m的相邻界址点的间距误差不超过表8-1的规定。

表8-1 房产界址点的精度要求

界址点等级	界址点相对于邻近控制点的点位误差和相邻界址点间的间距误差/m	
	限差	中误差 m_j
一	±0.04	±0.02
二	±0.10	±0.05
三	±0.20	±0.10

间距未超过50 m的界址点间的间距误差限差不应超过下式的计算结果:

$$\Delta d = \pm(m_j + 0.02 m_j D) \tag{8-1}$$

式中:m_j——相应等级界址点的点位中误差(m);

D——相邻界址点间的距离(m);

Δd——界址点坐标计算的边长与实量边长较差的限差(m)。

举例来说,如果两个二级界址点的间距为10 m,则该两点之间的间距误差不应超过 $\Delta d = \pm(m_j + 0.02 m_j D) = \pm 0.05(1+0.2)\text{m} = \pm 0.06\text{ m}$(限差)。当间距为30 m时,该两点之间的间距误差不应大于 $\Delta d = \pm(m_j + 0.02 m_j D) = \pm 0.05(1+0.6)\text{m} = \pm 0.08\text{ m}$。当间距为50 m时,该两点之间的间距误差不应大于 $\Delta d = \pm(m_j + 0.02 m_j D) = \pm 0.05(1+1)\text{m} = \pm 0.1\text{ m}$(此时与表8-1限差要求完全相同)。

需要测定房角点的坐标时,房角点坐标的精度等级和限差执行与界址点相同的标准。

4. 房产面积的精度要求

根据《房产测量规范 第1单元:房产测量规定》(GB/T 17986.1—2000)3.2.6规定,我国房产面积的精度分为三个等级。根据实践和实际的要求,一般采用两个精度等级,即采用二级、三级精度等级标准。新建商品房(含此前未测的)建筑面积测算精度采用第二等级精度标准,其他房产建筑面积测算精度采用第三等级精度标准,其余有特殊要求的用户和城市商业中心黄金地段可采用第一等级精度标准。房产面积测算精度要求如表8-2所示。

表 8-2　房屋面积测算的中误差与限差

房屋面积的精度等级	房屋面积中误差	房屋面积误差的限差
一级	$\pm(0.01\sqrt{S}+0.0003S)$	$\pm(0.02\sqrt{S}+0.0006S)$
二级	$\pm(0.02\sqrt{S}+0.001S)$	$\pm(0.04\sqrt{S}+0.002S)$
三级	$\pm(0.04\sqrt{S}+0.003S)$	$\pm(0.08\sqrt{S}+0.006S)$

注：S 表示面积，m^2。

举例来说，对应第二等级精度标准的房屋面积测量，如果某套商品房面积为 100 m^2，则面积测算的中误差为 $\pm(0.02\times10+0.001\times100)m^2=\pm0.3\ m^2$，限差为 $\pm0.6\ m^2$；如果某幢楼的建筑面积为 10 000 m^2，则面积测算中误差为 $\pm(0.02\times100+0.001\times10\ 000)m^2=\pm12\ m^2$，限差为 $\pm24\ m^2$。

四、房产测绘的委托与承揽

房产管理中需要的房产测绘，由房地产行政主管部门委托房产测绘单位进行。例如，政府为了公共利益需要进行征地拆迁时，要委托测绘单位进行房产测绘，其成果将作为征地拆迁补偿的有效根据。房产测绘成果应当与房产自然状况保持一致，房产自然状况发生变化时，及时实施房产变更测量。委托房产测绘的，委托人与房产测绘单位应当签订书面房产测绘合同。房产测绘单位应当是独立的经济实体，与委托人不得有利害关系。房产测绘所需费用由委托人支付。房产测绘收费标准按照国家有关规定执行。按照《房产测绘管理办法》的规定，有下列情形之一的，房屋权利申请人、房屋权利人或者其他利害关系人应当委托房产测绘单位进行房产测绘。

(1) 申请产权初始登记的房屋。
(2) 自然状况发生变化的房屋。
(3) 房屋权利人或者其他利害关系人要求测绘的房屋。

国家实行房产测绘单位资格审查认证制度。从事房产测绘的单位应当依法取得载有不动产测绘业务房产测绘子项的测绘资质证书，并在测绘资质证书规定的业务范围内从事房产测绘活动，且所从事房产测绘所得的成果具有法律效力。

第 2 节　房产测绘相关术语解释

房产测绘是测定和调查房屋与土地的自然状况与权属状况的一项专业测绘活动，涉及一些术语。下面的术语可以帮助大家进一步了解房产测绘，更多的术语定义请参阅相关规范规程。

一、用地方面

(1) 用地面积：产权人使用土地的范围面积，包括其地上建筑物、天井、庭院、通道、余地等占地面积的总和。
(2) 共用地面积：两个以上产权人共同占有使用的不能分割的土地范围。
(3) 余地(院地)：已取得土地使用权的建筑基底面积以外的土地。
(4) 空地：通常指已占用建筑用地以外的并未取得使用权的土地。

(5) 天井：建筑物中露出天空的空地部分。

(6) 用地四至：与用地范围四面接壤的宗地名称、宗地号，或与用地四周相邻的道路、街巷、水系等地物名称。

二、房屋方面

(1) 建基面积：房屋的基地面积，指建筑物的首层外墙勒脚线以上外围水平投影的占地面积，也就是房屋占地表的面积，因此首层的不封闭阳台、无柱走廊、檐廊、天井（通天）等不计算建基面积。

(2) 总建筑面积：房屋各层建筑面积总和，包括不是自然层，但符合计算建筑面积规定的阁楼、夹层、插层、技术层等的建筑面积以及按规定计算的不封闭阳台、挑廊、架空通廊、无柱走廊、无顶盖的室外楼梯等建筑面积的总和。

(3) 套内建筑面积：由套内使用面积、套内墙体面积及套内阳台建筑面积组成。

(4) 共有建筑面积：两个以上产权人共同占有、共同使用，不能分割的建筑面积。

(5) 分摊面积：按功能分摊获得的共有建筑面积所得数值。

(6) 销售面积：以规划报建图及其报建审批的文件为依据，进行面积测算的数据，该面积用于签订商品房买卖契约。

(7) 产权面积：依据竣工后房屋的实际状况，对房屋面积进行实测和面积计算，并经权属登记部门依法确认后的面积。

(8) 小产权房：在农民集体土地上建设的房屋，未缴纳土地出让金等费用，其产权证不是由国家房管部门颁发，而是由乡政府或村委会颁发，所以叫作乡产权房，又叫小产权房，实际上没有真正的产权。

三、结构方面

(1) 建筑物：供人们进行生产、生活或其他活动的房屋或场所。

(2) 构筑物：人们不直接在内进行生产、生活或其他活动的房屋或场所，如塔、亭或地下干线等。

(3) 地下室：建在地面以下的建筑物，其室内地面低于室外地平面的高度超过该室内净高的二分之一（参见图 8-1(a)）。

(4) 半地下室：采光窗在室外的建筑物，其室内地面低于室外地平面的高度超过该室内净高的三分之一，但不超过一半的地下室（参见图 8-1(b)）。

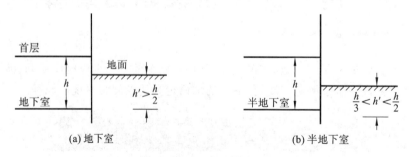

(a) 地下室　　　　　　　　　　(b) 半地下室

图 8-1　地下室、半地下室高度位置示意图

(5) 骑楼：建在道路旁的建筑物首层，并且有柱支撑，是公共行人道。

(6) 过街楼（骑街楼）：建筑物的首层用作道路、街、巷通行的部分。

(7) 挑楼（飘搂）：二楼及以上楼层挑（飘）出首层的外墙面部分的建筑。

(8) 阁楼：在房屋自然层内，利用较高的层内空间（包括人字架屋顶）所加建的使用空间。

(9) 夹层：在房屋自然层之间所加建的楼层或是在房屋自然层内，利用较高的层内空间所加建的楼层。

(10) 插层：在房屋自然层之间所加插进去的楼层。

(11) 技术层：房屋自然层之间，用作水、电、暖、卫生等设备安装的楼层。

(12) 转换层：在大楼中不同功能区之间转换楼层，多为设备、结构或功能转换层。

(13) 架空层：在楼房的某一层中，只有楼房的承重柱体支撑，而无围护墙体的楼层空间，可以是首层，也可是中间层。

(14) 架空房屋：底层架空，以支撑物作承重的房屋，其架空部位一般为水域或斜坡。

(15) 水箱间：在房屋天面上，室内建有储水池、水电房等设备的建筑物。

(16) 走廊：与房屋相连、独立有顶盖，作为该楼房人们进出和行走使用的水平交通通道。

(17) 挑廊（飘走廊）：挑（飘）出首层墙（柱）外的走廊。

(18) 柱廊：有柱支撑，供人通行的走廊。

(19) 檐廊：以屋檐、雨篷等作为上盖但无柱支撑，与房屋相连有围护结构的走廊，是该生产或生活场所的一部分。有永久性围护结构的，按围护结构外围水平投影面积的一半计算建筑面积。

(20) 挑檐：房屋向外挑出的屋檐、雨篷。

(21) 架空通廊：二层以上连接两建筑物，具有一定建筑形式，有围护结构，供人们通行的空中走廊。

(22) 回廊：有些门厅、大厅的层高很高，一般在沿厅周围设有的走廊。

(23) 门廊：建筑物门前突出的有顶盖，用柱或墙支撑，供人们进门前和出门后左右通行的人行和车行通道。

(24) 门斗：房屋门前缩回的有顶盖，且支撑顶盖的两边是承重墙体的建筑，或指建筑物门口突出的起挡风、避雨、御寒等作用的建筑过渡空间。

(25) 阳台：供居住者进行室外休息、活动、晾晒衣物等的空间。

(26) 封闭式阳台：采用实体栏板作围护，栏板以上用玻璃等物全部围闭的阳台。

(27) 不封闭式阳台：没有完全围闭的阳台。

(28) 挑台：挑出房屋外墙，有围护结构而无上盖的平台。

(29) 玻璃幕墙：房屋外墙无砖石结构，而是以玻璃幕墙直接作为房屋的外墙体。

(30) 女儿墙：房屋天面上，高出天面的四周围护结构的护栏墙体（见图8-2）。

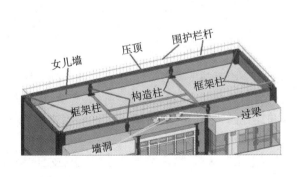 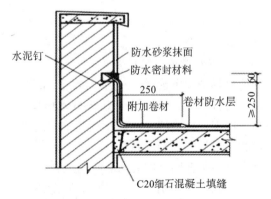

图 8-2 女儿墙

(31) 天面（天台）：房屋顶面上，四周有女儿墙围护，但没有上盖，可供人们正常活动的平台。

(32) 室外楼梯：位于房屋外部的，供人们生产或活动的上下各楼层的固定楼梯。

(33) 伸缩缝：建筑物和建筑物之间设置在基础以上的竖直缝，为使相邻两建筑物分离而形成的空隙，以适应温度变化时所设置的建筑物的伸缩缝隙。

(34) 沉降缝：建筑物和建筑物之间的竖直缝。沉降缝常设置在负荷或地基承载力差别较大的部位，以及新旧建筑之间,以避免两建筑物下沉不均时使房屋出现裂缝。

(35) 勒脚:房屋外墙接近室外地面处的突出墙表面的部分,目的是保护近地墙身和对建筑立面产生一定的效果。

(36) 坐落:房地产所在地理名称、位置。

(37) 四至:房地产权属范围与四邻接壤的街巷、门牌等地理名称、丘号(宗地号)。

(38) 层高:地面至楼面、楼面至楼面、楼面至屋顶之间的垂直距离。顶层层高不包括房屋顶面隔热层的高度。

第3节 房产测绘成图

房产测绘成果按形式可以分成房产簿册(各类文档和表格)、房产数据(各类计算数据和计算结果)和房产图集(各类图件)三种类型。在房产测绘中使用过的地形图、控制点成果以及测量完成的控制点、界址点、面积、房产平面图等和相应的技术设计书、技术总结等,包括纸质资料和电子文档,都应归入房产测绘成果。

房产图是房地产产权产籍管理的重要资料,是房产测绘形成的主要成果。根据《房产测量规范 第1单元:房产测量规定》(GB/T 17986.1—2000)7.1~7.3,房产图按房产管理的需要可分为房产分幅平面图、房产分丘平面图和房屋分户平面图。具体介绍如下。

一、房产分幅平面图

房产分幅平面图是房产管理信息系统的基础数据,是全面反映房屋及其用地的位置、权属和面积的基本图,是核发不动产权证及房地产管理的基础图件,是房产分丘平面图和房产分户平面图的基本图件。

1. 房产分幅平面图的规格

城镇建成区的房产分幅平面图一般采用1:500比例尺,其他区域可以选择1:1 000比例尺。房产分幅平面图一般采用50 cm×50 cm的正方形分幅,有的采用50 cm×40 cm的矩形分幅。房产分幅平面图样式参见图8-3。

2. 房产分幅平面图的内容

房产分幅平面图按照《房产测量规范》的要求进行施测,全面反映土地及其房屋的位置、权属、界址状况、楼层结构以及与房地产管理有关的地形要素。它的内容包括控制点、行政境界、丘界、房屋、房屋附属设施和房屋围护物,以及与房地产有关的地籍地形要素和注记。铁路、道路、桥梁、水系、城墙等地形图要求的地物一般均需测量。

房产分幅平面图上应表示的房地产要素和房产编号包括房产区号、房产分区号、丘号、丘支号、幢号、房产权号、门牌号、房屋产别、结构、层数、房屋用途和用地分类等。

房产区以行政建制的区、街道(或镇、乡)的行政辖区,或者房地产管理部门划分的区域为基础划定。根据实际情况和需要,以街坊或主要街道围成的方块为基础,将房产区再划分为若干房产分区。房产区号和房产分区号由当地人民政府和房地产管理部门统一划定,以避免重号,保证编号的唯一性。

房产分幅平面图上在房屋轮廓线中央注记四位数字代码,其中第一位表示房屋产别,第二位表示房屋建筑结构,第三、四位表示房屋的层数。

上述是《房产测量规范》规定的房产分幅平面图的内容。在我国房地产开发已经发生翻天覆地的变

图 8-3　房产分幅平面图样式

化的今天,我们应多关注国家不动产测绘登记和全国土地调查的相关要求。

3. 房产分幅平面图的测绘方法和精度要求

房产分幅平面图的测绘方法主要有野外采集成图、航空摄影测量、编绘法成图。《房产测量规范　第1单元:房产测量规定》(GB/T 17986.1—2000)3.2.3.3规定:**对全野外采集数据或野外解析测量等方法所测的房地产要素点和地物点,相对于邻近控制点的点位中误差不超过±0.05 m**。模拟方法测绘的房产分幅平面图上的地物点,相对于邻近控制点的点位中误差不超过图上±0.5 mm;利用已有的地籍图、地形图编绘房产分幅平面图时,地物点相对于邻近控制点的点位中误差不超过图上±0.6 mm。

二、房产分丘平面图

房产分丘平面图是房产分幅平面图的局部图,是绘制产权证附图的基本图。它是以产权人(单位)的房屋、用地的权属使用范围为单位所绘制测量的平面图,反映了房地的坐落位置、权属界址、四邻关系、边长、楼层结构、地号、用地面积、建筑面积等要素。

所谓丘,是指地表上一块有界空间的地块。它是房屋权属用地的最小单位,又称为宗、地块等。根据丘内产权单位的情况,丘具有独立丘和组合丘之分。丘在划分时,有固定界标的按固定界标划分,没有固定界标的按自然界线划分。

房产分丘平面图和宗地图的区别是:房产分丘平面图重点描述丘内各房地的坐落位置、权属界址、房屋边长、楼层结构、用地面积、建筑面积等;宗地图重点描述宗地位置、界址点定位信息、相邻宗地四至关系等。房产测量时使用房产分丘平面图,地籍测量时使用宗地图,但在房地一体化的今天,不动产测绘、登记与管理已迅速成为房地产测绘管理的总体趋势。宗地图样图见本书第2章附录D中的图D-1。

1. 房产分丘平面图的内容

房产分丘平面图除表示房产分幅平面图的内容外,还应表示本丘的权界线、界址点、界址点点号、丘界长度、各房屋建成年份、房屋边长、用地面积、建筑面积、墙体归属和四至关系等各项房地产要素。

2. 房产分丘平面图的范围及编号

房产分丘平面图是房产分幅平面图的局部图,它的分幅应与房产分幅平面图相一致。但房产分丘平面图的图廓位置,应根据该丘所在位置确定,图廓西南角坐标值不一定是图上方格网的整倍数,图上需要注出西南角的坐标值,以公里数为单位注记小数后三位。在房产分丘平面图中一丘内有多幢房屋和多种产权性质应编立幢号和房产权号。其中,幢号以丘为单位,自进大门起,从左到右,从前到后,按数字1,2,…,顺序按S形编号,幢号注在房屋轮廓线内的左下角,并加括号表示。

3. 房产分丘平面图的规格和精度要求

房产分丘平面图的比例尺,根据丘面积的大小,可在1:100～1:1 000范围内选用。房子分丘平面图的幅面一般在787 mm×1 092 mm的1/32～1/4范围内选用。

房产分丘平面图不但要求图上地物点的平面位置精度,还要求图上实测界址点、房角点的坐标精度,图上地物点的精度相对于邻近控制点不超过图上±0.5 mm,图上界址点、房角点的坐标精度,参照《房产测量规范 第1单元:房产测量规定》(GB/T 17986.1—2000)3.2.4规定(本书本章第1节已介绍)。

4. 房产分丘平面图测绘的技术要求

(1) 房产分丘平面图的坐标系统应与房产分幅平面图的坐标系统相一致。

(2) 房产分丘平面图上应分别注明周邻产权所有单位(或个人)的名称,且各种注记的字头应朝北或朝西。

(3) 测量本丘与邻丘毗连墙体时,共有墙以墙体中间为界,量至墙体厚度的1/2处,借墙量至墙体的内侧,自有墙量至墙体外侧并用相应符号表示。

(4) 房屋权界线与丘界线重合时,表示丘界线;房屋轮廓线与房屋权界线重合时,表示房屋权界线。

三、房产分户平面图

房产分户平面图简称分户图。房产分户平面图是在房产分丘平面图的基础上进一步绘制的明细图,以一户房屋的权属为单元。如果为多层房屋,则为房产分层分户平面图。房产分户平面图表示房屋权属范围的细部,可明确异产毗连房屋的权利界线,是房屋产权证(不动产权证)的附图。房产分户平面图样图见本书第2章附录D中的图D-2。

1. 房产分户平面图的内容

房产分户平面图应详细反映每户单元的面积大小、部位、房屋权界线、四面墙体的归属、梯间和走廊等公用设施的使用情况,并注记门牌号、户号、所在层次、房屋边长、房屋建筑面积等。

2. 房产分户平面图的规格

房产分户平面图的比例尺一般为1:200,当房屋图形过大或过小时,比例尺可适当放大或缩小,打印装帧幅面可选787 mm×1 092 mm的1/32～1/16等尺寸。房产分户平面图上房屋的边长应实际丈量,注记取至0.01 m,注在图上相应位置。

3. 房产分户平面图绘制的技术要求

(1) 房产分户平面图的方位应使房屋的主要边线与图框边线平行,按房屋的方向横放或者竖放,并在适当位置加绘北方向。

(2) 房产分户平面图上产权面积包括套内建筑面积和共有分摊面积,应标注在图框内。

(3) 本户所在的丘号、幢号、户号、结构、层数、层次应标注在图框内。

(4) 楼梯、走道等共有部位,需在范围内标注。

第 4 节 房屋面积计算

房屋面积计算是房产测绘的主要任务之一,其主要内容是测定房产权界、房屋建筑面积、坐落位置、房屋层次、结构、分户的建筑面积以及共有分摊面积等基础数据。这些数据经不动产发证机关确认后,作为核发不动产权证的测绘资料及附图,是保障房地产占有和使用者合法权益的重要依据。

一、有关房屋面积计算的一般规定

1. 房产面积测算内容

房产面积测算是指房产水平面积测算,具体分为房屋面积测算、房屋用地面积测算两大类,包括房屋建筑面积、房屋使用面积、共有建筑面积、分摊面积、产权面积等各项测算。

房屋用地面积测算是指房屋独立使用土地面积与共有土地面积测算等。

2. 房屋建筑面积

房屋建筑面积系指房屋外墙(柱)勒脚以上各层的外围水平投影面积,包括阳台、挑廊、地下室、室外楼梯等,具有上盖,结构牢固,层高 2.20 m 以上(含 2.20 m)的永久性建筑,并且有实际使用功能。

因此,计算房屋的建筑面积必须具备以下五个条件。

(1) 具有上盖或屋顶。

(2) 必须有墙、柱、栏杆等维护物。

(3) 是结构牢固的永久性建筑物。

(4) 层高(地板面至上层地面的垂直距离)在 2.20 m(含 2.20 m)以上。

(5) 可作为人类生产、生活的场所。

3. 房产面积相关概念

在房产测绘中,房产面积测算通常指计算房屋产权面积、房屋共有建筑面积、房屋使用面积、房屋建筑面积。

1) 房屋产权面积

房屋产权面积是指产权主依法拥有房屋所有权的房屋建筑面积。房屋产权面积现在由不动产登记部门登记确权认定。对于一幢多户(套)的房产,各产权单元(套)的产权面积通常为套内建筑面积与套外分摊的共用面积之和。

套内建筑面积指的是套内房屋使用空间的面积,以水平投影面积计算。套内建筑面积由套内使用面积、套内墙体面积、套内阳台建筑面积三个部分组成。

成套房屋在建筑平面图上的分布如图 8-4 所示。

2) 房屋共有建筑面积

房屋共有建筑面积是指各产权主共同占有或共同使用的建筑面积,通常为幢内多个产权单元共同使用的梯、廊、过厅、通道等建筑面积。

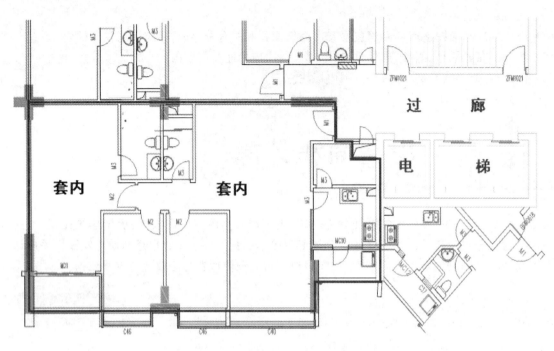

图 8-4 成套房屋在建筑平面图上的分布

3) 房屋使用面积

房屋使用面积是指建筑物各层平面中直接用于生产或生活的净面积的总和,是指房屋内可供使用的全部空间面积,如客厅、卧室、厨房、卫生间、走廊等,它们均按房屋内墙面水平投影计算。房屋使用面积不包含阳台的建筑面积。

4) 房产面积预测算

房产面积预测算主要指在规划、建设阶段对房屋面积的测算工作,依据经城市规划部门批准的"建设工程规划许可证"附图及其对应的图纸数据进行各类建筑面积的计算。计算出的房屋建筑面积用于房屋预售参考,不能作为房产登记发证的依据。

4. 房屋建筑结构的分类

房屋建筑结构按房屋的梁、柱、墙等承重结构的建筑材料来分类,共分为六类,分别用英文字母 M、N、A、B、C、E 作代号表示。在代号的右下方用阿拉伯数字表示楼房的自然层数。

(1) 钢结构:承重的主要构件是用钢材料建造的,包括悬索结构,以字母 M 表示。

(2) 钢、钢筋混凝土结构:承重的主要构件是用钢、钢筋混凝土建造的,以字母 N 表示。

(3) 钢筋混凝土结构:承重的主要构件是用钢筋混凝土建造的,以字母 A 表示。

(4) 混合结构:承重的主要构件是用钢筋混凝土和砖木建造的,以字母 B 表示。

(5) 砖木结构:承重的主要构件是用砖、木材建造的,以字母 C 表示。

(6) 简易结构:指木屋或用木柱等简易材料承重板墙或无墙的简易房屋,以字母 E 表示。

二、房屋建筑面积计算的有关规定

按现行国家标准《房产测量规范》(GB/T 17986—2000)将房屋建筑面积分为全部计算建筑面积(折减系数为 1)、计算一半建筑面积(折减系数为 0.5)和不计算建筑面积等三类。各类面积必须独立测算两次,最终面积保持小数点两位,单位为平方米,满足相应的精度。测绘仪器必须在检定的有效期内才能使用。

1. 计算全部建筑面积的范围

(1) 永久性结构的单层房屋,按一层计算建筑面积。多层房屋按各层建筑面积的总和计算建筑面积(层高低于 2.20 m 的房屋不能计算建筑面积,房屋层高远远大于 2.20 m 的,也只能按一层计算建筑面积)。

(2) 房屋内的夹层、插层、技术层及其梯间、电梯间等,高度在 2.20 m 以上部分计算建筑面积。房屋内的夹层如图 8-5(彩图 5)所示。

(3) 穿过房屋的通道,房屋内的门厅、大厅、门厅、大厅内的回廊部分,层高在 2.20 m 以上的,按其水平投影面积计算建筑面积。房屋内大厅回廊如图 8-6(彩图 6)所示。

图 8-5　房屋内的夹层

图 8-6　房屋内大厅回廊

(4) 楼梯间、电梯(观光梯)井、提物井、垃圾道、管道井等在自然层开门的,均按房屋自然层计算建筑面积。

(5) 房屋天面上,属永久性建筑,层高在 2.20 m 以上的楼梯间、水箱间、电梯机房及斜面结构屋顶高度在 2.20 m 以上的部位,按其外围水平投影面积计算建筑面积。

(6) 挑(飘)楼、挑梯、全封闭的阳台按其外围水平投影面积计算建筑面积;飘窗高度在 2.20 m 以上的按其外围水平投影面积计算建筑面积。

(7) 属永久性结构有上盖的室外楼梯,按各层水平投影面积计算建筑面积。

(8) 与房屋相连的有柱走廊,两房屋间有上盖和柱的走廊,均按其柱的外围水平投影面积计算建筑面积。

(9) 房屋间永久性封闭的架空通廊,按外围水平投影面积计算建筑面积。房屋间永久性封闭的架空通廊如图 8-7(彩图 7)所示。

(10) 地下室、半地下室(见图 8-8(彩图 8))及其相应出入口,层高在 2.20 m 以上的,按其外墙(不包括采光井、防潮层及保护墙)外围水平投影面积计算建筑面积。

(11) 有柱或有围护结构的门廊(建筑物大门口有顶棚的建筑过渡空间,出大门后可以左右通过,见图 8-9(彩图 9))、门斗(建筑物大门口有顶棚的建筑过渡空间,出大门后往前通过,见图 8-10(彩图 10)),按其柱或围护结构的外围水平投影面积计算建筑面积。

(12) 玻璃幕墙、金属幕墙等作为房屋外墙的,按幕墙外围水平投影面积计算建筑面积;既有主墙,又有幕墙的,以主墙为准计算建筑面积,墙厚按主墙体厚度计算,各楼层墙体厚度不同时,分层分别计算建筑面积。

图 8-7 房屋间永久性封闭的架空通廊

图 8-8 半地下室

图 8-9 有柱门廊

图 8-10 突出门斗

(13) 属永久性建筑有柱的车棚、货棚等按柱的外围水平投影面积计算建筑面积。

(14) 依坡地建筑的房屋,利用吊脚做架空层,有围护结构的,按其高度在 2.20 m 以上部位的外围水平面积计算建筑面积。房屋墙体向外倾斜,超出底板外沿的,以底板范围计算建筑面积。房屋墙体向内倾斜的房屋,按 2.20 m 以上的部位计算建筑面积。倾斜墙体房屋的面积计算示意图如图 8-11 所示。

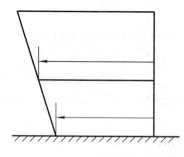
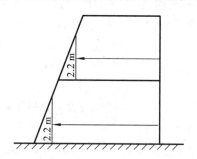

图 8-11 倾斜墙体房屋的面积计算示意图

(15) 斜面屋顶的房屋面积计算示意图如图 8-12 所示。

计算公式为

$$X_1 = D_1 \times (H_{高} - 2.20)/(H_{高} - H_{低_1})$$
$$X_2 = D_2 \times (H_{高} - 2.20)/(H_{高} - H_{低_2})$$

有效建筑面积为

$$S = (X_1 + X_2) \times D_3$$

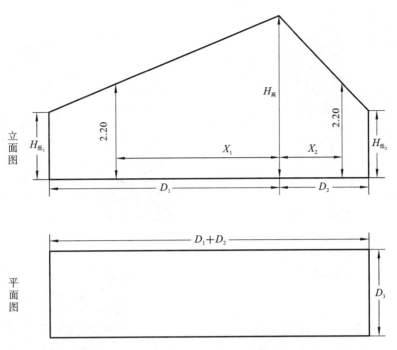

图 8-12　斜面屋顶的房屋面积计算示意图

（16）与室内任意一边相通，具备房屋的一般条件，并能正常利用的变形缝（伸缩缝、沉降缝），计算全部建筑面积。

2. 计算一半建筑面积的范围

（1）与房屋相连有上盖无柱的走廊、檐廊，按其围护结构外围水平投影面积的一半计算建筑面积。

（2）独立柱、单排柱的门廊、车棚、货棚等属永久性建筑的，按其上盖的水平投影面积的一半计算建筑面积。独立柱门廊、单排柱门廊如图 8-13（彩图 11）所示。

(a) 独立柱门廊　　　　　　　　　　　　　(b) 单排柱门廊

图 8-13　独立柱门廊、单排柱门廊

（3）未封闭的阳台、走廊（挑廊），按其围护结构水平投影面积的一半计算建筑面积。未封闭的阳台如图 8-14（彩图 12）所示，挑廊如图 8-15（彩图 13）所示。

（4）无顶盖的室外楼梯（见图 8-16（彩图 14））按外围水平投影面积的一半计算建筑面积。对部分无顶盖的室外楼梯（见图 8-17（彩图 15）），顶层无顶盖部分按其外围水平投影面积的一半计算建筑面积，其他层当上层楼梯为其顶盖且可以完全遮盖时，按其外围水平投影面积全部计算建筑面积。

（5）有顶盖不封闭的永久性的架空通廊，按外围水平投影面积的一半计算建筑面积。

（6）阳台、挑廊、架空通廊的外围水平投影超过其底板外沿的，以底板水平投影计算建筑面积。底板外沿面积计算示意图如图 8-18 所示。

图 8-14 未封闭的阳台

图 8-15 挑廊

图 8-16 无顶盖的室外楼梯

图 8-17 部分无顶盖的室外楼梯

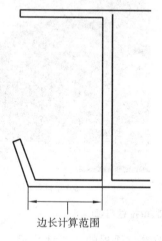

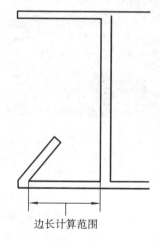

图 8-18 底板外沿面积示意图计算

3. 不计算建筑面积的范围

(1) 层高小于 2.20 m 以下的建筑,包括阁楼、夹层、插层、设备层、地下室和半地下室等。

(2) 突出房屋墙面的构件、配件、装饰柱、装饰性的玻璃幕墙、垛、勒脚、台阶、无柱雨篷(见图 8-19(彩图 16))等。

(3) 房屋之间无上盖的架空通廊(见图 8-20(彩图 17))。

(4) 房屋的天面、挑台、天面上的花园、泳池。

图 8-19 无柱雨篷

图 8-20 房屋之间无上盖的架空通廊

（5）建筑物内的操作平台、上料平台及利用建筑物空间的安置箱、罐的平台。

（6）骑楼、骑街楼的底层用作道路街巷通行的部分。骑楼如图 8-21（彩图 18）所示，骑街楼如图 8-22（彩图 19）所示。

图 8-21 骑楼

图 8-22 骑街楼

（7）利用引桥、高架路、高架桥等路面作为顶盖建造的房屋。

（8）活动房屋、临时房屋、简易房屋。

（9）独立烟囱、亭、塔、罐、池、地下人防干支线。

（10）与房屋室内不相通的房屋间伸缩缝。

（11）临街楼房、飘楼、无柱走廊下的底层作为公共道路、街巷通行的，均不计算建筑面积；楼梯下方的空间，楼梯已计算建筑面积的，其下方空间不论是否利用均不再计算建筑面积。楼梯及下方空间如图 8-23（彩图 20）所示。

（12）与室内不相通的类似于阳台、飘楼、无柱走廊，不计算建筑面积。图 8-24（彩图 21）中的阳台与室内不相通，不计算建筑面积。门口的门斗要计算建筑面积。

三、房屋用地面积调查计算

1. 用地面积测算的范围

房屋用地面积以丘（宗）为单位进行测算，包括房屋占地面积测算、其他用途的土地面积测算，各项地类面积的测算。丘（宗）有固定界标的按固定界标划分，没有固定界标的按自然界标划分。

图 8-23　楼梯及下方空间

图 8-24　与室内不相通的阳台

2. 房屋用地面积调查的内容

房屋用地调查的内容包括用地权利人、用地坐落、产权性质及用地单位所有制性质、用地来源、四至关系、界标、税费、等级、用地用途分类、用地面积和用地纠纷等基本情况,以及绘制用地范围略图。

1) 用地权利人

用地权利人指房屋用地的使用权归属单位或个人。

2) 房屋用地的坐落

房屋用地的坐落是指房屋用地所在街道的名称和门牌号。

3) 房屋用地的产权性质

房屋用地的产权性质按国有、集体两类填写。集体所有的还应注明土地所有权单位的全称。

4) 房屋用地的来源

房屋用地的来源是指取得土地使用权的时间和方式。其中方式有转让、出让、征用、划拨等。

5) 房屋用地四至关系

房屋用地四至是指用地范围与四邻接壤的情况,一般按东、南、西、北方向注明邻接丘号或街道名称。

6) 用地范围的界标

用地范围的界标指用地界线上的各种标志,包括道路、河流等自然界线,房屋墙体、围墙、栅栏等围护物体,以及界碑、界桩等埋石标志。

7) 房屋用地的税费

房屋用地的税费指房屋用地人每年向税务机关缴纳的费用,以年度缴纳金额为准。免征税费的应注明"免征"。

8) 房屋用地等级

房屋用地的等级是按照土地不同用途和位置优劣进行评定的,城镇的土地等级主要考虑繁华程度、交通条件、基础设施、环境条件、人口分布、土地附着物、土地利用效益等因素进行评定。划分土地等级是制定城市土地使用费标准的前提条件。土地等级评定方法与依据参见本书第 4 章第 3 节。

9) 用地略图

用地略图是以用地单元为单位绘制的略图,表示房屋用地位置、四至关系、用地界线、共用院地的界线,以及界标类别和归属,并注记房屋用地界线边长。

房屋用地界线是指房屋用地范围的界线,包括共用院地的界线,由产权人(用地人)指界与邻户认证来确定。提供不出证据或有争议的,应根据实际使用范围标出争议部位,按未定界处理。

3. 不计入丘内用地面积范围

(1) 无明确使用权属的冷巷、巷道或间距地。

(2) 市政管辖的马路、街道、巷道等公共用地。
(3) 公共使用的河涌、水沟、排污沟渠。
(4) 已征用、划拨或者属于原房地产记载的范围,经过规划部门核定需要作为市政建设的用地。
(5) 其他按规定不计入用地的面积。

四、房产面积计算方法及内容

1. 房产面积计算的几个概念

(1) 用地面积:产权人使用土地的范围大小。
(2) 建基面积:房屋建筑基底面积。
(3) 总建筑面积:各层建筑面积的总和。
(4) 层高:地面到楼面、楼面到楼面、楼面到屋面之间的垂直距离。
(5) 自然层:房屋的自然层数,不包括房屋地下室层数。
(6) 骑楼底层:计算用地面积、建基面积,不计算建筑面积。
(7) 骑街楼底层:不计算用地面积、建基面积和建筑面积。
(8) 墙体的分类:自有墙、共有墙和借墙。

2. 房产面积计算的方法

目前房产面积计算主要有解析坐标法、几何图形法等。

1) 解析坐标法

解析坐标法也称坐标解析法,适用于已知房角点坐标或测得房屋产权界址点坐标的情况下,一般应用在房屋权界线为曲线或多边形的情况下。对已测量有数字化房产图的项目,通常直接利用电脑软件功能命令计算统计。计算的原理参见本书第1章第4节(式(1-1),图1-4、图1-5)。

坐标解析法面积测算的精度除了受界址点精度影响,也受到界址点密度、多边形大小、多边形形状等因素影响。

2) 几何图形法

对于非直角房屋的特殊几何形状,如三角形结构、梯形结构、圆形结构、椭圆形结构、扇形结构、弓形结构的房屋形状,房屋面积测算可以在实地运用几何形状特点和房屋边长数据直接量算。

3. 套内房屋面积量算示例

套内建筑面积指的是房屋权利人(业主)自主占有、占用的套内房屋全部空间的面积,由套内使用面积、套内墙体面积、套内阳台面积三个部分组成。对于独立丘房产,如独栋房屋、独立别墅、独立单位院地房屋等,不分套内套外。

(1) 套内使用面积:套内房屋使用净空的面积,按以下规定计算。

① 套内房屋使用面积为套内卧室、起居室、过厅、过道、厨房、卫生间、厕所、储藏室、壁橱等空间面积的总和。
② 套内内部楼梯按自然层数的面积总和计算使用面积。
③ 结构面积外的套内内部烟囱、通风道、管道井均计算使用面积。
④ 内墙面装饰厚度计算使用面积。

(2) 套内墙体面积:套内使用空间周围的维护或承重墙体或其他承重支撑体(柱)所占的面积,其中套内自由墙体按水平投影面积全部计入套内墙体面积。各套之间的分隔墙和套内公共建筑空间的分隔以及外墙(包括山墙)等共有墙,均按水平投影面积的一半计入套内墙体面积。

(3) 套内阳台建筑面积:均按阳台外围与房屋外墙之间的水平投影面积计算。其中封闭的阳台按水平投影全部计算建筑面积,未封闭的阳台按水平投影的一半计算建筑面积。

【例 8-1】 有一栋三层半钢筋混凝土结构的房屋,各边外墙尺寸丈量结果已注记在图 8-25 中,试计算该栋房屋的用地面积、建基面积及总建筑面积。图中长度单位为 m。

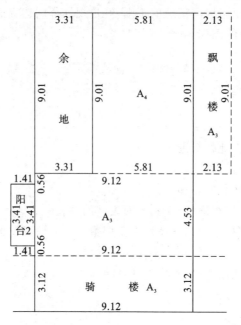

图 8-25　例 8-1 图

【解】 (1) 先计算各部分所在面积。

A_4：　　　　　　　　　　$5.81 \text{ m} \times 9.01 \text{ m} = 52.3481 \text{ m}^2$

A_3：　　　　　　　　　　$4.53 \text{ m} \times 9.12 \text{ m} = 41.3136 \text{ m}^2$

骑楼 A_3：　　　　　　　　$3.12 \text{ m} \times 9.12 \text{ m} = 28.4544 \text{ m}^2$

飘楼 A_3：　　　　　　　　$2.13 \text{ m} \times 9.01 \text{ m} = 19.1913 \text{ m}^2$

不封闭阳台 2：　　　　　　$1.41 \text{ m} \times 3.41 \text{ m} = 4.8081 \text{ m}^2$

余地：　　　　　　　　　　$3.31 \text{ m} \times 9.01 \text{ m} = 29.8231 \text{ m}^2$

(2) 计算用地面积、建基面积、总建筑面积。

用地面积：

$A_4 + A_3 +$ 骑楼 $+$ 余地 $= 52.3481 \text{ m}^2 + 41.3136 \text{ m}^2 + 28.4544 \text{ m}^2 + 29.8231 \text{ m}^2 = 151.9392 \text{ m}^2$

建基面积：　　用地面积 $-$ 余地 $= 151.9392 \text{ m}^2 - 29.8231 \text{ m}^2 = 122.1161 \text{ m}^2$

总建筑面积：

$A_4 \times 4$ 层 $+ A_3 \times 3$ 层 $+$ 骑楼 $\times 2$ 层 $+$ 飘楼 $\times 3$ 层 $+$ 阳台 $\times 2$ 层 $\times 0.5$

$= (52.3481 \times 4 + 41.3136 \times 3 + 28.4544 \times 2 + 19.1913 \times 3 + 4.8081 \times 2 \times 0.5) \text{ m}^2 = 452.6240 \text{ m}^2$

【例 8-2】 有一栋二层房屋,第二层之上有一阁楼。请按照图 8-26 中所示尺寸,计算阁楼的有效建筑面积,并计算该房屋的用地面积、建基面积及总建筑面积。图中长度单位为 m。

【解】

$$X_1 = [5.12 \times (3.76 - 2.20) / (3.76 - 1.84)] \text{ m} = 4.16 \text{ m}$$

$$X_2 = [6.26 \times (3.76 - 2.20) / (3.76 - 1.94)] \text{ m} = 5.37 \text{ m}$$

阁楼有效建筑面积：

$$(4.16 + 5.37) \text{ m} \times 6.86 \text{ m} = 65.3758 \text{ m}^2$$

用地面积与建基面积相同：

$$11.38 \text{ m} \times 6.86 \text{ m} = 78.0668 \text{ m}^2$$

总建筑面积：

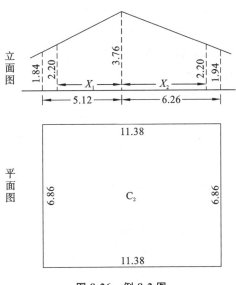

图 8-26　例 8-2 图

$$78.066\ 8\ m^2 \times 2 + 65.375\ 8\ m^2 = 221.509\ 4\ m^2$$

第 5 节　共有建筑面积的确定与分摊

一、共有建筑面积的确定

1. 共有建筑面积的概念

业主对建筑物内的住宅、经营性用房（商铺、办公室）等专有部分建筑享有所有权，对专有部分以外的共有部分享有共有和共同管理的权利。大楼中总有一些不可缺少的辅助建筑，它们属于专有建筑之外的公共建筑，如门厅、楼梯、走廊等。它们或为整栋大楼，或为某功能区，或为某层，或为某几个权属单元提供服务。这些公共建筑中，有些需要按自有建筑面积的比例进行分摊，有些却不能分摊。

2. 应分摊的共有建筑面积

建筑物可分摊的部位一般包括（但不限于）以下几个方面。

(1) 交通通行类，如大堂、门厅、公共走廊、公共门厅、公共大厅、楼梯间、电梯井、走道等。

(2) 共用设备用房类，如变电房、水泵房、水箱间房、水表电表房、附属设施垃圾收集间、消防贮水地、管道井、垃圾道、风机房等。

(3) 公共服务用房类，如为幢内服务的警卫室管理用房、保洁间，为整幢大楼服务的公共用房等。

(4) 建筑物基础结构类，如套与公共建筑之间的分隔墙以及外墙（包括山墙）水平投影面积的一半、承重垛柱等。

3. 不应分摊的公共建筑面积

通常，下列公共建筑设施不参与分摊。

(1) 作为人防工程的建筑。

(2) 独立使用的地下室、半地下室、车库、车棚。

(3) 位于首层、顶层或裙楼顶层设置,用于公共休息和通行的亭、走廊、塔、绿化和停车的公共建筑空间。

(4) 避难层、避难间、转换层、电信机房、联通机房、网络机房、人防通信、警报工作间。

(5) 用作公共事业市政建设的建筑物。

(6) 作为配套公共服务设施移交项目,包括:①医疗设施建筑类,如社区卫生服务中心、残疾人康复服务中心等;②行政管理设施类,如街道办事处、社区服务中心、派出所警务用房、消防站、居委会等;③邮政及市政公用设施类,如邮政所、公交站场、垃圾压缩站、公厕、环境卫生站等;④市场经营设施类,如肉菜市场等。

(7) "建设工程规划许可证"附图或"建设工程规划验收合格证"附图等资料中列为公共服务设施的项目。

另外,下列设施建筑(构筑)物,通常也不参与所在幢的面积分摊。

(1) 穿过房屋首层的消防通道。

(2) 为地铁服务的通风井、地铁商铺、地铁出入口等。

(3) 公共设施内形成的封闭空间。

(4) 作为配套公共服务设施移交项目,如作为市政公用设施的 110 kV 变电站、220 kV 变电站,教育设施中的中学、小学。

二、幢的划分

幢是一座独立的,包括不同结构和不同层次的房屋。这里的"独立"包含了使用上的独立和建筑结构上的相对独立,主要有以下三层意思。

(1) 产权权属登记的独立,权属关系不能因"幢"的划分而失去功能或效能,导致不符合产权登记单元的要求。

(2) 房屋建筑结构的相对独立。

(3) 房屋建筑面积计算的独立,不能因"幢"的划分造成房屋建筑面积发生变化。

1. 幢划分的意义

划分好幢是房产面积测绘的首要工作,这是因为:

(1) 幢是房产要素调查的基本单位;

(2) 幢是房产分幅平面图、房屋分丘平面图测量的基本单位;

(3) 幢是房产面积测量的基本单位。

2. 幢划分的原则

幢的划分在商品房测绘中是比较困难的问题,也是很多同行纠结的问题,根据我国改革开放后房地产测绘的实践经验,一般可从以下四个方面考虑幢的划分:

(1) 同期规划、同期建设、同期验收的房屋;

(2) 整体基础、统一结构的房屋;

(3) 以规划部门批准的幢数划分(规划许可证及规划总平面图);

(4) 根据"幢"定义的"独立"原则性划分。

广州市《房屋面积测算规范》(DBJ4401/T 5—2018)对"幢"所定义的类型简图详见表 8-3(本规范附录 A.6)。

表 8-3 幢的类型简图

类型		简图		
有裙楼	1. 裙楼上各塔楼以伸缩缝相连	裙楼 A_4 上有 A_{30}、A_{30}、A_{30} 三塔楼，以伸缩缝相连	裙楼 A_4 上有 A_{30}、A_{28}、A_{26} 三塔楼，以伸缩缝相连	有裙楼的建筑，无论有多少个塔楼，塔楼的使用性质无论是住宅、商业还是办公，均视为一幢建筑
	2. 裙楼上各塔楼间有一定的间距	裙楼 A_4 上有 A_{30}、A_{30}、A_{30} 三塔楼，间有一定间距	裙楼 A_4 上有 A_{30}、A_{28}、A_{28} 三塔楼，间有一定间距	
	3. 裙楼上各塔楼间有伸缩缝相连，也有一定的间距	裙楼 A_4 上 A_{30}、A_{30} 以伸缩缝相连，另有 A_{30} 一塔楼	裙楼 A_4 上 A_{26}、A_{28} 以伸缩缝相连，另有 A_{26} 一塔楼	
无裙楼	1. 地面上幢内以伸缩缝相连	25层、25层、25层三塔楼共用地下层，地面以伸缩缝相连（±0.000）	30层、27层、24层三塔楼共用地下层，地面以伸缩缝相连（±0.000）	1. 若"建设工程规划许可证"许可同期规划、同期建设的，应视为一幢建筑。 2. 若"建设工程规划许可证"非许可同期规划、同期建设的，可视为多幢建筑
		A_{30}、A_{30}、A_{30} 以伸缩缝相连	A_{30}、A_{28}、A_{26} 以伸缩缝相连	
	2. 以连廊相连	A_{30}—连廊—A_{30}—连廊—A_{30}	9层—连廊—25层—连廊—9层，共用地下层（±0.000）	
区内组团	1. 地面上各幢间有一定的间距	A_{30}、A_{30}、A_{30} 三幢间有一定间距	A_{30}、A_{28}、A_{26} 三幢间有一定间距	视为多幢建筑
		25层、25层、25层三幢共用地下层，间有一定间距（±0.000）	25层、30层、25层三幢共用地下层，间有一定间距（±0.000）	
	2. 大院式	院地 123 内有 A_4(1)、A_8(2)、A_6(3) 三幢	注：简图所注层数为示意层数。	

三、功能区的划分

功能区指一幢楼房内按房屋的不同用途或不同的结构位置所进行的功能分区。

1. 功能区的划分依据

实际工作中幢内功能区的划分依据通常有以下几个。

(1) "建设工程规划许可证"附图。

(2) "建设工程规划验收合格证"附图。

(3) 其他规划报建、验收审核资料。

2. 按房屋的使用功能用途划分功能区

实际工作中按房屋的使用功能与用途划分功能区。

(1) 主要功能为住宅、商业、办公、厂房等。

(2) 其他功能为地下机动车库、地下非机动车库、地上汽车库、地上非机动车库、首层架空层、其他层架空部分、避难层、转换层、设备层等。

(3) 配套公共服务设施移交项目。

3. 按房屋结构位置划分功能区

(1) 塔楼：每座独立的塔楼视为一个功能区。

(2) 裙楼：每层裙楼按不同的使用功能划分功能区。

(3) 地下室：每层地下室按不同的使用功能划分功能区。

四、共有建筑面积的分摊

1. 分摊原则

共有建筑面积的分摊有以下两个基本原则。

(1) 当产权各方有合法权属分割文件或协议时，按文件或协议规定执行。

(2) 权属各方无分割文件或协议时，根据相关房屋的套内建筑面积按比例进行计算分摊。

2. 分摊方式

分摊方式分为以下三种情况。

(1) 住宅功能区，采用垂直分摊方式（不分层）。

(2) 商业功能区，采用功能区层内分摊方式（分层）。

(3) 办公功能区，采用垂直分摊和功能区层内分摊两种方式。

根据实际情况，其他功能区或采用垂直分摊，或采用功能区层内分摊。

3. 分摊顺序

对于一幢复杂的多功能综合楼来说，最多可按以下 6 个顺序（层次）进行共有建筑面积的分摊。

(1) 幢共有建筑面积：为整幢服务的公共配套设施面积，如大楼直通电梯、大楼共用卫生间、服务用房等。该面积在整幢范围分摊。

(2) 功能区间共有建筑面积：为两个或两个以上功能区服务的公共配套设施面积。该面积在相关功能区范围内进行分摊。

(3) 功能区内共有建筑面积：为某一个功能区服务的公共配套设施面积，如仅供办公区使用的电梯、楼梯大堂等建筑。该面积仅在该功能区内进行分摊。

(4) 层间共有建筑面积：为某一功能区内的两个或两个以上楼层服务的公共配套设施面积。该面积在相关楼层范围内进行分摊。

(5) 层内共有建筑面积：专为本层服务的公共配套设施面积，如各层的卫生间、空调机房、过道等。该面积在本层内进行分摊。

(6) 户间共有建筑面积：为某一层内的两个或两个以上住户（或权属单位）服务的公共配套设施面积。该面积在相关各户（权属单位）进行分摊。

在通常情况下，只需要进行 2～3 个层次（顺序）分摊便可。

4. 分摊计算

共有建筑面积都根据相关套内建筑面积按比例进行计算分摊。无论是哪一类（住宅、商业、办公、多功能综合）、哪一层次环节（垂直、分层、混合）的分摊，均使用下列通用公式计算。

面积分摊系数为

$$K = \frac{\sum \delta S_i}{\sum S_i} \tag{8-2}$$

各单元（套）分摊面积为

$$\delta S_i = K \times S_i \tag{8-3}$$

单元（套）建筑面积为

$$\begin{aligned} S_{i(建)} &= S_i + \delta S_i \\ &= S_i \times (1 + K) \end{aligned} \tag{8-4}$$

式中：$\sum \delta S_i$——应分摊的共有建筑面积总和（m^2）；

$\sum S_i$——参加分摊各单元（各套）的套内建筑面积总和（m^2）；

S_i——各单元（各套）参加分摊的套内建筑面积（m^2）；

i——参与分摊的单元个数顺序号或套数顺序号。

这里 $S_{i(建)}$ 为各单元（各套）建筑面积（套内建筑面积加上套外面积）。如果不再参与下一轮分摊，这也就是该单元（该套）的产权面积。

对于一幢大型的综合楼房屋，要准确、高效地进行建筑面积分摊计算，必须要按一定的程序进行。具体分摊工作步骤通常如下。

(1) 确定一幢房屋共有建筑面积的范围和名称。

(2) 确定应分摊和不应分摊的共有建筑面积，对共有建筑面积进行分类。

(3) 按使用功能划分功能区。

(4) 按共有建筑面积的服务范围按由整体到局部的顺序分摊。

5. 住宅楼分摊计算

住宅楼的共有建筑面积以幢为单位进行垂直分摊，根据整幢的共有建筑面积和整幢各套套内建筑面积的总和，求取整幢住宅楼的面积分摊系数 K；再根据各套房屋的套内建筑面积，求得各套房屋的分摊面积。

分摊系数为

$$K = \frac{本幢应分摊共有建筑面积之和 \sum S_{i套外}}{本幢各套内建筑面积之和 \sum S_{i套内}} \tag{8-5}$$

某套分摊所得共有建筑面积为

$$S_{i套外} = 面积分摊系数 K \times 某套套内建筑面积 S_{i套内} \tag{8-6}$$

该套建筑面积（产权面积）为

$$\begin{aligned} S_{i(建)} &= S_{i套内} + S_{i套外} \\ &= S_{i套内} \times (1 + K) \end{aligned} \tag{8-7}$$

式中，$i = 1 \sim n$，n 为住宅楼内专有房屋产权的套房总数。

式(8-5)中"本幢应分摊共有建筑面积之和$\sum S_{i套外}$"的计算方法为：整幢房屋的建筑面积扣除整幢房屋各套套内建筑面积之和，再扣除作为独立使用的地下室、车棚、车库，以及为多幢服务的警卫室、管理用房、设备用房、人防工程等不应计入分摊范围的建筑面积，即为整幢住宅楼的共有建筑分摊面积。

6. 商住楼分摊计算

商住楼是指同时具有商业和住宅两种功能的楼房。商住楼共有建筑面积的分摊是先将大楼分为商业、住宅两大功能区(功能区的数目不定，一般各自只有一个)，将整幢大楼的功能区共有建筑面积分给各功能区，然后各自分摊各功能区内的共有建筑面积，具体步骤如下。

(1) 根据商业和住宅各自功能区的套内建筑面积(此时，各功能区内部的共有建筑面积视为各自的套内建筑面积)，分摊全幢的共有建筑面积，从而获得各商业功能区和住宅功能区分摊得到的各自全幢共有建筑面积。

整幢面积分摊系数为

$$K_{幢} = \frac{整幢应分摊的共有建筑面积\sum \delta S_{i(商)} + \sum \delta S_{j(住)}}{商业、住宅参加分摊的建筑面积和\sum S_{i(商)} + \sum S_{j(住)}} \tag{8-8}$$

式中：$i=1\sim m$，m为整幢楼内商业功能区的个数；$j=1\sim n$，n为整幢楼内住宅功能区的个数。

计算某商业功能区的分摊面积，为

$$\delta S_{i(商)} = K_{幢} \times S_{i(商)} \tag{8-9}$$

计算某住宅功能区的分摊面积，为

$$\delta S_{j(住)} = K_{幢} \times S_{j(住)} \tag{8-10}$$

进一步，可计算各商业功能区的建筑面积，为

$$S_{i(建)} = S_{i(商)} + \delta S_{i(商)} \tag{8-11}$$

计算各住宅功能区的建筑面积，为

$$S_{j(建)} = S_{j(住)} + \delta S_{j(住)} \tag{8-12}$$

(2) 将商业区和住宅区所得的分摊面积再各自进行分摊。

①商业部分。针对某商业区(第i个商业区)，将分摊得到的共有建筑面积$\delta S_{i(商)}$，加上该商业功能区本身待分摊的共有建筑面积$\Delta S_{i(商)}$，依式(8-2)计算该商业功能区内的面积分摊系数：

$$K_{i商} = \frac{该商业功能区共有建筑面积(\delta S_{i(商)} + \Delta S_{i(商)})}{功能区各商户套内建筑面积之和(S_{i(商)} - \Delta S_{i(商)})} \tag{8-13}$$

再分别按式(8-3)和式(8-4)计算各商户的分摊面积和建筑产权面积。

②住宅部分。针对某住宅区(第j个住宅区)，将分摊得到的共有建筑面积$\delta S_{j(住)}$，加上该住宅功能区本身待分摊的共有建筑面积$\Delta S_{j(住)}$，依式(8-2)计算该住宅功能区内的面积分摊系数：

$$K_{j住} = \frac{该住宅功能区共有建筑面积(\delta S_{j(住)} + \Delta S_{j(住)})}{功能区各住户套内建筑面积之和(S_{j(住)} - \Delta S_{j(住)})} \tag{8-14}$$

再分别按式(8-3)和式(8-4)计算各住户的分摊面积和建筑产权面积。

7. 综合楼分摊计算

综合楼就是多功能综合楼，同时具有商业、住宅、办公各种功能。此时，楼内各类共有建筑面积的功能与服务对象并不相同。因此，对多功能综合楼应按照谁受益、谁分摊的原则，对各类共有建筑面积，按照各自的服务对象分别进行分摊，即进行多级分摊。

分摊采取由上而下的分摊模式，即首先分摊整幢的共有建筑面积，把它分摊至各功能区。住宅功能区把分摊面积和功能区原来自身的共有建筑面积加在一起，再分摊至功能区内各个单元(套)；而商业等功能区把分摊面积和功能区原来自身的共有建筑面积加在一起，分摊至功能区内各个层，然后再把各层分到的分摊面积和本层原来自身的共有建筑面积加在一起，最后分摊至各单元(各户)。

套内建筑面积加上分摊面积，就得到了各套或各户的房屋建筑面积。如果商业等各功能区内各层的

结构相同,共有建筑面积也相同,则可免去层这一级分摊,由功能区直接分摊至套或户。

共有建筑面积的分摊,执行按比例分摊的原则,由上而下依次进行,即先分摊幢,然后分摊功能区,再分摊层,最后把共有建筑面积分摊至各套各户。

单元(套)的分摊面积等于面积分摊系数乘以参加分摊的单元(套)建筑面积;面积分摊系数等于应分摊共有面积总和除以参加分摊的各套(单元)套内建筑面积总和。

面积分摊系数、分摊面积、分摊后的建筑面积的计算均可参照式(8-2)~式(8-14)进行。

分摊后,大楼的各种建筑面积可用图 8-27 所示的例图代表各种建筑面积所占份额的大小。

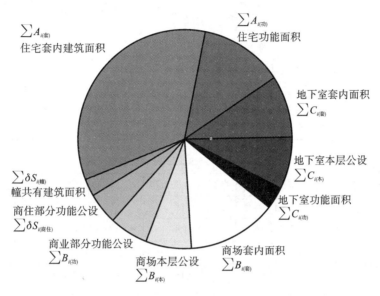

图 8-27　各类建筑面积份额(例图)

五、建筑面积分摊计算实例

1. 纯住宅房屋共有建筑面积的计算分摊

【例 8-3】 门牌号为 1 号的纯住宅楼,自然层共 6 层,有 2 个单元楼梯,每梯 2 户,每梯屋面天台上有 1 个楼梯间。试测量并计算出此住宅楼各户的建筑面积。

【解】 测量和计算步骤如下。

(1) 实地测量房屋各自然层外围水平投影边长、各套房屋界址线、各共有面积部分边长的尺寸数据。

(2) 对实地测量的各种数据进行平差处理,计算出各自然层的建筑面积、各套房屋的套内建筑面积、共有建筑面积,结果如表 8-4 所示。

(3) 根据式(8-2)或式(8-5),计算各套房屋面积分摊系数。

$$K = \frac{\sum S_{i\text{套外}}}{\sum S_{i\text{套内}}} = 251.10/1648.92 = 0.1522815$$

注:面积分摊系数的有效数字取位,按参加计算的最大有效数字位数数值,多取一位即可。

(4) 根据式(8-3)或式(8-6),各户分摊的共有建筑面积=面积分摊系数×套内建筑面积,计算各套房屋应分摊的共有建筑面积。

(5) 计算各套房屋建筑面积(产权面积),结果如表 8-5 所示。

表 8-4 分摊前各类面积统计表　　　　　　　　　　　　　　　　　　　　　　　　单位：平方米

功能区	自然层数	分摊前自然层的面积	共有建筑面积	户号	户套内建筑面积
住宅	1层	304.11	36.99	1梯-101	69.48
				1梯-102	64.08
				2梯-101	64.08
				2梯-102	69.48
	2～6层	313.35×5 =1 566.75	36.99×5 =184.95	1梯-01	71.79
				1梯-02	66.39
				2梯-01	66.39
				2梯-02	71.79
	屋面梯间	29.16	29.16		
	合计	1 900.02 （总）	251.10 （套外）		1 648.92 （套内）

表 8-5 共有建筑面积分摊计算表　　　　　　　　　　　　　　　　　　　　　　　　单位：平方米

功能区	自然层数	户号	户套内建筑面积	分摊共有建筑面积	户建筑面积
住宅	1层	1梯-101	69.48	10.58	80.06
		1梯-102	64.08	9.76	73.84
		2梯-101	64.08	9.76	73.84
		2梯-102	69.48	10.58	80.06
	2～6层	1梯-01	71.79	10.93	82.72
		1梯-02	66.39	10.11	76.50
		2梯-01	66.39	10.11	76.50
		2梯-02	71.79	10.93	82.72
	合计		1 648.92	251.08 （250.10检）	1 900.00 （1 900.02检）

注：分摊到各户的共有建筑面积之和251.08平方米，与表8-3中原来测量计算的共有建筑面积251.10平方米比较，相差0.02平方米，误差为0.008%，这是允许的（通常要求不大于0.3%，具体根据表8-2计算）。

2. 商住楼房屋共有建筑面积的计算分摊

【例8-4】 某商住楼房，自然层共10层，第一层为商业用房，第二至十层为住宅用房，有2个单元楼梯，每梯2户，每梯屋面天台上有一个楼梯间。试测量并计算出此商住楼房各户的建筑面积。

【解】 测量和计算步骤如下。

(1) 实地测量房屋各自然层外围水平投影边长、各套房屋界址线、各共有面积部分边长的尺寸数据。如果有设计数据可实地核对，满足规范精度要求也可直接采纳设计数据。

(2) 按照《房产测量规范》规定划分商业与住宅两个功能区。

(3) 对实地测量的各种数据进行平差处理，计算出各自然层的建筑面积、商业与住宅两个功能区的自用面积、功能区间的共有建筑面积，结果如表8-6所示。

功能区之间的共有建筑面积包括共有过廊、水表电表管理用房的面积。

(4) 根据式(8-2)或式(8-8)，第一级面积分摊系数＝功能区间共有建筑面积÷功能区自有建筑面积之和，即

$$K_{幢} = 119.36/(507.74 + 4\,893.15) = 0.022\,100\,1$$

表 8-6　分摊前各类面积　　　　　　　　　　　　　　　　　　　　　　　单位：平方米

功能区	自然层数	分摊前建筑面积	商业自有建筑面积	住宅自有建筑面积	功能区之间共有建筑面积(全幢共有)
商业	1层	627.10	507.74		119.36
住宅	2～8层	585.38×7		585.38×7	
	9层	535.06		535.06	
	10层	203.61		203.61	
	屋面梯间（属住宅）	56.82		56.82	
	合计	5 520.25	507.74	4 893.15	119.36

(5) 根据式(8-3)或式(8-9)及式(8-10)：功能区分摊的共有建筑面积＝第一级面积分摊系数×各功能区的自有建筑面积，计算各功能区应分摊的共有建筑面积；然后根据式(8-4)或式(8-11)及式(8-12)，计算分摊后的各功能区建筑面积，结果如表 8-7 所示。

表 8-7　一级分摊计算表　　　　　　　　　　　　　　　　　　　　　　　单位：平方米

功能区	自有建筑面积	分摊功能区间共有建筑面积	分摊后功能区建筑面积
商业	507.74	11.22	518.96
住宅	4 893.15	108.14	5 001.29
合计	5 400.89	119.36（119.36 检）	5 520.25（5 520.25 检）

(6) 在商业和住宅功能区内，分别计算列出各户的套内建筑面积、各户应该分摊的共有建筑面积，结果如表 8-8 所示。

商业功能区内各户之间的共有建筑面积包括商场公共厕所面积。

住宅功能区各户之间的共有建筑面积包括各层的梯间、走廊及屋面梯间面积。

(7) 在商业和住宅功能区内，根据式(8-2)或式(8-13)及式(8-14)，共有建筑面积分摊系数＝共有建筑面积÷套内建筑面积之和，分别计算出各户房屋分摊共有建筑面积的系数：

$K_{商}$ ＝(全幢分摊给商业区的共有面积＋商业功能区内各户共有面积)/功能区内各户套内建筑面积之和
　　　＝(11.22＋23.12)/484.62＝0.070 860

$K_{住}$ ＝(全幢分摊给住宅的共有面积＋住宅功能区内各户共有面积)/功能区内各户套内建筑面积之和
　　　＝(108.14＋702.33)/4 190.82＝0.193 391 7

(8) 根据式(8-3)，各户分摊的共有建筑面积＝共有建筑面积分摊系数×套内建筑面积，再根据式(8-4)计算各套房屋应分摊的共有建筑面积，结果如表 8-9 所示。

表 8-8　功能区套内建筑面积、共有建筑面积计算表　　　　　　　　　　　　单位：平方米

功能区	层次	户号	套内建筑面积	功能区内各户共有建筑面积
商业 507.74 (507.74 检)	1层	101	115.01	23.12
		102	266.61	
		103	103.00	
		合计	484.62	23.12

续表

功能区	层次	户号	套内建筑面积	功能区内各户共有建筑面积
住宅 4 893.15 (4 893.15 检)	2~8层	1梯-01	121.21	76.56×7
		1梯-02	134.10	
		2梯-01	132.19	
		2梯-02	121.32	
	9层	1梯-901	117.20	60.14
		1梯-902	120.26	
		2梯-901	117.20	
		2梯-902	120.26	
	10层	1梯-1001	38.54	49.45
		1梯-1002	38.54	
		2梯-1001	38.54	
		2梯-1002	38.54	
	屋顶	梯间		56.82
	合计		4 190.82	702.33

表8-9　各户共有建筑面积分摊计算表　　　　　　　　　　　　　　　单位：平方米

功能区	层次	户号	套内建筑面积	分摊共有建筑面积	各户建筑面积
商业	1层	101	115.01	8.15	123.16
		102	266.61	18.89	285.50
		103	103.00	7.30	110.30
		合计	484.62	34.34	518.96
		检核计算：484.62+34.34=518.96			
住宅	2~8层	1梯-01	121.21	23.44	144.65
		1梯-02	134.10	25.93	160.03
		2梯-01	132.19	25.56	157.75
		2梯-02	121.32	23.46	144.78
	9层	1梯-901	117.20	22.67	139.87
		1梯-902	120.26	23.26	143.52
		2梯-901	117.20	22.67	139.87
		2梯-902	120.26	23.26	143.52
	10层	1梯-1001	38.54	7.45	45.99
		1梯-1002	38.54	7.45	45.99
		2梯-1001	38.54	7.45	45.99
		2梯-1002	38.54	7.45	45.99
	合计		4 190.82	810.39	5 001.21
		检核计算：4 190.82+810.39=5 001.21			

整幢大楼检核计算：商业产权518.96+住宅产权5 001.21=总建筑面积5 520.17

测量计算误差：分摊后5 520.17-分摊前5 520.25=-0.08。符合规范要求。

3. 综合性楼房共有建筑面积的计算分摊

【例 8-5】 门牌号为 3 号的塔式综合楼,1 至 3 层为裙楼,4 层以上为 A、B 两座塔楼,地下楼层 1 层,A 塔楼 16 层(4～19 层),屋面有电梯机房和步梯间;B 塔楼 15 层(4～18 层),屋面有电梯机房和步梯间。地下室由停车场、人防工程用房、公共设备用房、商业独立设备用房、核心桶体(含电梯间、步梯间、前室、管井等)组成,1 至 3 层为商业用房,4 层为休闲用房,5 层以上为住宅用房。试测量并计算出此综合楼房各户各单元的建筑面积。

【解】 测量和计算步骤如下。

(1) 利用建筑施工设计图纸资料,现场测量核对建筑各相关部位尺寸,如果误差不超过《房产测量规范》规定范围,可直接利用设计数据成果,否则需实地测量房屋各自然层外围水平投影边长、各类使用性质房屋的界址线、公共设施用房边长等尺寸数据。

(2) 按照《房产测量规范》规定,根据房间的使用性质及共有关系,划分五个功能区(人防工程、商业区、住宅 A、住宅 B、休闲功能区)。

(3) 对实地测量的各种数据进行平差处理,计算出各自然层的建筑面积、五个功能区的自用面积、功能区间的共有建筑面积,结果如表 8-10 所示。

表 8-10 分摊前各类面积计算统计表　　　　　　　　　　　单位:平方米

层次	层建面	功能区间共有建筑面积	人防工程自有建筑面积	商业自有建筑面积	住宅 A 自有建筑面积	住宅 B 自有建筑面积	休闲用房自有建筑面积
地下室	2 200.39	163.44	1 876.15	160.80			
1 层	1 909.86	187.37		1 722.49			
2 层	1 972.22	58.97		1 913.25			
3 层	1 994.90	63.02		1 931.88			
4 层 A 座	756.60						756.60
4 层 B 座	529.09						529.09
5～18 层(A 座)	611.77×14				8 564.78		
19 层(A 座)	488.03				488.03		
5～18 层(B 座)	537.01×14					7 518.14	
屋面梯间(A 座)	52.27	52.27					
屋面梯间(B 座)	59.16	59.16					
合计	26 045.44	584.23	1 876.15	5 728.42	9 052.81	7 518.14	1 285.69

各功能区的自有面积＝本功能区域范围内的建筑面积－功能区之间的共有建筑面积。

功能区之间的共有建筑面积包括以下各部分的面积。

①地下室配电房、水泵房。

②一层的门厅、走道、核心桶体(含电梯间、步梯间、前室、管井等)。

③二层核心桶体(电梯间、步梯间、管井等)。

④屋面机房、步梯间。

(4) 根据式(8-2):第一级面积分摊系数＝功能区间共有建筑面积÷功能区自有建筑面积之和,有

$$K_1 = 584.23/(1\ 876.15 + 5\ 728.42 + 9\ 052.81 + 7\ 518.14 + 1\ 285.69)$$
$$= 584.23/25\ 461.21 = 0.022\ 945\ 885$$

注:此处取 8 位有效数字。

(5) 根据式(8-3),功能区分摊的共有建筑面积＝第一级面积分摊系数×各功能自有建筑面积,计算各功能区分摊的共有建筑面积,结果如表 8-11 所示。

表 8-11 第一级分摊后各类面积计算　　　　　　　　　　　　单位:平方米

功能区	层次	自有建筑面积	分摊功能区的共有建筑面积	分摊后功能区的建筑面积
人防工程	地下室	1 876.15	43.05	1 919.20
商业	1～3 层	5 728.42	131.44	5 859.86
休闲	4 层 A 座	756.60	17.36	773.96
休闲	4 层 B 座	529.09	12.14	541.23
住宅	5～19 层 A 座	9 052.81	207.72	9 260.53
住宅	5～18 层 B 座	7 518.14	172.51	7 690.65
合计		25 461.21	584.22	26 045.43
检核计算		25 461.21＋584.22＝26 045.43		
与分摊前总面积核对		26 045.43－26 045.44＝－0.01(无误)		

(6) 按照例 8-4 的方法进行下一级分摊,直至计算获得商业各户和住宅各套的产权面积。

第 6 节　房产测绘成果的审核

一、审核与测绘的责任区分

房产测绘成果的检查验收,遵照《房产测量规范》的规定进行,即实行二级检查、一级验收制度。

房产测绘单位应对界址点坐标、房屋及细部点坐标、土地面积、房屋的建筑面积、套内建筑面积、共有建筑面积及共有建筑面积分摊系数等的测量和计算的正确性负责。房产测绘成果审核单位应对房产测绘单位是否具有合法资质、测量员是否具备上岗资格的审核负责,同时应对房产面积测算成果是否适用、面积计算依据的正确性的审核负责。

二、审核后成果的效力

凡从事房产测绘的单位均应取得房产测绘资格,并在规定的范围内从事房产测绘工作。凡未经审核合格的房产测绘成果,房产管理部门不得用于房屋权属登记等房产管理。

三、成果审核机构建设

房产行政主管部门负责当地房产测绘专业管理工作。

房产行政主管部门在有条件的情况下应建立房产测绘成果管理机构,承担日常的房产测绘成果审核、建档入库以及档案和数据库的维护工作。

四、审核后成果的解决办法

当事人或其他利害关系人对房产测绘成果有异议的,可委托房产测绘成果鉴定机构进行鉴定。

第7节 房产测绘的相关软件

房地产业是为人类生存和社会生产活动提供空间或物质的载体行业。随着房地产行业管理要求的提高、空间数据处理软件的兴起,房产测绘中的相关软件及管理系统应运而生。房产测绘中具有大量空间数据和属性数据,房产测绘与房产GIS一体化集成技术,对于解决数字房产空间数据的快速获取、更新、保证房产业务的正常进行具有重要的现实意义。本节以超图公司研制的房产项目测绘系统SuperMap Floor软件阐述专业房产测绘软件。

一、系统功能

1. 系统主要功能与特点

(1) 是遵循《房产测量规范》、基于SuperMap基础类库开发的专业房产测绘软件,是房产测绘项目作业生产工具。

(2) 具有强大的绘图、编辑和捕捉功能,并提供了命令窗口的交互方式。

(3) 支持AutoCAD数据的导入/导出;房产测绘与房产GIS一体化集成,直接面向数字房产GIS需求进行数据采集,在兼顾制图的前提下,可直接生成符合GIS要求的房产测绘数据。

(4) 可根据设定的幢共、区共、层共自动形成分摊模型,结合自定义分摊可以实现任意级分摊;自动进行分摊计算,分摊计算结果可自动检验,可生成完整的分摊计算报表,包括面积明细表、各层汇总表、分摊过程表、成果总表等。

图8-28所示是该系统软件的截图界面。

2. 系统功能模块

1) 菜单栏

在没有打开任何文件的情况下,只有文件、工具、数据库、查看、帮助五个菜单。菜单内容会根据是否打开文件做出不同的变化,打开文件时会增加视图、绘图、编辑、房产、数据检查、设置、窗口等菜单。

2) 工具栏

系统启动后会自动显示标准、图层、房产、标注、绘制和编辑六个工具栏。工具栏的按钮都是对特定窗口或对象的常用操作,可以方便用户使用。工具栏可实现绝大多数标准操作和地图浏览标准操作,如新建、打开、保存、选择、量距、取消、重做、放大、缩小、前一视图、后一视图、漫游、全图、刷新及其他相关操作;可以进行图层参数的设置修改;可进行房产分摊计算相关的操作,如设置测绘信息、拓扑构面、设定分摊类型、生成外半墙、归层定区、户室编号和归属指定、分摊模型建立和自定义分摊指定、生成面积计算公式、分摊计算、生成报表、权属浏览、打印分户成果、房产选项;可进行房产标注类型的相关操作,同时对标注的样式进行设置。

3) 图例栏

图例栏位于应用环境的左侧,包括两个子列表:分户层应用于图形的绘制和标注的添加,面积层应用

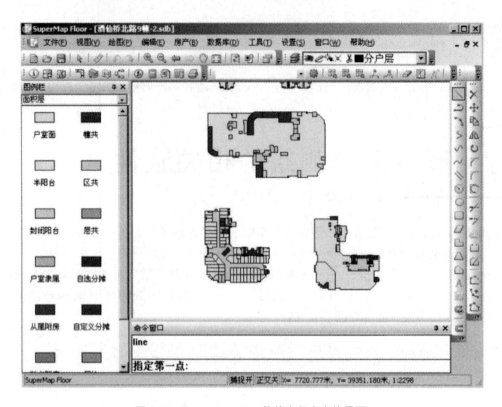

图 8-28 SuperMap Floor 软件主程序窗体界面

于对象分摊类型的设置。

4）绘图区

绘图区是应用环境中最大的对象，相当于对象的绘制和编辑的画布，用于与房产相关的操作的实施。

5）命令窗口

命令窗口位于应用环境的下部、状态栏的上面，是用户输入命令进行操作的平台，同时命令窗口的显示部分也担负显示系统的相关指令、提示信息或者房产相关信息的作用。

6）状态栏

状态栏位于应用环境的底部，是反映系统现在运行状态的区域。状态栏一般显示系统信息以及菜单和工具栏的说明性信息。

二、分摊计算操作流程

SuperMap Floor 软件是应用于房产测绘分摊计算的专业工具。针对房产测绘的专业要求，SuperMap Floor 软件由一定的操作流程控制，如图 8-29 所示。

1. 启动 SuperMap Floor 软件

启动 SuperMap Floor 软件后，系统将出现快速启动对话框，在该对话框中可以使用打开已有的数据源文件，也可以新建一个数据源文件，如图 8-30 所示。

2. 设置测绘信息

在房产测绘中，测绘基本信息，如房屋坐落、名称等房屋相关基础信息以及测绘单位、测绘人等信息，是测绘报告中不可或缺的基本信息，同时对房产的分摊计算提供计算基本信息，所以在新建一个数据源文件后首先进行测绘信息的录入。设置测绘信息如图 8-31 所示。

3. 绘制分户图

用户可以利用 SuperMap Floor 软件绘制分户图，也可通过文件功能导入已有的 CAD 格式的分户图。通常，为了保证数据的准确，用户在系统自动检查修复错误后还必须自己做简要的检查。如果是复杂的图形，还需要做详细的检查。

4. 拓扑构面

在绘制好分户图或者导入图形完毕后，对分户图构面，得到房屋的面积信息。可以单击菜单"房产"→"拓扑构面"，或房产工具栏中对应的按钮调出"拓扑构面"对话框，进行相关选择确认，系统会自动拓扑构面。构面后工作人员需对构面结果进行检查，核对构面对象是否正确完整，这个步骤可能要反复多次进行。

5. 设定分摊类型

针对拓扑构面之后得到的面对象，确定分摊过程中所属的分摊种类。设定分摊类型可以单击菜单"房产"→"设定分摊类型"或者房产工具条中对应的按钮，图例栏会自动显示"面积层"，可以看到图例栏中列出的分摊类型包括户室、幢共、半阳台、区共等。设定完分摊类型，通过面对象的颜色就可以判断它所属的分摊类型。设定分摊类型结果示意图如图 8-32 所示。

6. 生成外半墙

选择需要生成外墙的面必须是没有缝隙的。单击菜单"房

图 8-29 SuperMap Floor 软件测绘数据处理流程

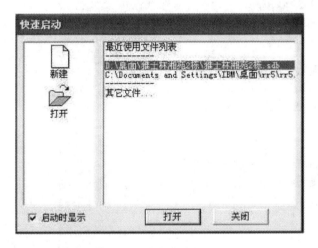

图 8-30 设置或新建文件

图 8-31 设置测绘信息

产"→"生成外墙"或者房产工具栏中的相应按钮，在弹出的对话框中输入外半墙的厚度后单击"确定"按钮，软件会自动生成外半墙。对于外墙厚度不同、分摊类型不同的情况，需要进行特别处理，这些在"生成外半墙"菜单中列有详细说明。

7. 归层定区

为面积层图形对象指定房屋功能区、图形所属基层以及图形所涉及的层数、所属幢等信息。单击菜单"房产"→"归层定区"或房产工具栏中的相应按钮，在弹出的对话框中选择面对象，进行相关设置，单击"应用"按钮。归层定区操作示意图如图 8-33 所示。

8. 户室编号和归属指定

户室编号即为户室编顺序号。归属指定指将自由面指定给所要归属的户室。单击菜单"房产"→"户

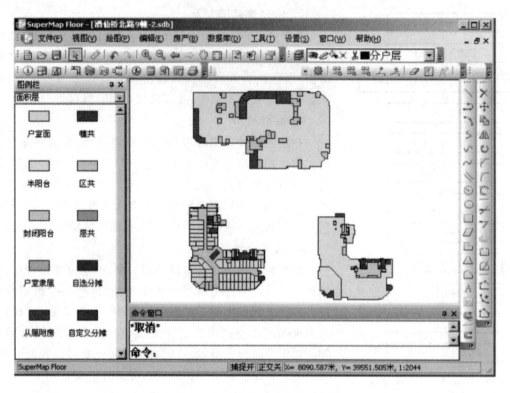

图 8-32 设定分摊类型结果示意图

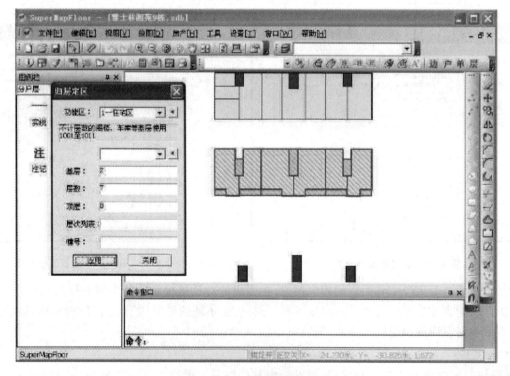

图 8-33 归层定区操作示意图

室编号和归属"或房产工具栏中对应的按钮,弹出"户室编号、户室自有面指定"对话框,如图 8-34 所示。在图 8-34 中首先选中所要指定的基层,如果要同时查看图形,选中"与图形关联",单击"自动编号"按钮,系统默认按从右上到左下的顺序对该楼层进行户室编号,并将结果显示在中间的户室号列表框。如果要同时编单元号,则需设置每单元的户数;如果实际户室号与系统的默认结果不相符,则需选择中间的户室列表框,在"赋户室号"中输入实际的户室号和单元号,然后单击"赋号"按钮实现户室编号;如果户室号有前缀、中缀、后缀,则在"缀"后填上前缀、中缀、后缀的内容;如果在归层定区时阳台、半阳台是与户室面一起归层定区的,则在自动编号过程中阳台、半阳台会自动挂接到相应的户室。如果有自由面,可以通过向上添加"↑"按钮和向下移出"↓"按钮将自由面归属到对应的户室中。

部分选项的意义说明如下。

与图形关联:单击户室或阳台等可自动关联到图形。

编号长度:户室号的编号长度,如1、01、001 长度分别为1、2、3。

次序:根据电脑上的平面图,对户室进行编号的先后次序,有左上→右下、右上→左下、手工方式。前两种为自动编号,手工方式必须要在图上用线划的方式标出次序,且每一户都要被点到经过,先点到的先编号。如果需要跳过一个编号,则可在没有图形的空白处点一下。

9. 建立分摊模型

根据前面几步的设置,按照房产测绘的技术标准对房屋的分摊进行自动指定,同时对于自定义的分摊由用户自己指定。单击菜单"房产"→"分摊模型"或房产工具条中对应的按钮,如果还未建立分摊模型,则系统会自动提示建立模型否;如果已建有分摊模型,则系统先自动检查分摊模型,如果存在关联错误系统会自动修正,无法修正时会出现提示调出分摊模型对话框,如图 8-35 所示。

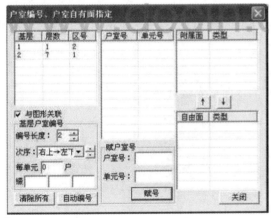

图 8-34 户室编号与归属指定

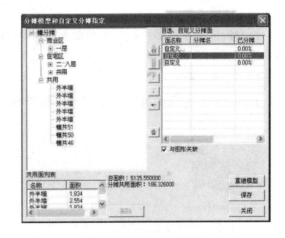

图 8-35 建立分摊模型

在图 8-35 中选中右边列表中自定义分摊面,再选择左边列表中参与分摊的对象,单击中间添加按钮,在弹出的对话框中设置分摊比率,然后在弹出的"分摊区域编辑"对话框中进行相关设置,如图 8-36 所示。

设置完毕后单击"确定"按钮,然后保存分摊模型,在对话框中会出现"保存成功!",表示已经成功建立分摊模型,如图 8-37 所示。

10. 分摊计算

分摊计算是在执行完归层定区、自由面归属和分摊模型建立的基础上,对各户室的面积进行分摊计算。单击菜单"房产"→"分摊计算"或者房产工具栏中对应的按钮,自动进行计算,并产生面积总体信息表。

11. 生成报表

生成报表是根据测绘报告的需要生成测绘信息、面积信息等文档、表格,用于进一步定制测绘报告。单击菜单"房产"→"生成报表"或者房产工具栏中对应的按钮,弹出"生成报表"对话框。在该对话框列表中选择要生成的列表,需要进行模板定制的单击模板设置进行定制,已经定制好的单击"生成"按钮生成报表。

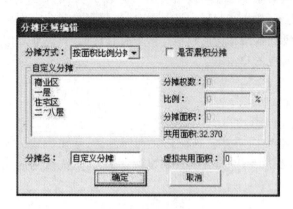
图 8-36 分摊编辑

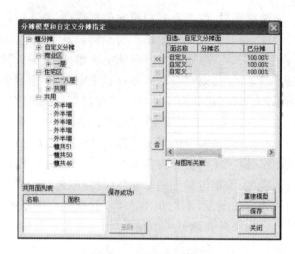
图 8-37 分摊模型保存

12. 设置标注

设置标注是指对图形的基本信息进行标识，使后面打印的分层分户图更直观，使负载的信息更加详细。

13. 数据上传

所有的测绘成果都可以上传到服务器保存，系统支持 Oracle 和 SQL Server 数据库。实现测绘成果和 GIS 一体化管理。

14. 成果打印

打印分户成果图形表格资料、分摊表格资料、房屋各功能区图形表格资料等。

1. 简述房产测绘成果中三种图的功能。
2. 介绍房产面积计算的方法过程。
3. 房产测绘中有哪些精度限差要求？请分类列出相关数据、公式、表格。
4. 关于我国土地使用权出让的最高年限，下列_____项叙述正确。

A. 某开发小区住宅用地 70 年，工业、科技、教育、文化、卫生、体育、综合或者其他用地 50 年，商业、旅游、娱乐用地 40 年

B. 某营业性动物园 40 年

C. 大型工业区用地 50 年

D. 江南职业技术学校用地 70 年

5. 采用解析法获得宗地界址点时，下列说法正确的是_____。

A. 解析法测量是指用全站仪、GPS、平板仪等对界址点进行测量获取其坐标

B. 解析法测量不能用钢尺进行距离交会获得界址点的坐标，因为这样精度较低

C. 界址点相对于邻近控制点的点位误差以及相邻界址点的间距误差，对于明显的界址点来说，要求中误差为 ±5.0 mm，允许误差为 ±10.0 mm

D. 解析法获得界址点的精度比图解法要高，成本要少

6.《房产测量规范　第 1 单元：房产测量规定》(GB/T 17986.1—2000) 中，对房产平面控制测量的基

本精度要求规定,末级相邻基本控制点的相对点位中误差不超过_____。

  A. ±0.025 m   B. ±0.050 m   C. ±0.075 m   D. ±0.010 m

 7. 不用参与分摊的共有建筑面积有_____。

  A. 共用休息的亭   B. 共有的地下室

  C. 自家门斗   D. 共有电梯间

  E. 外墙的外半墙   F. 分户单元之间的隔墙

  G. 各层的垃圾垂直通道   H. 本层能上、下的电梯

 8. 成套房屋的套内建筑面积由_____、套内墙体面积、_____三个部分组成。

 9. 某普通住宅,每层两个单元,每单元两套住宅,各户套型相同,有一个开放式阳台。每套住宅的套内使用面积为 52 m²,套内墙体面积为 6.6 m²,阳台建筑面积为 5 m²,每层楼梯间面积为 21.6 m²,外墙墙体面积合计为 21.54 m²,试计算每套住宅的套内建筑面积、每层共有建筑面积、幢共有建筑面积的分摊系数和每套房屋的产权面积。

 10. 某一套商品房,套内使用面积为 120 m²,套内墙体面积为 5 m²,阳台有两个,一个为开放式阳台,建筑面积为 2 m²,另一个为封闭式阳台,建筑面积为 4 m²,共有建筑面积分摊系数为 0.25,求该商品房产权面积。

 11. 参照例 8-4,将原始测量数据每层减少 100 m²,重新进行分摊计算。

 12. 参照例 8-5,将原始测量数据每层减少 200 m²,重新进行分摊计算。(注:屋面梯间面积不变)

实训 7　房产面积测绘（共 4 学时）

20　年　月　日　午　天气　　　　专业班级　　　　　第　　小组		
姓名：　　　学号：　　　其他组员：　　　仪器工具：		
目的要求 与 注意事项		1. 学习国家及地方房产测绘规范，掌握房产面积测绘的外业测量与内业绘图过程。 2. 借领仪器工具：手持式测距仪、长钢尺、小钢尺、记录绘图板。测量中注意人身安全及仪器工具和数据资料安全，防止测量工具掉落楼下。 3. 针对自己居住的宿舍楼，向学校基建部门收集宿舍楼的施工设计图纸资料，测量计算整幢大楼的建筑占地面积、建筑面积及各套宿舍（房间）的产权面积（包含套内建筑面积、套外分摊面积）。小组长积极协调、分工合作，提交包括地下室（如果有）、首层（如果为非标准层）、标准层、顶层的测量草图（现场绘制）。 4. 注意测量尺寸形成闭合环，计算矩形的平行边误差，误差按式(8-1)计算，控制在 3 cm 之内。

外业及内业操作步骤介绍、面积分摊系数计算记录、数据成果。篇幅不够可附页。

手持式测距仪精度质量检查情况（用钢尺量距比较）：

个人小结：

老师评分：

实训 8　房产面积分摊（共 4 学时）

20　　年　　月　　日　　午　天气　　　　　专业班级　　　　　第　　小组		
姓名：　　　　学号：　　　　其他组员：　　　　仪器工具：		
目的要求 与 注意事项		1. 掌握房产面积测绘的分摊计算。 2. 利用实训 7 的外业观测成果，检查面积分摊过程资料、成果资料（图、表、文字）。分摊先用手工分摊计算一遍，再用软件分摊计算一遍。 3. 注意最后结果的精度，满足房产测量规范要求。
内业操作步骤介绍、分摊系数计算记录、数据成果。篇幅不够可附页。		
分摊采用的公式：		
个人小结：		
老师评分：		

主要参考文献

[1] 徐兴彬,邱锡寅,黄维章,等.基础测绘学[M].广州:中山大学出版社,2014.
[2] 杨木壮,刘武,徐兴彬,等.不动产测绘[M].武汉:中国地质大学出版社,2016.
[3] 纪勇.地籍测量与房地产测绘[M].北京:中国电力出版社,2012.
[4] 蓝悦明,康雄华.不动产测量与管理[M].武汉:武汉大学出版社,2008.
[5] 魏德宏.房地产测量[M].北京:北京大学出版社,2011.
[6] 詹长根,唐祥云,刘丽.地籍测量学[M].3版.北京:武汉大学出版社,2011.
[7] 邓军.地籍测量[M].郑州:黄河水利出版社,2012.
[8] 国土资源部.关于做好不不动产权籍调查工作的通知:国土资发[2015]41号[A/OL].(2015-03-30)[2021-04-15]. http://www.lcrc.org.cn/zhzsk/zcfg/gwgb/bwj/201801/P020180111310259397646.pdf.
[9] 全国国土资源标准化技术委员会.地籍调查规程:TD/T 1001—2012[S].北京:中国标准出版社,2012.
[10] 全国地理信息标准化技术委员会.行政区域界线测绘规范:GB/T 17796—2009[S].北京:中国标准出版社,2009.
[11] 全国国土资源标准化技术委员会.土地勘测定界规程:TD/T 1008—2007[S].北京:中国标准出版社,2007.
[12] 国家海洋局.关于印发《宗海图编绘技术规范(试行)》的通知:[2016]2号[A/OL].(2016-05-03)[2021-04-27]. http://www.mnr.gov.cn/gk/bzgf/201607/t20160729_1971852.html.
[13] 全国海洋标准化技术委员会.海域使用分类:HY/T 123—2009[S].北京:中国标准出版社,2009.
[14] 全国海洋标准化技术委员会.海籍调查规范:HY/T 124—2009[S].北京:中国标准出版社,2009.
[15] 国家环境保护总局.海水水质标准:GB 3097—1997[S].北京:环境科学出版社,1997.
[16] 国家海洋标准计量中心.海域使用面积测量规范:HY 070—2003[S].北京:中国标准出版社,2003.
[17] 国家测绘局.1∶5 000、1∶10 000、1∶25 000海岸带地形图测绘规范:CH/T 7001—1999[S].北京:测绘出版社,1999.
[18] 全国地理信息标准化技术委员会.国家基本比例尺地图图式 第1部分:1∶500 1∶1 000 1∶2 000地形图图式:GB/T 20257.1—2017[S].北京:中国标准出版社,2017.
[19] 全国地理信息标准化技术委员会.国家基本比例尺地图图式 第2部分:1∶5 000 1∶10 000地形图图式:GB/T 20257.2—2017[S].北京:中国标准出版社,2017.
[20] 全国地理信息标准化技术委员会.国家基本比例尺地图图式 第3部分:1∶25 000 1∶50 000 1∶100 000地形图图式:GB/T 20257.3—2017[S].北京:中国标准出版社,2017.
[21] 全国地理信息标准化技术委员会.房产测量规范 第1部分:房产测量规定:GB/T 17986.1—2000[S].北京:中国标准出版社,2000.
[22] 全国地理信息标准化技术委员会.测绘成果质量检查与验收:GB/T 24356—2009[S].北京:中国标准出版社,2009.

彩　　图

彩图 1　权属界线调绘示意图

村界：＿＿＿·＿＿·＿＿；

争议界：━━━━━━━━

彩图 2　高山地区

彩图 3　中国水准原点

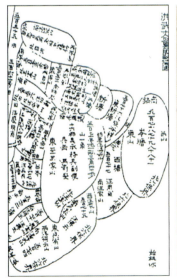

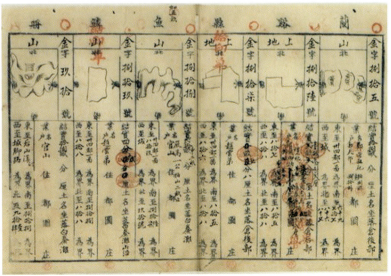

彩图 4　鱼鳞图册

彩图 5　房屋内的夹层

彩图 6　房屋内大厅回廊

彩图 7　房屋间永久性封闭的架空通廊

彩图 8　半地下室

彩图 9　有柱门廊

彩图 10　突出门斗

(a) 独立柱门廊

(b) 单排柱门廊

彩图 11　独立柱门廊、单排柱门廊

彩图 12　未封闭的阳台

彩图 13　挑廊

彩图 14　无顶盖的室外楼梯

彩图 15　部分无顶盖的室外楼梯

彩图 16　无柱雨篷

彩图 17　房屋之间无上盖的架空通廊

彩图 18　骑楼

彩图 19　骑街楼

彩图 20　楼梯及下方空间

彩图 21　与室内不相通的阳台